Einblick

T[le] Allemand

B1/B2

NOUVEAUX PROGRAMMES
NOUVEAU BAC

Regina Baron
Lycée Augustin Thierry, Blois

Marie-Christine Despas
Lycée Lucie Aubrac, Courbevoie

Pierrick Hardaloupas
Lycée Maxence Van Der Meersch, Roubaix

Evelyne Navarre
Lycée Fénelon, Cambrai

Carola Schöne
Lycée Lucie Aubrac, Courbevoie

Christian Walter
Lycée Camille Desmoulins, Le Cateau-Cambrésis

Olivier Wezemael
Lycée Darchicourt, Hénin-Beaumont

René Métrich
Professeur émérite de linguistique allemande

Sous la direction de :

Jean-Pierre Dufresne
IA-IPR honoraire d'allemand, académie de Lille

Avec la collaboration de :

Julia Dobrounig, Charlotte Koch, Delphine Marinot, Nicole Meegens, Maïté Naudan

Hatier

Conception maquette : Ici & ailleurs
Mise en page : Ici & ailleurs
Illustrations : Juliette Baily (rubriques *Sprachatelier*, *Strategie mit Kick*), Julien Noirel (*Einheit 3*), Jeff Pourquié (*Einheit 6*)
Cartographie : Corédoc
Iconographie : Nadine Gudimard
Édition : Karin Albert, Catherine Barthélémy (p. 214-253)

Achevé d'imprimer en Italie par Tiber - dépôt légal n° 95386-6/01 - avril 2012

Avant-propos

*Einblick T^le^* poursuit la démarche initiée en 2de et reprise en 1re. Au fil des huit unités proposées, vous serez les acteurs d'un projet pédagogique que nous avons comme précédemment souhaité enrichissant et motivant. En voyageant dans la culture des pays de langue allemande, entre hier et aujourd'hui, en abordant les notions des programmes de langue vivante du cycle terminal, vous continuerez à mieux appréhender ce qui fait la particularité et le charme de cette langue, de la culture qu'elle fait découvrir et à mieux connaître ceux dont elle est la langue maternelle, qu'ils soient allemands, autrichiens, suisses ou luxembourgeois.

La structure d'une unité

Chacune des unités – à l'exception des unités 3 (pièce radiophonique) et 6 (lecture suivie) – est construite autour de deux parcours, l'un à dominante orale, l'autre à dominante écrite. Avec votre professeur, vous pourrez varier les approches et vous entraîner à la pratique des activités langagières de réception (compréhension de l'écrit et de l'oral) et d'expression (expression orale en continu ou en interaction, expression écrite). Les unités 1, 4, 5, 7 et 8 illustrent à travers les documents proposés les notions et thèmes des programmes du cycle terminal (Mythes et héros, Espaces et échanges, Lieux et formes du pouvoir, L'idée de progrès). Le choix a été fait dans l'unité 2 de partir à la découverte d'une ville allemande, en l'occurrence Leipzig, à travers son histoire, souvent brillante (Goethe, Bach), parfois tourmentée (1933-1989) et dont le renouveau depuis la réunification des deux Allemagnes doit être souligné. Les unités 3 (une pièce radiophonique policière, *Casa Solar*) et 6 (une lecture suivie de la nouvelle *Idioten* d'un auteur contemporain de qualité, Jakob Arjouni) complètent le projet en vous entraînant à l'écoute ou à la lecture d'œuvres complètes.

Un contenu culturel riche et varié

Les nombreux documents vous offrent une large palette culturelle, leur choix étant guidé par les quatre notions – et les thèmes qui en découlent – retenus dans les programmes du cycle terminal. Vous retrouverez à la fin du manuel un module ***Spaß am Lesen*** offrant des lectures d'extraits d'œuvres littéraires classiques ou contemporaines et une partie ***Einblick mit einem Klick*** consacrée à la présentation de faits culturels et historiques en lien avec les thèmes des unités. Un dossier ***Kunst im Blick*** consacré à l'histoire des arts vous ouvrira des passerelles culturelles vers d'autres disciplines et enrichira vos connaissances artistiques.

Gagner en autonomie dans la perspective du baccalauréat

Les classes de 2de et 1re vous ont donné les moyens de consolider et d'enrichir vos compétences de communication en langue allemande et de parvenir à une autonomie langagière toujours plus grande. Vous allez trouver dans le manuel de T^le^ les outils pour atteindre les objectifs d'un apprentissage d'une langue de communication opérationnelle (***Strategie mit Kick***, ***Sprachatelier***). Nous vous proposons également, au sein des unités, des pages spécifiques consacrées à la préparation du baccalauréat qui vous permettent de vous entraîner pour les épreuves orales, désormais présentes dans toutes les séries, et écrites. Quelques pages au début du manuel font le point sur ce que l'on attend de vous lors de l'épreuve orale (présentation d'une des notions du programme à partir des documents étudiés en cours d'année).

Nous vous souhaitons de continuer à progresser grâce à *Einblick T^le^* dans votre maîtrise de la communication en langue allemande et de la connaissance des cultures de pays germanophones, et d'y prendre un réel plaisir : vous trouverez dans cet ouvrage les outils pour réussir dans ce projet.

Structure d'une unité

La double page d'ouverture

Le thème et la problématique de l'unité

Les textes littéraires proposés dans l'unité

Renvoi aux pages d'entraînement au bac

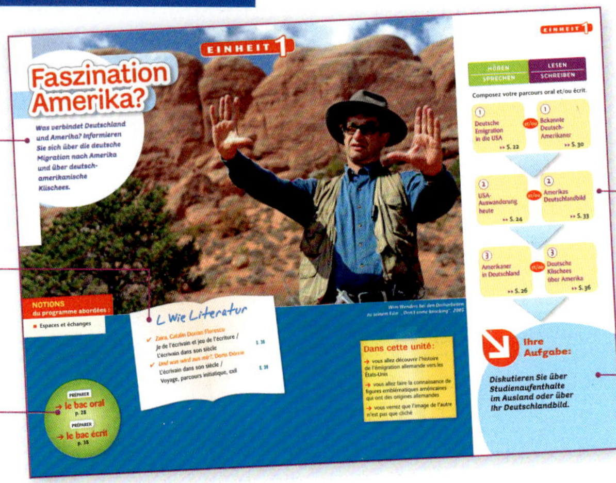

Les 2 parcours proposés pour fonctionner en groupes de compétences

La tâche à réaliser en fin d'unité

Les pages d'activités des 2 parcours

Des supports variés

Indication du niveau CECRL de chaque tâche

Des stratégies pour construire ses compétences dans les différentes activités langagières

La double page « Vers le bac oral »

Plusieurs documents audio type bac (1'30 au maximum)

Des supports variés pour s'entraîner à l'expression orale

La double page « Vers le bac écrit »

Un ou deux textes avec une exploitation pédagogique type bac

Des aides méthodologiques pour l'élève

Deux doubles pages de travail sur la langue

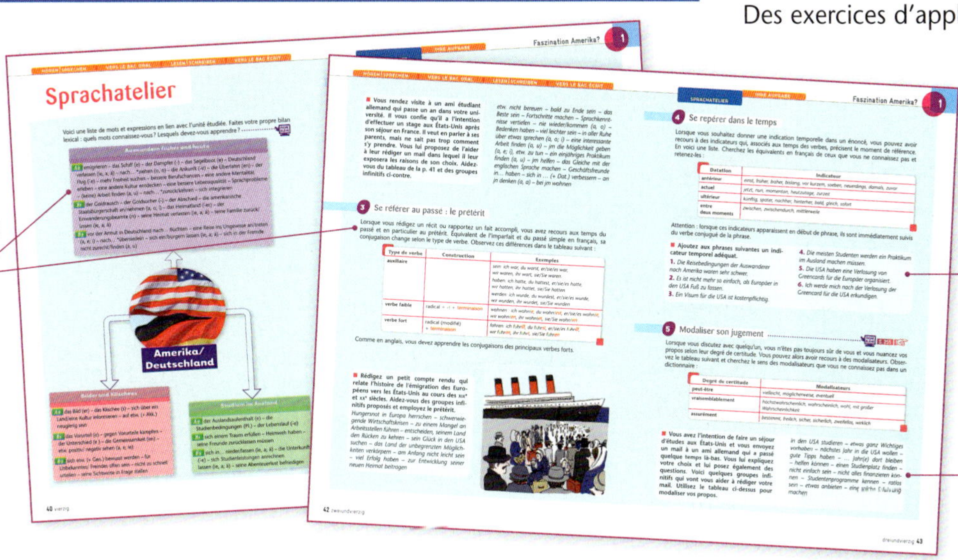

Les outils grammaticaux et lexicaux utiles pour la tâche finale

Des exercices d'application

Une double page consacrée à la tâche finale

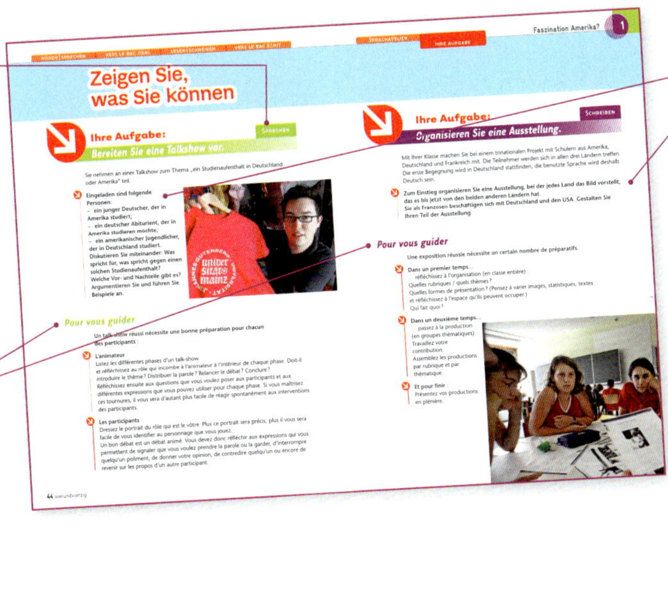

Une activité langagière mise en avant pour chaque tâche

Des aides méthodologiques

Deux variantes de la tâche finale, selon la dominante (orale ou écrite) travaillée dans l'unité

Logos utilisés dans le manuel

- CD classe
- MP3 élève
- Activité de production orale à enregistrer
- Fiches élève téléchargeables
- DVD-Rom Vidéo

EINHEIT 1

Faszination Amerika?

Ihre Aufgabe:
Über Studienaufenthalte im Ausland diskutieren
oder
Über sein Deutschlandbild debattieren

Notion du programme abordée :
Espaces et échanges

HÖREN/SPRECHEN

EINHEIT 2

Fokus auf Leipzig

Ihre Aufgabe:
Ein Referat über Leipzig halten
oder
Einen Flyer über die Stadt erstellen

Notions du programme abordées :
Lieux et formes du pouvoir
Espaces et échanges

LESEN/SPRECHEN

EINHEIT 3

Casa Solar
Ein Hörspiel

Ihre Aufgabe:
Das Geständnis des Mörders erfinden

Notions du programme abordées :
Lieux et formes du pouvoir
L'idée de progrès

HÖREN/SPRECHEN

EINHEIT 4

Die Macht der Worte

Ihre Aufgabe:
Über die Jugendsprache diskutieren
oder
Für eine freundliche Sprache werben

Notions du programme abordées :
Lieux et formes du pouvoir
Espaces et échanges

HÖREN/SPRECHEN

EINHEIT 5

Total überwacht?

Ihre Aufgabe:
Über Kameras in der Schule debattieren
oder
Eine Demonstration vorbereiten

Notions du programme abordées :
Lieux et formes du pouvoir
L'idée de progrès

HÖREN/SPRECHEN

EINHEIT 6

Idioten
Eine Erzählung

Ihre Aufgabe:
Das Ende der Geschichte erfinden

Notion du programme abordée :
L'imaginaire

LESEN/SCHREIBEN

EINHEIT 7

Ist heute noch gestern?

Ihre Aufgabe:
Die 70er Jahre und das 21. Jahrhundert vergleichen
oder
Kritisch zum Thema gestern/ heute Stellung nehmen

Notions du programme abordées :
Lieux et formes du pouvoir
L'idée de progrès

LESEN/SPRECHEN

EINHEIT 8

Mythisches Deutschland

Ihre Aufgabe:
Ein Reiseziel wählen
oder
Eine Broschüre für Touristen erstellen

Notion du programme abordée :
Mythes et héros

HÖREN/SPRECHEN

ANNEXES

Se préparer aux épreuves du baccalauréat

Voici quelques questions que vous vous poserez certainement à l'approche des épreuves du baccalauréat. Nous tentons d'y répondre pour vous aider à vous préparer en toute sérénité.

1. Quelle est la nature des épreuves de langue au baccalauréat ?

À partir de la session 2013, les compétences des élèves seront évaluées dans toutes les activités langagières, tant pour la LV1 que pour la LV2. Ainsi, l'examen comportera pour toutes les séries une épreuve d'expression orale et, sauf pour la série L, une épreuve de compréhension orale.
Dans un premier temps, au cours du second trimestre, dans le cadre habituel de la formation scolaire, c'est-à-dire dans l'établissement, sera évaluée la compréhension de l'oral pour les séries ES, S, ST et STG LV1 et LV2. Les élèves écoutent un ou deux documents inconnus d'une durée totale maximale d'1 minute 30; ils ont ensuite dix minutes pour rédiger en français un compte rendu de l'écoute.
Dans un deuxième temps, au cours du troisième trimestre (sauf pour la série L où l'épreuve prendra la forme d'un examen terminal), aura lieu une épreuve orale individuelle organisée par les enseignants où chaque élève aura à présenter une des quatre grandes « notions » des programmes du cycle terminal. Cette prise de parole en continu sert ensuite d'amorce à une conversation conduite par le professeur.

2. Quelles sont les notions du programme du cycle terminal ?

Le thème général du programme, « Gestes fondateurs et mondes en mouvement », comprend quatre notions :

↘ Mythes et héros

Les mythes évoquent la condition humaine dans son ensemble. Interroger les mythes, c'est s'intéresser aux héros et récits qui fondent une identité collective. Le héros est un personnage réel ou fictif qui a marqué la tradition, l'histoire, la vie quotidienne d'un peuple ou d'une nation.

↘ Espaces et échanges

Une société peut être considérée sous l'angle de sa cohésion et celui de son ouverture au monde. La frontière comme limite entre deux espaces sera vue soit comme protection soit comme ouverture. On s'intéressera aux échanges de toutes sortes, aux emprunts de langue à langue, de culture à culture en littérature, dans les arts, les techniques, la philosophie, la religion, etc., aux conflits et oppositions qui accompagnent ces évolutions.

↘ Lieux et formes du pouvoir

Le pouvoir est à la fois la source de l'intégration politique, sociale et personnelle et de conflits au sein du groupe. Le pouvoir s'exerce à travers un ensemble de relations complexes subies ou acceptées, en particulier dans la langue. Le pouvoir suppose l'existence de contre-pouvoirs. Le pouvoir n'est pas qu'institutionnel.

↘ L'idée de progrès

Le concept de progrès a accompagné les grands moments de l'histoire. On observe actuellement, en raison des avancées technologiques, une prise de conscience accrue des conséquences du progrès. On s'intéressera donc aux effets du progrès et à ce que l'on peut nommer l'éthique du progrès.

3. Comment ces quatre notions sont-elles abordées dans *Einblick Tle* ?

Les six unités thématiques du manuel illustrent une ou plusieurs des notions au programme. Deux autres unités proposent une lecture suivie et l'écoute d'une pièce radiophonique policière.

	Mythes et héros	Espaces et échanges	Lieux et formes du pouvoir	L'idée de progrès
1. Faszination Amerika?		• échanges entre les deux pays • l'histoire de l'émigration allemande vers les États-Unis • les perceptions de l'autre pays • l'attrait de l'Amérique pour les jeunes Allemands		
2. Fokus auf Leipzig	• Faust et Leipzig	• Leipzig, lieu historique d'échanges commerciaux • la foire de Leipzig	• rôle historique de la ville (RDA, les événements de 1989)	• le renouveau de la ville depuis la réunification
4. Die Macht der Worte		• la langue comme moyen d'échanger et de communiquer	Les mots et la langue comme moyen d'influencer et d'exercer du pouvoir : • (dés)information, manipulation, propagande • résistance et opposition politique	
5. Total überwacht?			• la société de surveillance • le monde de travail sous contrôle • les caméras de surveillance : une menace pour la liberté	• la sphère privée menacée par l'omniprésence d'Internet
7. Ist heute noch gestern?			• les contre-pouvoirs (la génération de 68, le mouvement pacifiste, l'écologie)	• tradition et progrès • les avancées réalisées depuis les années 1970
8. Mythisches Deutschland	• quelques mythes fondateurs : le Rhin et la Lorelei, la légende des *Nibelungen*, *Faust* et le pacte avec le diable			

4. Quelle est la nature de l'épreuve orale ?

On attend de vous un exposé de quelques minutes (production orale en continu) s'appuyant sur ce que vous aurez retenu de l'étude des documents illustrant chacune des quatre notions. À l'issue de cet exposé, l'examinateur vous fera éventuellement préciser à l'aide de questions certains points de votre réflexion. Il s'agit donc de dégager ce qui a fait pour vous l'intérêt des documents, de les mettre en perspective pour présenter un ou plusieurs aspects de la notion et de donner un point de vue personnel.

5. Comment préparer l'épreuve en cours d'année ?

- Veillez à ce que pour chaque groupe de documents (oral ou écrit), le lien soit établi clairement avec l'une (ou éventuellement deux) des quatre notions. Les thèmes abordés doivent problématiser cette notion, même simplement. Cela n'exclut pas que d'autres thèmes – sans rapport direct avec la notion – soient présents dans les documents.
- Identifiez avec votre professeur les moyens langagiers spécifiques à la notion étudiée.
- Préparez pour chacune des quatre notions une fiche-bilan, où vous ferez la synthèse de ce que vous aurez appris lors de l'étude des documents. Ces fiches vous seront une aide précieuse pour vos révisions et vous permettront d'avoir une vision synthétique de la problématique de chaque notion.
- Entraînez-vous à présenter une notion dans le cadre d'un travail de groupe. La prise de parole en continu n'est pas spontanée, elle se prépare !
- Et pour vous préparer avec *Einblick Tle*, des pages spécifiques vous sont proposées dans les unités du manuel.

Bon courage à tous et toutes !

Einstieg Abitur, und dann?

A. Hörverstehen

ERSTMAL INS AUSLAND

Kontext: *Lina weiß nicht genau, was sie nach dem französischen Abitur machen möchte. Sie würde aber gern einige Zeit im Ausland verbringen. Sie ruft ihre deutsche Freundin Kerstin an.*

Hilfen:
- **das Abitur, das Abi:** *le baccalauréat, le bac (en Allemagne)*
- **sich weiter/bilden:** *compléter sa formation*
- **die Vorbereitung (en):** *la préparation*
- **aus/füllen:** *remplir (un formulaire)*
- **der Tipp (s):** *le conseil, le tuyau*

Hören Sie sich das Gespräch an. CD

B1
- **Was ist die „Initiative Auslandszeit"? Wie kann man sie kontaktieren?**

B1+
- **Welche Möglichkeiten für einen Auslandsaufenthalt werden vorgeschlagen?**

B. Leseverstehen

INITIATIVE AUSLANDSZEIT

Kontext: *Sie interessieren sich wie Lina für einen längeren Auslandsaufenthalt, möchten aber nicht nur Tourist sein.*

Gehen Sie auf das Portal der Initiative Auslandszeit und informieren Sie sich: ***www.initiative-auslandszeit.de***

B1
- **In welchen Bereichen und wo kann man Freiwilligenarbeit machen?**
- **Welches sind die beliebtesten Ziele für *Work & Travel*?**

B1+
- **Was sind die Unterschiede zwischen *Farmurlaub, Farmstay* und *Farmarbeit*?**

Tierschutz

Tipp

Besuchen Sie diese Webseiten:
- *www.freiwilligenarbeit.de*
- *www.auslandsjob.de*
- *www.farmarbeit.de*

Kinder unterrichten und betreuen

C. Sprechen

EINE ANFRAGE

Kontext: *Sie sind auch an einem der Angebote dieser Initiative interessiert und möchten mehr Informationen bekommen.*

Rufen Sie an und hinterlassen Sie eine Nachricht auf dem Anrufbeantworter.

B1 Stellen Sie sich kurz vor. Welches Angebot interessiert Sie? Welche Fragen haben Sie?

D. Schreiben

KONTAKTFORMULAR

Kontext: *Sie sind auch an einem der Angebote dieser Initiative interessiert und möchten mehr Informationen bekommen.*

Füllen Sie das Kontaktformular aus.

B1 Welches Angebot interessiert Sie? Welche Fragen haben Sie?

Strategie mit Kick!

POUR VOUS AIDER

A. Hörverstehen aktiv

ERSTMAL INS AUSLAND

■ **Avant de commencer : mobiliser ses connaissances lexicales**

■ **Décomposez les mots suivants pour en déduire le sens. Vérifiez le genre et le pluriel dans un dictionnaire.**
Auslandsaufenthalt – Internetportal – Standardtourist – Auslandsstudium – Freiwilligenarbeit – Sprachkurs – Kontaktformular

C. Sprechen ganz einfach

EINE ANFRAGE

■ **Demander des renseignements ou de la documentation**

Pour présenter votre demande poliment, utilisez les formules suivantes :
ich würde gern (+ Inf.) – ich hätte gern (+ Akk.) – Könnten Sie mir bitte (+ Inf.) – Es wäre nett von Ihnen, wenn…

D. Schreiben ganz einfach

EIN KONTAKTFORMULAR

■ **Demander des renseignements ou de la documentation**

Pour présenter votre demande poliment, utilisez les formules suivantes :
Ich interessiere mich für (+ Akk.) und ich würde gern (+ Inf.) – ich hätte gern (+ Akk.) – Könnten Sie mir bitte (+ Inf.) – Es wäre nett von Ihnen, wenn…

Pour terminer votre message, vous pouvez utiliser :
In der Hoffnung auf eine baldige Antwort verbleibe ich mit freundlichen Grüßen (+ signature)
Vielen Dank im Voraus für eine schnelle Antwort. Mit freundlichen Grüßen (+ signature)

E. Leseverstehen

IM AUSLAND STUDIEREN

Kontext: *Linas Mutter weiß, dass Lina gerne einige Zeit im Ausland verbringen möchte. Sie sucht für sie nach Studienmöglichkeiten im Ausland.*

Lesen Sie diese Präsentationen.

B1+ **Was bieten diese Programme? Für wen sind sie geeignet?**

1

Université franco-allemande
Deutsch-Französische Hochschule

www.dfh-ufa.org
Die Deutsch-Französische Hochschule (DFH) ist ein Netzwerk aus rund 170 deutschen, französischen und anderen europäischen Hochschulen. Seit ihrer Gründung im Jahr 1999 sieht die DFH vor, die deutsch-französische Kooperation sowohl im Hochschulwesen als auch in der Forschung zu fördern. Sie stellt ihren Studierenden, Doktoranden und Forschern zahlreiche Mittel zur Verfügung, um die Mobilität und Offenheit zu unterstützen. Integrierte bi- und trinationale Studiengänge, *cotutelles de thèse*, deutsch-französische Sommerschulen, deutsch-französisches Forum, und und und: der DFH können sich Studierende jeden Hochschulabschluss (Bachelor, Master, Doktorgrad) anschließen.

http://ufadfh.blogspot.com

2

erasmus

Was ist das Erasmus-Programm?

Mit dem Erasmus-Programm hast du die einmalige Möglichkeit, einen drei- bis 12-monatigen Studienaufenthalt an einer Gasthochschule im europäischen Ausland zu verbringen und dabei finanziell und ideell unterstützt zu werden. Voraussetzung hierfür ist, dass du mindestens ein Jahr eines formalen Studienprogramms an deiner Heimathochschule absolviert hast und Bürger der EU bzw. Einwohner mit permanentem Aufenthaltstitel in einem der teilnehmenden Länder bist.

www.erasmus-guide.de

3

Unterstützt von / Supported by

Alexander von Humboldt
Stiftung / Foundation

Wer in Deutschland geforscht hat, macht leichter Karriere

Jährlich ermöglicht die Humboldt-Stiftung über 2000 Forschern aus aller Welt einen wissenschaftlichen Aufenthalt in Deutschland. Die Stiftung pflegt ein Netzwerk von weltweit mehr als 25000 Humboldtianern aller Fachgebiete in über 130 Ländern – unter ihnen 48 Nobelpreisträger.

www.humboldt-foundation.de

F. Sprechen

WAS HÄLTST DU DAVON?

Kontext: *Die Mutter und Lina diskutieren über diese Möglichkeiten.*

Führen Sie diese Diskussion mit einem anderen Schüler.

B1+

- **Sie sind die Mutter und stellen Lina die verschiedenen Möglichkeiten vor.**
- **Sie sind Lina und nicht so sehr davon überzeugt. Finden Sie Gegenargumente.**

G. Schreiben

MEINE WAHL

Kontext: *Sie haben nun verschiedene Möglichkeiten für einen längeren aktiven Aufenthalt im Ausland kennen gelernt. Welche dieser Möglichkeiten würde Sie persönlich am meisten interessieren?*

Formulieren Sie Ihre Argumentation in einem Text von ca. 120 Wörtern.

Évaluation diagnostique

Tous les supports sont mis à disposition sur le site compagnon : www.editions-hatier.fr/einblick

Faszination Amerika?

Was verbindet Deutschland und Amerika? Informieren Sie sich über die deutsche Migration nach Amerika und über deutsch-amerikanische Klischees.

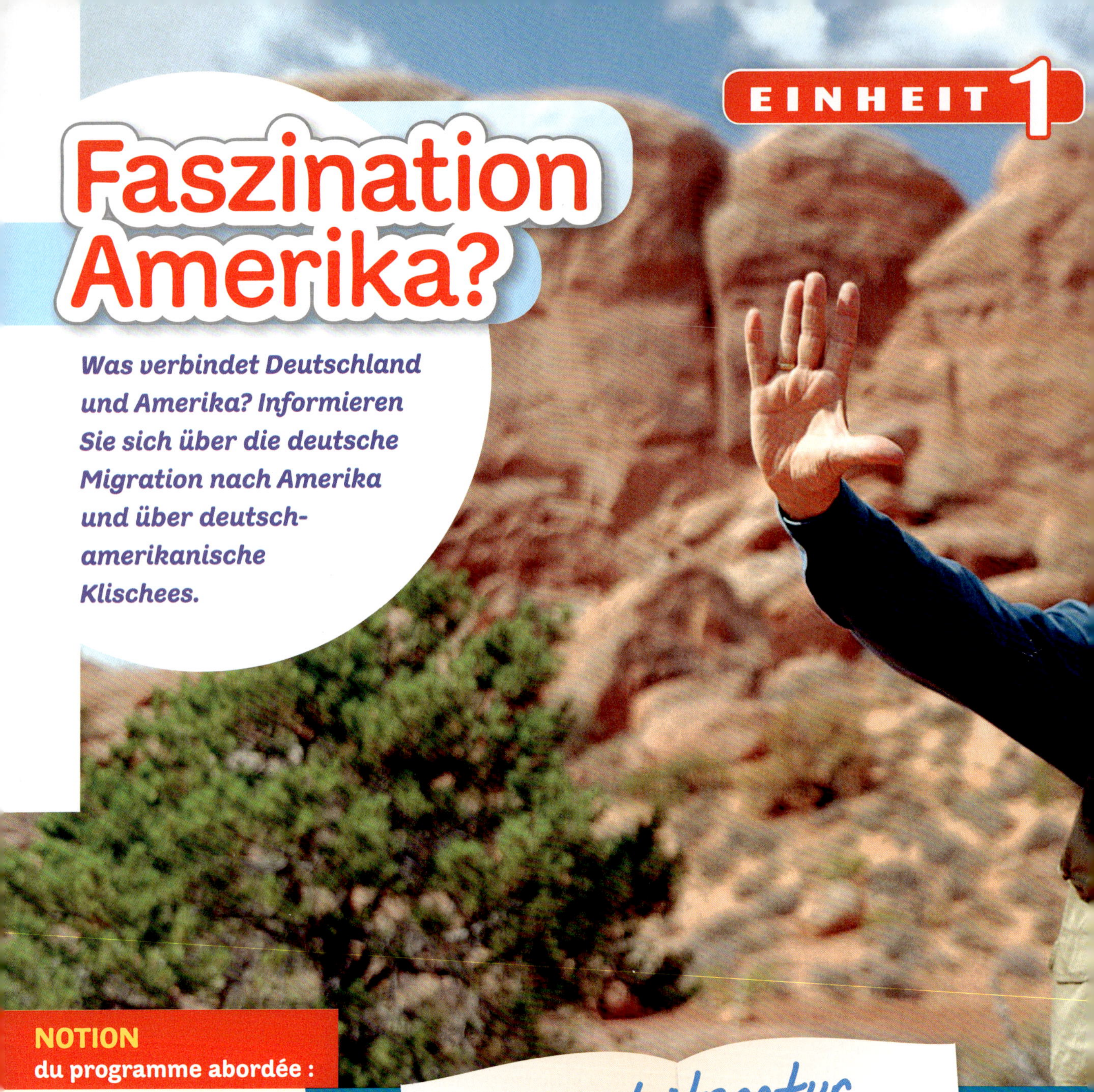

NOTION du programme abordée :

- Espaces et échanges

L wie Literatur

PRÉPARER → le bac oral p. 28

PRÉPARER → le bac écrit p. 38

Wim Wenders bei den Dreharbeiten zu seinem Film „Don't come knocking", 2005

HÖREN / SPRECHEN | LESEN / SCHREIBEN

Composez votre parcours oral et/ou écrit.

Ihre Aufgabe:

Diskutieren Sie über Studienaufenthalte im Ausland oder über Ihr Deutschlandbild.

Dans cette unité :

- → vous allez découvrir l'histoire de l'émigration allemande vers les États-Unis
- → vous allez faire la connaissance de figures emblématiques américaines qui ont des origines allemandes
- → vous verrez que l'image de l'autre n'est pas que cliché

1 Deutsche Emigration in die USA

A. Hörverstehen

Das Passagierschiff *Germania* bei der Ankunft in New York, 1887.

MIT DEM SCHIFF NACH AMERIKA!

S. 243

Kontext: *Rund 60 Millionen Amerikaner haben deutsche Wurzeln. Was hat dazu beigetragen?*

VIDEO **Sehen Sie sich dieses Video an.**

Notieren Sie die Informationen, die Sie zu folgenden Bereichen bekommen: FICHE ÉLÈVE

- A2 ▸ Zeitpunkt der Auswanderung und Anzahl der Emigranten
- B1 ▸ Transportmittel, Dauer der Reise, Kosten
- B2 ▸ Gründe für die Auswanderung

Vergleichen Sie in der Klasse.

EIN BRIEF AUS DER NEUEN WELT

Kontext: *In einer Radiosendung wird ein Auswandererbrief aus dem Jahre 1887 vorgelesen.*

Hilfen:
- **die eiserne Stange (n):** *la barre de fer*
- **beschäftigt sein:** *(ici) être employé*
- **beschäftigungslos:** *(ici) sans emploi*
- **der Schwindel:** *l'arnaque*

Hören Sie sich den Ausschnitt an. MP3

B1 **Was erfahren Sie über die Reisebedingungen und die Anfänge in Amerika?** FICHE ÉLÈVE

B. Sprechen

DER HISTORISCHE KONTEXT

Kontext: *Sie interessieren sich für Zahlen und Fakten zu den deutschen USA-Auswanderern.*

Bearbeiten Sie drei Dokumente (Seite 23) und tauschen Sie Ihre Informationen mit Ihren Klassenkameraden aus.

- A2 ▸ **Welche Informationen über die Reisebedingungen der Auswanderer gibt Ihnen dieses Bild? (Dokument 1)** FICHE ÉLÈVE
- A2+ → B1 ▸ **Diese Statistik stellt die Anzahl der Auswanderer in die USA bildlich dar. Welche Auswanderungswellen können Sie unterscheiden? (Dokument 2)**
- B2 ▸ **Gründe für die Auswanderung: Ordnen Sie zunächst die Gründe den verschiedenen Kategorien zu. Überlegen Sie dann, aus welchen persönlichen Gründen die Deutschen ausgewandert sein könnten. Stellen Sie schließlich das Schema vor. (Dokument 3)** FICHE ÉLÈVE

1

Deutsche Auswanderer auf der Reise nach Amerika an Bord des Schiffs *Samuel Hop*, 1850.

2

Deutsche Auswanderung in die USA 1820-1970

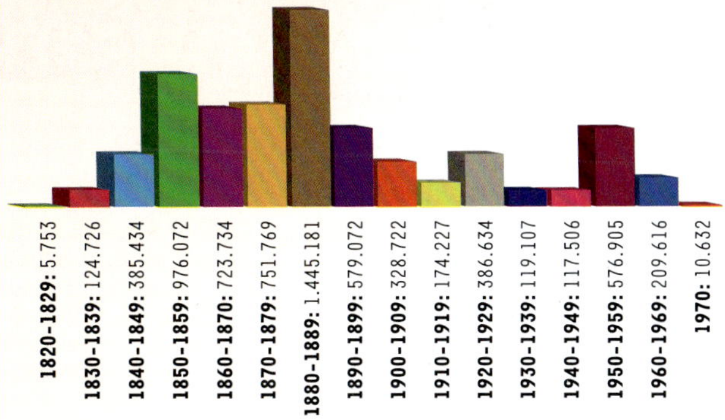

Angaben nach: Stephen Thernstrom (Hrsg.): *Harvard Encyclopedia of American Ethnic Groups*, Cambridge/MA und London 1980, S. 410.

3

Die Auswanderungsbewegungen

Gründe:

- Hungersnöte
- nicht genug Land in Deutschland
- mit dem Beginn der Industrialisierung: Arbeitslosigkeit
- Goldrausch in Amerika
- Religionsfreiheit (besonders für kleinere Gruppen wie Pietisten, Baptisten, deutsche Quäker)
- höhere Löhne, billiges Siedlungsland
- nach dem Scheitern der Revolution von 1848: Verlust der Hoffnung auf ein demokratisches Deutschland
- freie Meinungsäußerung

Strategie mit Kick!

A. Hörverstehen aktiv

MIT DEM SCHIFF NACH AMERIKA!

Avant de commencer : mobiliser ses connaissances lexicales

Vérifiez que vous comprenez le sens de ces mots et expressions :
das Schiff (e) – der Dampfer (-) – das Segelboot (e) – eine Reise ins Ungewisse – der Abschied (e) – tränenreich sein – verweinte Augen haben – die Überfahrt (en) – die Verpflegung – sich verpflegen – die Unterkunft (¨e) – das Monatsgehalt (¨er)

2 USA-Auswanderung heute

A. Hörverstehen

Kontext: *Mit Ihrer deutschen Partnerschule arbeiten Sie an einem Projekt zum Thema „Auswanderung nach Amerika heute". Ihr Partner hat Ihnen verschiedene Dokumente geschickt.*

GREENCARD-GEWINNER

Hören Sie sich das Interview mit Frau Wiegant an.

A2 ▸ **Was hat Frau Wiegant gemacht, um eine Greencard zu bekommen?**

B1 ▸ **Welche Bedingungen musste sie dafür erfüllen? Wie geht ihr Greencard-Abenteuer nun weiter?**

Hilfen:
- **etw. verlosen:** *tirer qc. au sort*
- **eine Gebühr zahlen:** *payer un droit de participation*

STUDIEREN IN DEN USA

Hören Sie sich nun den Radiomitschnitt an.

B1 Welche Möglichkeiten gibt es, in den USA zu studieren? Welche Vor- und Nachteile gibt es dabei? Welche Formalitäten müssen erfüllt werden?

Hilfen:
- **sich Studienleistungen anrechnen lassen (ie, a; ä):** *obtenir des équivalences universitaires*

PROS UND KONTRAS

Hören Sie sich zuletzt das Interview an.

B1 Welche Argumente sprechen für einen Aufenthalt in den USA? Welche Gegenargumente gibt es? Listen Sie sie auf!

Hilfen:
- **BWL** = Betriebswirtschaftslehre
- **etw. bereuen:** *regretter qc.*

B. Sprechen

ERFAHRUNG AUSLANDSSTUDIUM?

Kontext: *Sie haben nun selbst Lust, später einen USA-Aufenthalt zu machen. Sie diskutieren darüber mit einem deutschen Freund, der nicht gerade begeistert ist…*

B1 **Arbeiten Sie zu zweit und tauschen Sie Argumente aus.**

Strategie mit Kick!

POUR VOUS AIDER

A. Hörverstehen aktiv

STUDIEREN IN DEN USA

Avant de commencer : mobiliser ses connaissances lexicales

Vérifiez que vous vous souvenez du sens de ces mots et expressions :
der Auslandsaufenthalt (e) – die Studienbedingungen (Pl.) – die Gasthochschule (n) – der Lebenslauf (¨e) – ein Studium absolvieren

B. Sprechen ganz einfach

ERFAHRUNG AUSLANDSSTUDIUM?

Étayer son argumentation

- Pour être plus convaincant, vous pouvez compléter les arguments entendus. Voici quelques pistes :

Argumente für einen Auslandsaufenthalt…	**… und Argumente dagegen:**
mehr Freiheit haben – bessere Berufschancen haben – eine andere Mentalität erleben – eine andere Kultur entdecken – eine bessere Lebensqualität haben – sich einen Traum erfüllen – seine Abenteuerlust befriedigen	*Sprachprobleme haben – Heimweh haben – keine Arbeit finden (a, u) – keine Freunde finden (a, u) – seine Familie zurücklassen müssen – auch auf kurzen Reisen eine andere Mentalität erleben, eine andere Kultur entdecken oder seine Abenteuerlust befriedigen können*

- Pour mieux défendre votre point de vue, vous devez organiser votre argumentation, donner votre avis et montrer que l'idée vous plaît – ou pas. Voici quelques structures qui vont vous aider à le faire.

Organiser son argumentation
eigentlich
doch
dennoch/ jedoch
außerdem
einerseits… andererseits…

Formuler son accord / désaccord ou donner son avis
Ich finde das (nicht) gut.
Ich bin (nicht) deiner Meinung.
Ich teile deine Meinung nicht.
Das stimmt (nicht)!
Ich meine, dass…
Ich denke, dass…

Montrer que l'on aime quelque chose
Das finde ich toll/super/genial.
Die Idee finde ich (auch) gut.
Das gefällt mir (sehr).
So etwas mag ich/liebe ich.
… interessiert mich (sehr).
… ist mir (sehr) wichtig.

3 Amerikaner in Deutschland

A. Hörverstehen

Kontext: *Es gibt auch Amerikaner, die nach Deutschland ziehen. Was sagen sie über ihr neues Leben? Was halten sie von den Deutschen?*

„FROM USA TO GERMANY" (ERSTER TEIL)

Hören Sie sich Janes Interview an. MP3

B1 **Sammeln Sie Informationen zu folgenden Punkten: Themen, positive Aspekte Deutschlands, negative Aspekte Deutschlands.** FICHE ÉLÈVE

Rede des amerikanischen Präsidentschaftskandidaten Barack Obama in Berlin, 24.07.2008.

„FROM USA TO GERMANY" (ZWEITER TEIL)

Hören Sie sich nun Chris' Aussagen an. MP3

B1 → B2 **Über welche Unterschiede zwischen Deutschland und den USA spricht er? Listen Sie sie auf.** FICHE ÉLÈVE

B. Sprechen

DEUTSCH-AMERIKANISCHE KLISCHEES

Kontext: *Viele Deutsche haben Vorurteile über Amerikaner. Es gibt aber auch viele Vorurteile oder Klischees in Bezug auf die Deutschen.*

B1 → B2 **Versuchen Sie, sie in der Klasse aufzulisten. Vergleichen Sie sie mit Ihren eigenen Erfahrungen mit Deutschland. Diskutieren Sie darüber in der Klasse.**

... IST WIRKLICH ALLES GRÖSSER!

Strategie mit Kick!

POUR VOUS AIDER

A. Hörverstehen aktiv

„FROM USA TO GERMANY"

1 Avant de commencer: mobiliser ses connaissances lexicales

- **Vérifiez que vous connaissez le sens de ces mots et expressions :**
*das Vorurteil (e) – unterstützen – verteidigen – *auf/fallen (ie, a; ä): etw. fällt einem auf – sich mit der Geschichte seines Landes auseinander/setzen*

2 Comprendre l'opinion d'une personne interviewée

Rappelez-vous les différents moyens qui existent pour donner son avis. Lors de l'écoute, soyez particulièrement attentif à ces éléments annonçant le jugement de la personne qui s'exprime.

B. Sprechen ganz einfach

DEUTSCH-AMERIKANISCHE KLISCHEES

- **Rendre compte de l'opinion d'autrui**

Pour pouvoir parler de clichés, vous devez être capable de restituer l'opinion d'une autre personne. Vérifiez que vous connaissez le sens des mots suivants :
denken (dachte, gedacht) – meinen – glauben – finden (a, u)

Vous pouvez également utiliser :
jn für (+ Akk.) halten (ie, a; ä): prendre qn pour
jn als (+ Adj.) betrachten: considérer qn comme

Vers le bac oral

A Hörverstehen

Hören 1
Bertolt Brecht und Thomas Mann zwischen Europa und Amerika

Hilfen:
- **die Staatsbürgerschaft:** *la nationalité*

Hören 2
Die *Marie Perch* verlässt den Bremer Hafen

Hilfen:
- ***aus/laufen (i, au; äu):** *quitter le port*
- **das Deck (s):** *le pont (d'un bateau)*
- **der Schlepper (-):** *le remorqueur*

B Sprechen

Ihr Thema: *„Deutschland und die USA, das war einmal…"*

Sprechen 1
Ein Zitat

„Deutschland weiß sich den Vereinigten Staaten besonders verbunden."
Horst Köhler

Gut zu wissen

Horst Köhler war Bundespräsident der Bundesrepublik Deutschland von 2004 bis 2010.

Pensez à utiliser

**emigrieren • das Land verlassen (ie, a; ä) • sich niederlassen (ie, a; ä) • große Leistungen vollbringen (vollbrachte, vollbracht) • weltbekannt sein • etw. verbreiten • jm eine Sprache bei/bringen (brachte, gebracht) • ein Projekt fördern*

Sprechen 2
Gedenktafel in Hohenlimburg (Ruhr)

Strategie POUR VOUS AIDER

Sachez tirer parti du temps de préparation qui vous est offert. Renoncez à vouloir vous rassurer en déposant sur le papier tout ce que vous avez à dire. Contentez-vous de ne noter que les mots ou tournures essentiels, afin d'avoir le temps d'organiser soigneusement vos idées. Votre interlocuteur vous saura gré de lui proposer une production orale structurée.

A Hörverstehen

HÖREN

USA – Deutschland: Astronomie über den Wolken

1. Hören Sie zunächst verschiedene Sätze an.
2. Hören Sie sich nun eine Reportage an.

B Sprechen

Ihr Thema: *„Die Vereinigten Staaten und Deutschland, gegenseitige Vorbilder?“*

SPRECHEN 1

Politische Kurznachricht

Beim Thema „Zuwanderung“ vereinbarten[1] Union[2] und FDP die Einführung einer „Blue Card“. Für qualifizierte Migranten sinkt die Gehaltsschwelle[3] von 66 000 auf 48 000 Euro.

www.welt.de, 8.11.2011

1 **etw. vereinbaren:** *convenir de qc.*
2 **die Union:** die CDU-CSU
2 **die Gehaltsschwelle (n):** *le salaire minimum requis*

Pensez à utiliser

die Zusammenarbeit • der wirtschaftliche Bereich (e) • verdienen • eine gut bezahlte Stelle • der Arbeitsmarkt • die Konjunktur • je nach Herkunft • das Vorurteil (e) • das Klischee (s) • übertreiben (ie, ie) • sich über etw. lustig machen

Gut zu wissen

Etwa 43 Millionen Amerikaner geben an, deutsche Vorfahren zu haben. Im Bundesstaat Minnesota haben 39% der Bevölkerung deutsche Vorfahren.

SPRECHEN 2

Die letzte Bratwurst

Tipp

Veillez à créer une synergie entre les documents en les mettant en relation les uns avec les autres :
- *Aus dem ersten und dem zweiten Dokument geht hervor, dass…*
- *Das dritte Dokument hingegen weist darauf hin, dass…*
- *Man kann also daraus schließen, dass…*

1 Bekannte Deutsch-Amerikaner

A. Leseverstehen

Kontext: *Die Geschichte der Vereinigten Staaten ist relativ stark von Deutschen mitgeprägt worden. Wie lässt sich das erklären?*

DEUTSCHSPRACHIGE PROMINENZ IN AMERIKA

S. 242

Lesen Sie die folgenden Kurzbiografien.

A2 **Um welche Persönlichkeiten handelt es sich?** FICHE ÉLÈVE

A

Henry Kissinger

B

Sandra Bullock

C

Fritz Lang

D

Marlene Dietrich

E

Levi Strauss

F

Thomas Nast

1 Diese Schauspielerin und Sängerin wurde 1901 geboren. Sie begann ihre Karriere in Berlin und wurde durch den Film „Der blaue Engel" berühmt, in dem sie die Hauptrolle spielte. Im Jahre 1933 emigrierte sie aus politischen Gründen in die USA und nahm die amerikanische Staatsbürgerschaft[1] an. Nach dem Krieg kehrte sie nach Europa zurück und ließ sich in Paris nieder, wo sie 1992 starb.

1 **die Staatsbürgerschaft (en):** *la nationalité*

2 Dieser Mann wurde im Jahre 1923 in Fürth als Sohn einer jüdischen Familie geboren. 1938 verließ er sein Heimatland aus politischen Gründen. In Amerika arbeitete er als Berater Nixons und als Außenminister und hat die Außenpolitik Amerikas in den siebziger Jahren stark beeinflusst.

3 Der „Vater" der Jeans wurde 1829 in Buttenheim bei Bamberg geboren. 1847 siedelte er mit seiner Familie nach New York über und wurde 1853 amerikanischer Staatsbürger. Mit dem Goldrausch erkannte er schnell, dass die Goldsucher und Minenarbeiter Arbeitshosen brauchten. So kam es zur Erfindung der Jeans, die heute noch eines der stärksten amerikanischen Symbole ist. Ihr Erfinder starb im Jahre 1902.

4 Diese deutsch-amerikanische Schauspielerin wurde 1964 in Virginia geboren. Ihre Jugendzeit verbrachte sie mit ihrer deutschen Mutter und ihrem amerikanischen Vater in der Nähe von Nürnberg. 1989 zog sie nach Los Angeles und begann, kleine Film- und Fernsehrollen zu spielen. Berühmt wurde sie mit dem Film „Speed" (1994).

5 Der 1840 in Deutschland geborene deutsch-amerikanische Karikaturist starb 1902 in Ecuador. 1846 flüchtete seine Mutter mit ihm vor der Armut in Deutschland nach New York. Dort begann er mit 15 Jahren als Zeichner zu arbeiten. Einige von seinen Zeichnungen sind noch heute sehr bekannt. Er schuf zum Beispiel die erste Zeichnung des „Uncle Sam" sowie die Symbolfiguren der demokratischen und republikanischen Partei der USA: einen Esel und einen Elefanten.

6 Dieser Regisseur und Drehbuchautor kam 1890 in Wien zur Welt. In den zwanziger Jahren drehte er mehrere expressionistische Filme. Sehr bekannt ist zum Beispiel „Metropolis". 1933 verließ er Hitler-Deutschland, emigrierte zunächst nach Paris und anschließend in die USA, wo er ein Jahr später amerikanischer Staatsbürger wurde. In Hollywood produzierte er insgesamt 22 Filme. Er starb 1976 in Los Angeles.

GENIE „MADE IN GERMANY"

Lesen Sie folgenden Artikel.

B1

- **Listen Sie die Bereiche auf, in denen Deutsche die Vereinigten Staaten beeinflusst haben. Für welche Bereiche sind die Persönlichkeiten auf den Seiten 30-31 ein Beispiel?** FICHE ÉLÈVE
- **Welche bekannten Deutsch-Amerikaner werden hier auch als Beispiel zitiert? Und wofür sind sie heute noch berühmt?**

Am 14. August 1901 gelang einem deutschstämmigen Amerikaner der erste motorisierte Flug in der Luftfahrtgeschichte.
Deutsch-Amerikaner haben in allen Bereichen des amerikanischen Lebens große Leistungen vollbracht: Im Handel, in der Kunst, auf dem Gebiet der Sozialwissenschaften[1] und der Literatur traf deutscher Erfindergeist in Amerika auf fruchtbaren Boden[2], in dem er sich entfalten[3] konnte. Auf dem Gebiet der Naturwissenschaften und der Technologie haben Deutsch-Amerikaner immer wieder internationale Anerkennung gefunden.
Das wohl bekannteste Mitglied dieser Gruppe der Deutsch-Amerikaner war natürlich der Physiker Albert Einstein, ein Mann, dessen Name allein heute als Synonym für den Begriff „Genie" steht. 1879 in Ulm geboren, war seine außerordentliche Begabung auf wissenschaftlichem Gebiet erst in späteren Jahren deutlich, doch sicherte er sich mit der Entwicklung der Relativitätstheorie 1905 seinen Platz in der Geschichte der Wissenschaft. Im Jahre 1933 immigrierte Einstein in die Vereinigten Staaten, und mit ihm und anderen Auswanderern dieser Zeit verlagerte sich die naturwissenschaftliche Elite nach Amerika.

1 **auf dem Gebiet der Sozialwissenschaften:** *dans le domaine des sciences sociales*
2 **auf fruchtbaren Boden treffen (a, o; i):** *(ici) rencontrer un accueil favorable*
3 **sich entfalten können:** *pouvoir s'épanouir*

Ein Jahrhundert vor Einsteins Wirken gelangte ein anderer deutschstämmiger Amerikaner in Amerika zu Ruhm[4]: John Augustus Roebling, der seine Begabung einem Unternehmen widmete[5], das auch heute noch als eines der Wunder der modernen Architektur angesehen wird – der Bau der Brooklyn-Brücke von New York. Roebling, der ein Verfahren zur Herstellung von Drahtseilen[6] entwickelt hatte, begann, diese Technologie auf den Entwurf eines neuen Brückentyps anzuwenden. Der Bau der Brooklyn-Brücke, Roeblings größtem Projekt, begann im Jahre 1869 und dauerte 14 Jahre. Roebling selbst starb an den Folgen einer Verletzung, die er sich während der Überwachung der Arbeiten auf einem Baugerüst zugezogen[7] hatte. Es blieb somit seinem Sohn Washington überlassen, die Brücke zu beenden. Bei Fertigstellung der Brooklyn-Brücke im Jahre 1883 wurde der Bau als 8. Weltwunder angesehen, ein Attribut, das nach Meinung vieler auch heute noch zutrifft[8].

Amerika-Dienst, Nr. 37, 14. September 1983

4 **zu Ruhm *gelangen:** *devenir célèbre*
5 **sich etw. (+ Dat.) widmen:** *se consacrer à qc.*
6 **die Herstellung von Drahtseilen:** *la production de câbles d'acier*
7 **sich eine Verletzung zu/ziehen (o, o):** *se blesser*
8 **zu/treffen (a, o):** *être exact*

B. Schreiben

VOM TELLERWÄSCHER ZUM MILLIONÄR

Kontext: *Sie organisieren eine Ausstellung über amerikanische Berühmtheiten mit deutschen Wurzeln.*

A2-B1 **Verfassen Sie kurze Biographien von diesen berühmten Persönlichkeiten. Erklären Sie, was sie ihrer neuen Heimat gebracht haben. Machen Sie daraus eine Ausstellung (Text und Fotos) in der Klasse.** FICHE ÉLÈVE

Strategie mit Kick!

A. Leseverstehen aktiv

DEUTSCHSPRACHIGE PROMINENZ IN AMERIKA

Avant de commencer : mobiliser ses connaissances lexicales

Vérifiez que vous connaissez le sens des mots suivants :

*geboren werden – *sterben (a, o; i) – der Sohn (¨e) – die Tochter (¨) – die Geschwister (Pl.) – die Familie (en) – der/die Schauspieler (in) – der/die Sänger (in) – der Berater (-) – der Außenminister (-) – der Goldsucher (-) – der Erfinder (-) – der Regisseur (e) – der Drehbuchautor (en) – der Karikaturist (en) – berühmt werden*

GENIE „MADE IN GERMANY"

Comprendre un mot inconnu grâce au contexte

Observez les termes en gras et proposez une traduction en vous appuyant sur le contexte :

*Im Jahre 1933 emigrierte Einstein in die Vereinigten Staaten; mit ihm und anderen Auswanderern dieser Zeit **verlagerte** sich die naturwissenschaftliche Elite nach Amerika.*

*Es **blieb** somit seinem Sohn Washington **überlassen**, die Brücke zu beenden.*

2 Amerikas Deutschlandbild

A. Leseverstehen

Kontext: *Sie wollen sich über die deutsch-amerikanischen Beziehungen informieren.*

EINE UMFRAGE

Schauen Sie sich die Resultate einer Umfrage zum Deutschlandbild der Amerikaner an.

A2+ **Was erfahren Sie über die heutigen Beziehungen zwischen Deutschland und den USA?** FICHE ÉLÈVE

Das Image der Deutschen bei den Amerikanern
Die Ergebnisse einer Studie des German Information Center Washington.

48% guter bis ausgezeichneter Gesamteindruck[1] Deutschlands.

11% schlechter bis sehr schlechter Gesamteindruck Deutschlands.

40% Deutschland und die USA haben gemeinsame Interessen.

9% Deutschland und die USA haben keine gemeinsamen Interessen.

39% Deutschland ist ein wichtiger Partner der USA.

9% Deutschland ist kein wichtiger Partner der USA.

39% Deutschland und Amerika sollten noch engere Beziehungen haben.

9% Deutschland und Amerika sollten keine engeren Beziehungen haben.

Themenbereiche, über die die Amerikaner mehr wissen wollen: modernes Leben in Deutschland, Geschichte, Wissenschaft und Forschung, Tourismus, Küche, Autos.

Auswärtiges Amt, *www.germany.info*

1 **der Gesamteindruck (¨e):** *l'impression générale*

Frank Fischer, Leiter des VW-Werks in Chattanooga (Tennessee), bei einer Ansprache an die Mitarbeiter. Seit Mai 2011 produziert Volkswagen dort die amerikanische Variante des Passat.

„NEW GERMANY"

Lesen Sie diesen Presseartikel.

B1 **Machen Sie sich Notizen zu den folgenden Themen:**

- Aspekte, die die Amerikaner an Deutschland bewundern
- Dinge, die das heutige Deutschland charakterisieren
- Rolle Amerikas bei der Entwicklung des aktuellen Deutschlands

FICHE ÉLÈVE

Amerikas Hype um „New Germany"

Von Christine Mattauch, New York

Das Land, vor kurzem noch als kranker Mann Europas bemitleidet[1], schwimmt auf einer Sympathiewelle. „Deutschlands Image in Amerika ist derzeit ausgesprochen positiv", bestätigt Dr. Stephen Szabo, Direktor der Transatlantic Academy in Washington, die sich für die deutsch-amerikanische Verständigung engagiert.

Vier von fünf Amerikanern haben eine gute Meinung von Deutschland. Es gehört zu den lediglich fünf Staaten, die eine Mehrheit der Amerikaner im Kriegsfall verteidigen würde, zeigen Umfragen von Meinungsforschungsinstituten. Die *New York Times* verglich Deutschland jüngst mit Dornröschen[2]: „Der Staat ist erwacht und zeigt seine ökonomische Innovationskraft und seine kulturellen Schätze[3]." […]

Die Sympathiewelle befördert[4] hat, ausgerechnet im Fußball- und Baseball-Land Amerika, die Fußballweltmeisterschaft. Mit Erstaunen und Begeisterung reagierte die US-Presse auf das multikulturelle deutsche Soccer-Team.

„Das ist ein Zeichen, dass sich die Vorstellung von dem, was es bedeutet, deutsch zu sein, fundamental geändert hat", schrieb die *New York Times*. Deutschland sei heute offener und freundlicher, findet auch Unternehmer Himmel, der in den 70er Jahren in Freiburg studierte: „Damals war alles sehr streng und reguliert, und an manchen Stammtischen[5] wurden abends noch Armeelieder gesungen." Heute freut er sich, wenn er auf deutschen Straßen neben weißen auch braune und schwarze Gesichter sieht und im Stadion schwarz-rot-goldene Fahnen wehen: „Das ist ein Patriotismus, der mir Spaß macht." […]

Viele Amerikaner sind sich darüber im Klaren, dass die Potenz Deutschlands auch ein Ergebnis der US-Politik nach dem Zweiten Weltkrieg ist. „Die USA erlaubten Deutschland, das Modell einzuführen, das es wirtschaftlich erfolgreich machte", meint Szabo. Deutschland sei heute „genau so, wie wir es immer haben wollten: stabil, demokratisch und wirtschaftlich blühend[6]", sagte der frühere US-Botschafter in Berlin, John Kornblum, der *Business Week*.

manager magazin online, 2010

1 **jn bemitleiden:** *plaindre qn*
2 **Dornröschen:** *la Belle au bois dormant*
3 **der Schatz (¨e):** *le trésor*
4 **befördern:** *(ici) renforcer*
5 **der Stammtisch (e):** *la table des habitués*
6 **blühend:** *florissant*

B. Schreiben

MEIN DEUTSCHLANDBILD

Kontext: *Mit Ihrer deutschen Partnerschule schreiben Sie einen Blog. Eines der Themen lautet: „Was wir voneinander halten…". Die Deutschen haben sich schon geäußert, jetzt sind Sie dran.*

B1-B2 **Schreiben Sie einen Blogeintrag mit folgendem Titel: Wie ich Deutschland und die Deutschen sehe.**

FICHE ÉLÈVE

Strategie mit Kick!

A. Leseverstehen aktiv

EINE UMFRAGE

■ **Analyser une statistique**

■ **Pour pouvoir lire et rendre compte d'une statistique, vous devez maîtriser les quantificateurs.**
Placez-les sur une flèche comme celle-ci en tenant compte de leur signification.

niemand/keiner ⟶ ***alle***

die meisten – *wenige* – *einige* – *viele* – *fast alle*

■ **Vérifiez également que vous vous souvenez du sens des termes suivants :**
ein Viertel (+ Gen.) – die Hälfte (+ Gen.) – zwei Drittel (+ Gen.)

■ **Transformez la phrase suivante en utilisant *die Hälfte*.**
48% der Amerikaner haben einen guten bis sehr guten Gesamteindruck von Deutschland.

„NEW GERMANY"

1 **Avant de commencer : mobiliser ses connaissances lexicales**

■ **Vérifiez que vous comprenez bien les termes suivants :**
die deutsch-amerikanische Verständigung – eine Mehrheit der Amerikaner – die Umfrage (n) – das Meinungsforschungsinstitut (e) – die Sympathiewelle (n)

2 **Savoir puiser dans un document les outils nécessaires à sa production écrite**

Pour comprendre l'évolution de l'image de l'Allemagne aux États-Unis, on peut distinguer différentes phases. Voici une liste de moments clés. Repérez dans le texte les visions de l'Allemagne qui correspondent à chaque moment.

- *in den 1970er Jahren*
- *noch vor kurzer Zeit*
- *bei der letzten Fußballweltmeisterschaft*
- *heute*

B. Schreiben ganz einfach

MEIN DEUTSCHLANDBILD

■ **Savoir nuancer son propos et argumenter**

Pour éviter de tomber dans le cliché et afin de réussir à donner une image précise de l'Allemagne et de ses habitants, travaillez les nuances et donnez des exemples pour étayer votre argumentation. Voici quelques pistes de réflexion :

- Votre image de l'Allemagne a-t-elle changé au fil du temps ?
- Quelles sont les thématiques sur lesquelles vous pouvez vous exprimer parce que vous avez des connaissances ? Et que pouvez-vous en dire ?
- Quelles sont vos expériences personnelles avec l'Allemagne et les Allemands ?

3 Deutsche Klischees über Amerika

A. Leseverstehen

EIN AMERIKA-FORUM

Kontext: *Sie wollen erfahren, welches Bild sich Ihre Klasse von Amerika macht.*

B1 **Lesen Sie zuerst die Forumsbeiträge.** FICHE ÉLÈVE

Schreiben Sie nun selbst einen Beitrag. Am Ende können Sie aus allen Beiträgen ein Wandforum machen, das das Amerikabild Ihrer Klasse widerspiegelt.

Chris: Hi Leute, in der Schule diskutieren wir gerade über unsere Vorstellungen von Amerika und ich muss bis morgen noch ein paar Ideen finden. Wär super, wenn mir jemand helfen könnte! Also, wie seht ihr Amerika? Und was ist für euch typisch amerikanisch?

Elena: Ich war noch nicht in den USA, aber ich hab eigentlich ein total positives Amerikabild. Durch meinen Onkel Will. Der ist Amerikaner und manchmal kommt seine Familie uns besuchen. Die sind immer so lustig und gut gelaunt. Ich finde, das ist typisch USA: Gute Laune und immer ist alles möglich. Du willst was und kriegst zur Antwort „Sure!" Die Amis sind nicht so deprimiert wie wir hier.

Tobi: Amiland = das Land der unbegrenzten Möglichkeiten! Lol! Nee, jetzt mal ehrlich, ich war im Sommer in New York. Das war genial. Also, insgesamt ist jetzt schon alles viel größer als in Deutschland. Die Häuser und so. Alles so wolkenkratzermäßig. Vor allem in Manhattan. Na, und das Essen auch ☹! Super, die riesigen Portionen.

ERWARTUNGEN BEI DER ANKUNFT

Kontext: *Viele Leute träumen davon, in einem anderen Land zu leben. Lernen Sie eine Familie kennen, die sich diesen Traum erfüllt.*

Lesen Sie den Text.

A2 B1 **Machen Sie sich Notizen zu den folgenden Punkten:**

- die Personen
- ihre Erwartungen und Ängste vor der Ankunft FICHE ÉLÈVE

Der Roman Zaira *erzählt die Geschichte einer Reise von Osteuropa bis nach Amerika. Im folgenden Auszug kommen Zaira, ihr Mann und ihre Tochter im Jahre 1968 nach einer gefährlichen Flucht über Prag in Amerika an.*

Der erste Amerikaner, auf den wir stießen[1], war der Einwanderungsbeamte, ein korrekter, steifer Mann, der uns in Sachen Amerika einiges voraushatte[2]. Für Ioana hatte er voraus, dass er im Land von Judy Garland lebte, die mit dem Löwen, der Vogelscheuche[3] und dem Blechmenschen[4] unterwegs zum Zauberer[5] von Oz gewesen war, damit sie das bekamen, was sich jeder von ihnen wünschte: ein mutiges Herz, Verstand, eine Seele, die Rückkehr nach Hause. Es war ihr Lieblingsfilm gewesen.

Für Robert hatte er voraus, dass er in dem Land lebte, dessen Söhne für Europa gestorben waren, das von einer Menge Wasser umgeben war und darum auch Arbeit für jemanden wie ihn hatte. Als Erstes würde er sich beim Smithsonian[6] vorstellen. Vielleicht gebe es eine freie Biologenstelle. Nur ich war am letzten Abend vor unserem Abflug unsicher geworden. „Aber werden wir auch glücklich in Amerika werden? Das Land ist so groß, es verschlingt[7] einen doch. Wir haben aber nur in winzigen[8] Wohnungen gelebt." „Lass uns nicht zögern, wir haben noch nie gezögert", antwortete Robert auf unserem letzten Spaziergang durch das Durchgangslager bei Wien. „Wir werden so glücklich sein wie die Amerikaner auch. Ich habe noch nie gehört, dass es ein Volk von Unglücklichen wäre."

Tim Eitel, *Gepäck*, 1965.

Für mich hatte der Offizier voraus, dass er im Land der Tänzer geboren war. Im Land von Musicals mit prächtigen[9] Schwimmbecken, in denen die Tänzerinnen schwammen, in Sternformation. Im Film schwebte die Kamera über ihnen, sodass man von oben wunderbare Tanzfiguren sah. Eigentlich hatte ich Amerika immer aus dieser Vogelperspektive gesehen, als Wechsel ständig neuer Formen, die problemlos ineinander übergingen. Es war das Land, in dem Fred Astaire und Gene Kelly getanzt hatten. […]

Der Mann sagte uns: „Welcome to the United States!" […] Bald standen wir vor dem Dulles Airport, und Robert hob den Arm, um ein Taxi anzuhalten.

Als vor uns eine geräumige Limousine anhielt, erschraken wir. Ob uns der Beamte das Auto geschickt hatte? Ob das eine Art Willkommensgruß auf Amerikanisch war? Ein Vorbote[10] für das Leben, das uns bevorstand?

Catalin Dorian Florescu, *Zaira*, 2008.

1 **auf etw./jn stoßen (ie, o; ö):** *tomber sur qc./qn*
2 **etw. voraus/haben:** *(ici) mieux savoir qc.*
3 **die Vogelscheuche (n):** *l'épouvantail*
4 **der Blechmensch (en):** *l'homme de fer*
5 **der Zauberer (-):** *le magicien*
6 **Smithsonian** = eine amerikanische Forschungs- und Bildungseinrichtung
7 **jn verschlingen (a, u):** *engloutir qn*
8 **winzig:** *minuscule*
9 **prächtig:** *magnifique*
10 **der Vorbote (n):** *l'avant-goût*

B. Schreiben

GRUSS AUS AMERIKA

Kontext: *Am selben Abend schreibt Robert seinem Bruder. Er berichtet von der Ankunft seiner Familie in Amerika und spricht über ihre Gefühle.*

B1 **Verfassen Sie den Brief.** FICHE ÉLÈVE

ALLES NUR KLISCHEES?

Kontext: *Im Text werden zwei Amerikaklischees erwähnt:*
– „Das Land ist so groß, es verschlingt einen doch."
– „Wir werden so glücklich sein wie die Amerikaner auch. Ich habe noch nie gehört, dass es ein Volk von Unglücklichen wäre."

B2 **Was halten Sie von diesen Klischees? Entsprechen sie Ihrem persönlichen Amerikabild? Begründen Sie Ihre Antwort und geben Sie Beispiele.** FICHE ÉLÈVE

Vers le bac écrit

America, here I come!

Johanna, ein alternder Filmstar, hat vor Jahren versucht, in Amerika Karriere zu machen, aber nur kurz Erfolg gehabt. Doch auch in Deutschland ist sie kein Star geworden. Nun kehrt sie zum ersten Mal in die USA zurück, um Rainer, ihren früheren Geliebten und Arbeitskollegen zu besuchen.

Johanna hat während des ganzen Fluges kein Auge zugetan. Zerschlagen[1] und mit Knien wie aus Gelee bewegt sie sich langsam in der Schlange vor dem Schalter der Einreisebehörde weiter. Früher, erinnert sie sich, gab es hier keine Aircondition, keinen Teppich, dafür gab es einen Steward, der jeden einzeln willkommen hieß und sagte: *Welcome to America.* [...]

Die Beamten an den Schaltern sind durchweg Einwanderer. Chinesen, Latinos, Vietnamesen. Sie erlauben oder verwehren die Einreise in das gelobte Land, das schon lange nicht mehr gelobt wird.

Damals aber kam Johanna in ein Land, das ihr so unendlich viel besser und freier erschien als Deutschland und das letzten Endes zu frei war für sie, als dass sie dort hätte Fuß fassen können. Sie hat es nicht geschafft. *Didn't make it.* Sie ist zurück nach Deutschland geflohen, weil es kleiner war, überschaubarer, mit festen Regeln, die ihr wenigstens klar waren, und weil sie dort nicht das Gefühl hatte, einfach untergehen zu können wie in Treibsand[2].

Jetzt flieht sie in die andere Richtung, und dieses Mal kommt sie mit gemischten Gefühlen. Ich weiß nicht, ob ich dieses Land noch ertrage, hat sie Rainer geschrieben. Komm doch einfach nur her, um deine Vorurteile zu bestätigen, schrieb Rainer zurück. Ihr Deutschen seid doch inzwischen alle entweder offen oder latent antiamerikanisch. Das stimmt. Selbst Johanna, die auch nach ihrer Rückkehr immer von den USA geschwärmt hat, hat sich seit Beginn des zweiten Irakkriegs schockiert von diesem Land abgewandt[3] wie von einem Adoptivvater, der sich mit einemmal als Bösewicht[4] herausgestellt hat. Sie kann es immer noch nicht fassen[5]. Er war doch immer der Liebling, viel netter als der eigene Vater. Und jetzt das!

Was hat denn die Politik eines Landes mit seinen Bewohnern zu tun? hat Rainer geschrieben. Was würdest du sagen, wenn man dich nach deiner Regierung beurteilen würde?

Johanna tritt an die gelbe Linie, eine asiatische Beamtin mustert[6] sie streng. [...]

Have fun, sagte sie mit unbewegter Miene. Diese grundamerikanische Aufforderung, ausgesprochen von einer schlechtgelaunten Chinesin, bringt Johanna dazu, zu denken: Ja! Ich werde *fun* haben, jede Menge *fun*. Ich werde von jetzt an lustig und aufgeräumt[7] sein, offen, neugierig, frisch. Ich werde alles, was an mir negativ, meckrig, depressiv und deutsch ist, zurücklassen wie eine alte Haut. Ich werde keine arbeitslose, alte, abgetakelte Verliererin mehr sein, sondern schön, lustig, schlank und erfolgreich.

America, here I come.

Doris Dörrie, *Und was wird aus mir?*, 2009.

---

1 **zerschlagen:** *épuisé* – 2 **der Treibsand:** *les sables mouvants* – 3 **sich von jm/ etw. ab/wenden (a, a):** *se détourner de qn/ qc.* – 4 **der Bösewicht (e):** *le méchant* – 5 **etw. nicht fassen können:** *ne pas arriver à y croire* – 6 **jn streng mustern:** *dévisager qn sévèrement* – 7 **aufgeräumt:** *de bonne humeur*

DEN TEXT VERSTEHEN

1. Johanna war vor langer Zeit schon einmal in Amerika. Jetzt kommt sie dorthin zurück. Vergleichen Sie ihr Amerikabild damals und heute.
2. Suchen Sie zwei Textstellen, die zeigen, dass Johanna bei ihrem ersten Amerikaaufenthalt nicht glücklich geworden ist.
3. Kurz nach ihrer ersten Rückkehr aus Amerika hatte Johanna dennoch ein positives Amerikabild. Belegen Sie dies mit einer Textstelle.
4. Aber ein Ereignis hat ihre Meinung über die USA radikal verändert. Welches?
5. Richtig oder falsch? Rechtfertigen Sie Ihre Antwort mit einem Zitat aus dem Text.
   - **a.** *Bevor sie nach Amerika kommt, fragt sich Johanna, ob sie dieses Land noch mögen wird.*
   - **b.** *Johanna ist vom Verhalten der Amerikaner im Irakkrieg enttäuscht.*
   - **c.** *Johanna beschließt, sich zu verändern und von nun an positiv zu denken, wie die Amerikaner.*

SCHREIBEN

1. *Rainer hat Johanna per Mail nach Amerika eingeladen. Johanna antwortet. Schreiben Sie die Mail und integrieren Sie folgende Punkte: Johannas positive Antwort, ihre Gefühle und ihre Erinnerungen an ihren ersten Amerikaaufenthalt.* (100 à 120 mots)

2. *Im Text heißt es: „Was hat denn die Politik eines Landes mit seinen Bewohnern zu tun? […] Was würdest du sagen, wenn man dich nach deiner Regierung beurteilen würde?" (Zeile 27-28)*
Wie würden Sie auf diese Frage antworten? Führen Sie konkrete Beispiele an. (140 à 160 mots)

Strategie

Leseverstehen

La plupart des textes littéraires ont un contenu implicite. Leur auteur use de comparaisons et de métaphores pour interpeller son lecteur et l'amener à réfléchir à une problématique.
Dans l'extrait qui nous est proposé, le narrateur précise comment Johanna voit les États-Unis aujourd'hui, en particulier depuis l'entrée du pays dans le conflit irakien.

1. Cherchez les lignes correspondantes.

2. Quels sentiments Johanna éprouve-t-elle face à l'attitude des États-Unis ? Pour illustrer ces sentiments, le narrateur établit une comparaison en employant le terme *Adoptivvater* (ligne 24). Le terme est transparent mais peut surprendre dans ce contexte. À quoi renvoie cette métaphore ?

3. Avec la métaphore, le narrateur met en avant un certain lien entre Johanna et la réalité que désigne la figure de style. Caractérisez ce lien et expliquez le but de l'emploi de cette métaphore.

Schreiben

Avant de passer à la partie rédaction, il faut avoir compris l'essentiel du texte. Il est souvent demandé au candidat d'imaginer une suite à une histoire ou de se mettre à la place d'un des personnages de l'extrait en rédigeant une lettre ou un mail.
Il vous faut donc identifier le type de relation existant entre le personnage que l'on représente et la personne à qui il ou elle s'adresse (relation de travail, lien amical, relation amoureuse…).
Ensuite, vous devez analyser la consigne de manière précise. Dans la consigne 1 de cet entraînement, deux mots clés vous sont donnés : *Gefühle – Erinnerungen*. Vous devez retrouver ces éléments dans le texte et les reformuler dans le mail ou, à défaut, trouver des éléments vous permettant d'inventer dans la logique de l'extrait proposé.

Sprachatelier

Voici une liste de mots et expressions en lien avec l'unité étudiée. Faites votre propre bilan lexical : quels mots connaissez-vous ? Lesquels devez-vous apprendre ? FICHE ÉLÈVE

Auswandern früher und heute

A2 emigrieren – das Schiff (e) – der Dampfer (-) – das Segelboot (e) – Deutschland verlassen (ie, a; ä) – nach… *ziehen (o, o) – die Ankunft (¨e) – die Überfahrt (en) – der Flug (¨e) – mehr Freiheit suchen – bessere Berufschancen – eine andere Mentalität erleben – eine andere Kultur entdecken – eine bessere Lebensqualität – Sprachprobleme – (keine) Arbeit finden (a, u) – nach… *zurück/kehren – sich integrieren

B1 der Goldrausch – der Goldsucher (-) – der Abschied – die amerikanische Staatsbürgerschaft an/nehmen (a, o; i) – das Heimatland (¨er) – der Einwanderungsbeamte (n) – seine Heimat verlassen (ie, a; ä) – seine Familie zurück/lassen (ie, a; ä)

B2 vor der Armut in Deutschland nach… flüchten – eine Reise ins Ungewisse an/treten (a, e; i) – nach… *übersiedeln – sich ein/bürgern lassen (ie, a; ä) – sich in der Fremde nicht zurecht/finden (a, u)

Amerika/ Deutschland

Bilder und Klischees

A2 das Bild (er) – das Klischee (s) – sich über ein Land/eine Kultur informieren – auf etw. (+ Akk.) neugierig sein

B1 das Vorurteil (e) – gegen Vorurteile kämpfen – der Unterschied (e) – die Gemeinsamkeit (en) – etw. positiv/ negativ sehen (a, e; ie)

B2 sich etw. (+ Gen.) bewusst werden – für Unbekanntes/ Fremdes offen sein – nicht zu schnell urteilen – seine Sichtweise in Frage stellen

Studium im Ausland

A2 der Auslandsaufenthalt (e) – die Studienbedingungen (Pl.) – der Lebenslauf (¨e)

B1 sich einem Traum erfüllen – Heimweh haben – seine Freunde zurücklassen müssen

B2 sich in… nieder/lassen (ie, a; ä) – die Unterkunft (¨e) – sich Studienleistungen anrechnen lassen (ie, a; ä) – seine Abenteuerlust befriedigen

1 Rund um das Verb „fahren“

***fahren (u, a; ä)**

das Fahrrad (¨er)
eine Erfahrung machen
das Motorrad (¨er)
das Fahrzeug (e)
die Fahrschule (n)
der Fahrstuhl (¨e)

jn zum Bahnhof fahren
Vorsicht bei der Abfahrt!
Der Zug fährt gleich ab!

die Fahrt (en)
die Fahrkarte (n)
der Fahrgast (¨e)
der Fahrer (-)

schwarz fahren
weg/fahren
abfahren
los/fahren
zurück/fahren

etwas Interessantes erfahren

eine Erfahrung machen

Fahr zu!
jm an die Kehle fahren
sich mit der Hand über das Gesicht fahren
aus der Haut fahren
in die Kleider fahren

■ **Vous discutez avec un jeune Allemand. Que dites-vous…**

1. lorsque vous voulez savoir à quelle heure il va partir ?

2. pour lui indiquer que le train va partir ?

3. lorsque vous lui racontez que votre père a laissé exploser sa colère ?

4. pour lui indiquer que vous avez fait une expérience intéressante ?

5. quand vous lui dites que vous avez appris quelque chose d'intéressant ?

6. si vous lui proposez de l'accompagner en voiture à la gare ?

2 Exprimer une cause

FICHE ÉLÈVE

Il existe différente manières d'exprimer **une cause**. Le tableau suivant vous permet d'en dresser une liste. Observez les exemples donnés qui vous montrent que la nature des termes utilisés (conjonctions, prépositions) a une influence sur la **structure des phrases** :

Expression de la cause	sens	exemple
wegen (+ Gen.)	à cause de	*Wir konnten Los Angeles **wegen** eines Verkehrschaos nicht besichtigen. Wie schade!*
durch	(introduit le processus)	*Ich habe **durch** eine lange Diskussion meine Eltern überzeugt, mir ein Studienaufenthalt in den USA zu finanzieren.*
aus diesem Grund	c'est la raison pour laquelle	*Mein Englisch ist nicht gut. **Aus diesem Grund** möchte ich ein Praktikum in den USA machen.*
vor	(réaction face à quelque chose)	***Vor** lauter Angst geriet er in Panik.*
weil	parce que	*Viele Studenten wollen nach Amerika, **weil** sie ihre Sprachkenntnisse vertiefen möchten.*
deswegen/ deshalb	c'est la raison pour laquelle	*Mich fasziniert Amerika. **Deswegen** will ich dort hinfliegen.*
da	étant donné que	***Da** die Arbeitsperspektiven in den USA sehr günstig sind, möchten viele junge Leute sich dort niederlassen.*
denn	car	*Einige Auswanderer fürchteten die amerikanischen Behörden, **denn** sie hatten keine gültigen Papiere.*

■ Vous rendez visite à un ami étudiant allemand qui passe un an dans votre université. Il vous confie qu'il a l'intention d'effectuer un stage aux États-Unis après son séjour en France. Il veut en parler à ses parents, mais ne sait pas trop comment s'y prendre. Vous lui proposez de l'aider à leur rédiger un mail dans lequel il leur exposera les raisons de son choix. Aidez-vous du tableau de la p. 41 et des groupes infinitifs ci-contre.

etw. nicht bereuen – bald zu Ende sein – das Beste sein – Fortschritte machen – Sprachkenntnisse vertiefen – nie wieder/kommen (a, o) – Bedenken haben – viel leichter sein – in aller Ruhe über etwas sprechen (a, o; i) – eine interessante Arbeit finden (a, u) – jm die Möglichkeit geben (a, e; i), etw. zu tun – ein einjähriges Praktikum finden (a, u) – jm helfen – das Gleiche mit der englischen Sprache machen – Geschäftsfreunde in… haben – sich in … (+ Dat.) verbessern – an jn denken (a, a) – bei jm wohnen

3 Se référer au passé : le prétérit

Lorsque vous rédigez un récit ou rapportez un fait accompli, vous avez recours aux temps du passé et en particulier au prétérit. Équivalent de l'imparfait et du passé simple en français, sa conjugaison change selon le type de verbe. Observez ces différences dans le tableau suivant :

Type de verbe	Construction	Exemples
auxiliaire		*sein: ich war, du warst, er/sie/es war, wir waren, ihr wart, sie/Sie waren.* *haben: ich hatte, du hattest, er/sie/es hatte, wir hatten, ihr hattet, sie/Sie hatten.* *werden: ich wurde, du wurdest, er/sie/es wurde, wir wurden, ihr wurdet, sie/Sie wurden*
verbe faible	radical + -t + terminaison	*wohnen : ich wohnte, du wohntest, er/sie/es wohnte, wir wohnten, ihr wohntet, sie/Sie wohnten*
verbe fort	radical (modifié) + terminaison	*fahren: ich fuhrØ, du fuhrst, er/sie/es fuhrØ, wir fuhren, ihr fuhrt, sie/Sie fuhren*

Comme en anglais, vous devez apprendre les conjugaisons des principaux verbes forts.

■ Rédigez un petit compte rendu qui relate l'histoire de l'émigration des Européens vers les États-Unis au cours des XIXe et XXe siècles. Aidez-vous des groupes infinitifs proposés et employez le prétérit.

Hungersnot in Europa herrschen – schwerwiegende Wirtschaftskrisen – zu einem Mangel an Arbeitsstellen führen – entscheiden, seinem Land den Rücken zu kehren – sein Glück in den USA suchen – das Land der unbegrenzten Möglichkeiten verkörpern – am Anfang nicht leicht sein – viel Erfolg haben – zur Entwicklung seiner neuen Heimat beitragen

4 Se repérer dans le temps

Lorsque vous souhaitez donner une indication temporelle dans un énoncé, vous pouvez avoir recours à des indicateurs qui, associés aux temps des verbes, précisent le moment de référence. En voici une liste. Cherchez les équivalents en français de ceux que vous ne connaissez pas et retenez-les :

Datation	Indicateur
antérieur	*einst, früher, bisher, bislang, vor kurzem, soeben, neuerdings, damals, zuvor*
actuel	*jetzt, nun, momentan, heutzutage, zurzeit*
ultérieur	*künftig, später, nachher, hinterher, bald, gleich, sofort*
entre deux moments	*zwischen, zwischendurch, mittlerweile*

Attention : lorsque ces indicateurs apparaissent en début de phrase, ils sont immédiatement suivis du verbe conjugué de la phrase.

■ **Ajoutez aux phrases suivantes un indicateur temporel adéquat.**

1. *Die Reisebedingungen der Auswanderer nach Amerika waren sehr schwer.*
2. *Es ist nicht mehr so einfach, als Europäer in den USA Fuß zu fassen.*
3. *Ein Visum für die USA ist kostenpflichtig.*
4. *Die meisten Studenten werden ein Praktikum im Ausland machen müssen.*
5. *Die USA haben eine Verlosung von Greencards für die Europäer organisiert.*
6. *Ich werde mich nach der Verlosung der Greencard für die USA erkundigen.*

5 Modaliser son jugement

FICHE ÉLÈVE S. 255

Lorsque vous discutez avec quelqu'un, vous n'êtes pas toujours sûr de vous et vous nuancez vos propos selon leur degré de certitude. Vous pouvez alors avoir recours à des modalisateurs. Observez le tableau suivant et cherchez le sens des modalisateurs que vous ne connaissez pas dans un dictionnaire :

Degré de certitude	Modalisateurs
peut-être	*vielleicht, möglicherweise, eventuell*
vraisemblablement	*höchstwahrscheinlich, wahrscheinlich, wohl, mit großer Wahrscheinlichkeit*
assurément	*bestimmt, freilich, sicher, sicherlich, zweifellos, wirklich*

■ **Vous avez l'intention de faire un séjour d'études aux États-Unis et vous envoyez un mail à un ami allemand qui a passé quelque temps là-bas. Vous lui expliquez votre choix et lui posez également des questions. Voici quelques groupes infinitifs qui vont vous aider à rédiger votre mail. Utilisez le tableau ci-dessus pour modaliser vos propos.**

in den USA studieren – etwas ganz Wichtiges vorhaben – nächstes Jahr in die USA wollen – gute Tipps haben – … Jahr(e) dort bleiben – helfen können – einen Studienplatz finden – nicht einfach sein – nicht alles finanzieren können – Studentenprogramme kennen – ratlos sein – etwas anbieten – eine solche Erfahrung machen

Zeigen Sie, was Sie können

Ihre Aufgabe:

SPRECHEN

Bereiten Sie eine Talkshow vor.

Sie nehmen an einer Talkshow zum Thema „ein Studienaufenthalt in Deutschland oder Amerika“ teil.

Eingeladen sind folgende Personen:
- **ein junger Deutscher, der in Amerika studiert;**
- **ein deutscher Abiturient, der in Amerika studieren möchte;**
- **ein amerikanischer Jugendlicher, der in Deutschland studiert.**

Diskutieren Sie miteinander: Was spricht für, was spricht gegen einen solchen Studienaufenthalt? Welche Vor- und Nachteile gibt es? Argumentieren Sie und führen Sie Beispiele an.

Pour vous guider

Un talk-show réussi nécessite une bonne préparation pour chacun des participants :

L'animateur
Listez les différentes phases d'un talk-show
et réfléchissez au rôle qui incombe à l'animateur à l'intérieur de chaque phase. Doit-il introduire le thème? Distribuer la parole? Relancer le débat? Conclure?
Réfléchissez ensuite aux questions que vous voulez poser aux participants et aux différentes expressions que vous pouvez utiliser pour chaque phase. Si vous maîtrisez ces tournures, il vous sera d'autant plus facile de réagir spontanément aux interventions des participants.

Les participants
Dressez le portrait du rôle qui est le vôtre. Plus ce portrait sera précis, plus il vous sera facile de vous identifier au personnage que vous jouez.
Un bon débat est un débat animé. Vous devez donc réfléchir aux expressions qui vous permettent de signaler que vous voulez prendre la parole ou la garder, d'interrompre quelqu'un poliment, de donner votre opinion, de contredire quelqu'un ou encore de revenir sur les propos d'un autre participant.

Ihre Aufgabe: Organisieren Sie eine Ausstellung.

SCHREIBEN

Mit Ihrer Klasse machen Sie bei einem trinationalen Projekt mit Schülern aus Amerika, Deutschland und Frankreich mit. Die Teilnehmer werden sich in allen drei Ländern treffen. Die erste Begegnung wird in Deutschland stattfinden; die benutzte Sprache wird deshalb Deutsch sein.

Zum Einstieg organisieren Sie eine Ausstellung, bei der jedes Land das Bild vorstellt, das es bis jetzt von den beiden anderen Ländern hat.
Sie als Franzosen beschäftigen sich mit Deutschland und den USA. Gestalten Sie Ihren Teil der Ausstellung.

Pour vous guider

Une exposition réussie nécessite un certain nombre de préparatifs.

Dans un premier temps…
… réfléchissez à l'organisation (en classe entière) :
Quelles rubriques / quels thèmes ?
Quelles formes de présentation ? (Pensez à varier images, statistiques, textes… et réfléchissez à l'espace qu'ils peuvent occuper.)
Qui fait quoi ?

Dans un deuxième temps…
… passez à la production (en groupes thématiques) :
Travaillez votre contribution.
Assemblez les productions par rubrique et par thématique.

Et pour finir :
Présentez vos productions en plénière.

EINHEIT 2

Fokus auf Leipzig

Leipzig ist eine Reise wert: die reiche Geschichte der Stadt, ihre bedeutende Rolle im kulturellen Leben Deutschlands und ihre heutige Anziehungskraft machen neugierig...

NOTIONS du programme abordées :

- Lieux et formes du pouvoir
- Espaces et échanges

L wie Literatur

PRÉPARER → le bac oral p. 56

PRÉPARER → le bac écrit p. 64

LESEN / SPRECHEN — HÖREN / SCHREIBEN

Composez votre parcours oral et/ou écrit.

Dans cette unité :

- vous allez découvrir une ville mythique
- vous allez en comprendre le rôle dans l'histoire allemande
- vous verrez que la ville de Leipzig mérite le détour

Ihre Aufgabe:

Halten Sie ein Referat über Leipzig oder erstellen Sie einen Flyer über die Stadt.

1 Mythos Leipzig

A. Leseverstehen

ORTE DER ERINNERUNG

Kontext: *Sie suchen Informationen über zwei bedeutende Orte in Leipzig. Lesen Sie die zwei folgenden Texte.*

A2+ ▸ **Wann und warum wurde dieses Denkmal gebaut? Was soll es symbolisieren?** FICHE ÉLÈVE

B1 ▸ **Welche Rolle spielt dieses Denkmal heute?**

Das Völkerschlachtdenkmal

Im Herbst 1813 wird bei Leipzig Weltgeschichte geschrieben. Die verbündeten Armeen[1] Russlands, Preußens, Österreichs und Schwedens stehen Napoleons Streitmacht gegenüber. Vom 16. bis zum 19. Oktober kämpfen eine halbe Million Soldaten um das künftige politische Schicksal Europas. Tagelang toben[2] erbitterte Schlachten und Gefechte um die Dörfer vor den Mauern der Stadt. Schließlich muss Napoleon der Übermacht seiner Gegner weichen[3]. Rund 110.000 Menschen bezahlen die Schlacht mit ihrem Leben.

Im Jahre 1913 wurde das Völkerschlachtdenkmal von Kaiser Wilhelm II. in Anwesenheit des sächsischen Königs und weiterer Fürsten deutscher Staaten sowie der Vertreter Österreichs, Russlands und Schwedens eingeweiht[4]. [...] Vor dem Mahnmal[5] wurde ein Wasserbecken angelegt, das die Tränen der Völker, die um die Opfer der Schlacht trauerten[6], symbolisiert. [...] Das Völkerschlachtdenkmal, in dessen Kuppel (Fußdurchmesser 28 m) auch Konzerte stattfinden, kann besichtigt werden. [...] Nach 500 Stufen Aufstieg kann man von der Plattform die herrliche Rundsicht über Leipzig und Umgebung genießen.

www.leipziginfo.de

1 **die verbündeten Armeen:** *les armées coalisées*
2 **toben:** *faire rage*
3 **jm/etw. weichen (i, i):** *céder à qn/qc.*
4 **etw. ein/weihen:** *inaugurer qc.*
5 **das Mahnmal (e):** *le mémorial*
6 **um jn/etw. trauern:** *pleurer qn/qc.*

A2 → B1 ▸ **Was erfahren Sie über die Geschichte der Leipziger Messe? (seit wann? warum? verschiedene Entwicklungsetappen)**

B1 ▸ **Was charakterisiert die Leipziger Messe heute?**

Messe Leipzig: früher und heute

Die Leipziger Messe zählt zu den ältesten Messestandorten der Welt. Die ersten Messen fanden bereits 1190, in Form der Oster- und Michaelismärkte statt. Zum Ende des 14. Jahrhunderts wurden diese Märkte dann zu Reichsmessen erhoben – was bedeutete, dass keine andere Stadt, im Umkreis von[1] 115 km, das Recht hatte, ebenfalls Messen stattfinden zu lassen. Dieser Vorteil verschaffte Leipzig optimale Voraussetzungen für eigene Handelsverbindungen und machte die Stadt so zu einem der bedeutendsten Handelsplätze in Europa.

Ab 1895 erfolgte dann die Umstellung[2] der Warenmesse zu einer der ersten Mustermessen der Welt. Es folgten viele Messehäuser, die auch heute noch das Bild Leipzigs prägen. Im 20. Jahrhundert wurde […] das Logo der Messe, die zwei übereinandergestellten *M,* entworfen […]. Zudem wurde das Leipziger Messemännchen in den 60er Jahren […] zum Maskottchen der Messe. […] Ab den 50er Jahren entwickelte sich dann die Hannovermesse zu einem ernsthaften Konkurrenten. Dennoch konnte sich die Leipziger Messe behaupten und wurde zu einem wichtigen Zentrum für den Handel zwischen Ost und West. […]

Das Ende der DDR brachte […] nicht nur Veränderung für die Bundesrepublik, sondern auch für die Messe und deren Stellung. Die Universalmessen wurden dabei durch Fachmessen ersetzt, die im Westen schon seit Jahren Standard waren. Diese Umstellung konnte die Leipziger Messe vor allem meistern, da sie 1996 den Standort wechselte, welcher sich ein paar Kilometer außerhalb des Stadtzentrums befindet. Etwas Besonderes ist dabei auch die große Glashalle des Geländes […].

Insgesamt gehört die Leipziger Messe aber zu den 10 größten Gesellschaften ihrer Art in Deutschland. Jährlich finden dabei 35 Messen statt. In Zukunft will man noch stärker mit der Messe in Dresden zusammenarbeiten und ein führendes Dreiländereck[3] zwischen Deutschland, Polen und Tschechien formen.

www.schoenes-leipzig.de

1 **im Umkreis von (+ Dat.):** *dans un périmètre de*
2 **die Umstellung zu (+ Dat.):** *le passage à*
3 **das Dreiländereck:** *le triangle de trois pays*

Die Leipziger Messe, 1930.

B. Sprechen

EINE PRÄSENTATION

B1 **Wählen Sie sich einen dieser zwei Orte aus und bereiten Sie eine mündliche Präsentation vor (Geschichte, Symbolik, Rolle heute). Suchen Sie sich im Internet Bilder aus, die bestimmte Aspekte Ihres Vortrags illustrieren.** FICHE ÉLÈVE

Strategie mit Kick!

POUR VOUS AIDER

A. Leseverstehen aktiv

ORTE DER ERINNERUNG

1 Avant de commencer : mobiliser ses connaissances lexicales

- **Vérifiez que vous comprenez ces mots liés au conflit :**

die Streitmacht (¨-e) – die Schlacht (en) – das Gefecht (e) – das Opfer (-) – gegen/um etw. kämpfen

2 Maîtriser le lexique lié à la foire

Relevez dans le texte les mots liés à la foire. Décomposez-les et proposez un équivalent. FICHE ÉLÈVE

2 Leipzig zur Zeit der DDR

A. Leseverstehen

„DAS WAR MEIN LEIPZIG"

Kontext: *Sie interessieren sich für den Alltag in der ehemaligen DDR. Sie recherchieren zum Thema.*

Schauen Sie sich die Bilder mit den Kommentaren des Fotografen und den Text an.

A2 → B1
- **Was erfahren Sie über die Lebensbedingungen der Leipziger zur Zeit der DDR?** FICHE ÉLÈVE

B1 → B2
- **Welche Rolle hat die Messe im Leben der Leipziger gespielt?**

Zur Info

Mahmoud Dabdoub hat in den 80er Jahren als Austauschstudent aus dem Libanon ein Fotografie-Studium in Leipzig absolviert.

1

„Nein, kein Augenblick in den 50er-Jahren. Ein Moment im Arbeiter- und Bauernstaat, Leipzig, 1985. Eine Frau zieht mühsam ihren Karren mit Gläsern und Flaschen durch eine Gasse in Leipzigs Innenstadt. Bis auf das Rumpeln[1] der Räder ist es still, so als wäre die DDR menschenleer."

Mahmoud Dabdoub/MDR

1 **rumpeln:** *cahoter (ici employé comme nom)*

2

„Leipziger Frühjahrsmesse 1988, Messehalle 15. Verblüffend, wie ein Schaukasten voller Bananen unsere Mitbürger bannte! Für uns Studenten aus südlichen Ländern waren Bananen nichts Besonderes. Doch die leise Andacht[1], mit der die Messebesucher vor der Auslage verharrten[2], berührte mich: Bananen waren für sie selten erreichbar, gelbes Gold."

Mahmoud Dabdoub/MDR

1 **die Andacht:** *le recueillement*
2 **verharren:** *s'arrêter longuement*

3

Regina Matthees war von 1983 bis 1998 bei der Leipziger Messe tätig.

Es gab jedes Jahr zwei Universalmessen – im Frühjahr und Herbst –, die für uns Leipziger immer wichtige Ereignisse und Höhepunkte waren. Viele Aussteller aus der ganzen Welt waren präsent. Ich erinnere mich, dass ich mit meiner Freundin – und später mit meinem Mann – jede Messe nutzte[1], um Neuheiten anzuschauen. Besonders gern gingen wir zum Buchmessehaus. Hier gab es Literatur, die bei uns nicht zu haben war. Wir saßen mitunter stundenlang an einem Stand, um Neuerscheinungen zu lesen. Es war spannend und interessant.

Die Messen nutzten wir ebenfalls zum Einkaufen. Während dieser Zeit wurden Waren angeboten, die außerhalb der Messen nicht immer zu erhalten[2] waren. Es war immer ein Ereignis und Höhepunkt, wenn wir zur Messe einkaufen gingen.

Sehr viele Leipziger halfen aber auch mit, damit die Messen erfolgreich verliefen. Da die Aussteller und Besucher aus aller Welt nach Leipzig anreisten, kam es oftmals vor, dass die Hotelbetten in und um Leipzig – bis hin nach Halle – ausgebucht waren. So hatte es sich eingebürgert[3], dass viele Leipziger in ihren Wohnungen Messegäste aufnahmen. Das war wirkliche Gastfreundschaft, brachte aber auch zusätzlich ein „paar Pfennige", die man gut gebrauchen konnte. Zwischen den Leipzigern und den Gästen entwickelten sich oft sehr angenehme persönliche Bindungen, die dazu führten, dass die Gäste nicht mehr in ein Hotel wollten, sondern sich bei „ihrer Familie" wie zu Hause fühlten und jedes Jahr wiederkamen.

Regina Matthees, *Wie ich die Leipziger Messe erlebte: Die Messe während der Zeit der DDR,* www.uni-leipzig.de

1 **etw. nutzen:** *(ici) profiter de qc.*
2 **erhalten (ie, a; ä):** *obtenir*
3 **sich ein/bürgen:** *devenir une habitude*

B. Sprechen

SO WAR ES DAMALS

B1 **Sie werden vom Schulradio zum Thema „Wie lebte man in Leipzig zur Zeit der DDR?" interviewt. Sie präsentieren die Ergebnisse Ihrer Recherche.**

Tipp

Besuchen Sie auch die Webseite des DDR-Museums in Berlin: www.ddr-museum.de

Strategie mit Kick!

POUR VOUS AIDER

A. Leseverstehen aktiv

„DAS WAR MEIN LEIPZIG"

■ **Avant de commencer : mobiliser ses connaissances lexicales**

■ **Assurez-vous que vous comprenez les mots suivants relatifs aux domaines de la foire et du commerce :**
die Universalmesse (n) – das Buchmessehaus – etw. an/bieten (o, o) – der Aussteller (-) – der Besucher (-)

B. Sprechen ganz einfach

SO WAR ES DAMALS

1 Procéder avec méthode

Pour présenter les informations que vous avez trouvées, commencez par opérer un classement thématique : *Arbeitsbedingungen, Lebensmittel, Kultur, Messe…*

■ **Annoncez ces différents thèmes en recourant aux amorces suivantes :**
im *Bereich (+ Gen.) – auf dem Gebiet (+ Gen.) – was… (+ Akk.) angeht, so…*

2 Exprimer une interdiction ou une restriction

■ **Pour formuler une interdiction, vous pouvez utiliser les expressions suivantes :**
man darf nicht… (+ Inf.) – es ist verboten, … zu (+ Inf.) – es ist nicht erlaubt, … zu (+ Inf.).

■ **Pour évoquer des restrictions, pensez à employer des termes comme :**
gering – wenig – es mangelt jm an (+ Dat.) – es fehlt jm an (+ Dat.)

■ **Ces expressions peuvent vous aider à alimenter votre réflexion :**
hart arbeiten müssen – wie in den 50er Jahren aus/sehen (a, e; ie) – etw. an/starren – sich selten exotische Früchte beschaffen können – Neuheiten entdecken – die Geschäfte / eine geringe Auswahl an/bieten (o, o) – etw. zensieren – der Zensur unterliegen (a, e)

3 Ein neues Gesicht

A. Leseverstehen

CITY-TUNNEL: PRO UND KONTRA

Kontext: *Sie haben von dem großen Projekt der Stadt Leipzig gehört, einen City-Tunnel zu bauen. Sie suchen Informationen, um sich Ihre eigene Meinung zum Thema zu bilden.*

Lesen Sie folgende kurze Artikel.

A2 ▸ **Welches sind die technischen Daten des City-Tunnels? Wozu soll dieser Tunnel dienen?** FICHE ÉLÈVE

B1 ▸ **Was erfahren Sie über den Ablauf des Tunnelbaus? Was war geplant? Was passiert jetzt?**

B1+ ▸ **Welches sind die positiven und negativen Aspekte des Tunnelbaus?**

TEXT 1

Sachsen muss für den Leipziger City-Tunnel offenbar weitaus mehr bezahlen, als bisher bekannt. [...] Die Kosten für den City-Tunnel belaufen sich mittlerweile auf 960 Millionen Euro. Zum Baubeginn 2005 sollte die unterirdische Bahnverbindung zwischen dem Hauptbahnhof und dem Bayerischen Bahnhof 572 Millionen Euro kosten. Geplant war, dass die Züge schon 2009 durch die beiden Tunnelröhren rollen sollten. Jetzt wird der Tunnel voraussichtlich erst mit dem Winterfahrplanwechsel[1] 2013 in Betrieb gehen. Anders als gedacht werden auch nur S-Bahnen[2] hindurchfahren und nicht wie ursprünglich geplant auch ICE[3].

www.mdr.de, 06.04.2011

1 **der Winterfahrplanwechsel:** *le passage aux horaires d'hiver*
2 **die S-Bahn (en):** *le train de banlieue*
3 **der ICE = der Inter City Express:** *équivalent allemand du TGV*

TEXT 2

Spektakuläre Verschiebung im April 2006

Die Vorbereitungen für die spektakuläre Verschiebung[1] des Portikus am Bayerischen Bahnhof in Leipzig laufen auf Hochtouren[2]. Mitte April soll das historische Portal um etwa 30 Meter in östliche Richtung transportiert werden.

Lausitzer Rundschau, 10.03.2006

1 **die Verschiebung (en):** *le déplacement*
2 **auf Hochtouren laufen (ie, au; äu):** *tourner à plein régime*

TEXT 3

Wenn die Untergrund-Station für den City-Tunnel fertig ist, kommt das 30 Meter breite und 2200 Tonnen schwere Tor wieder zurück an seinen ursprünglichen Platz. [...] Der City-Tunnel soll 2009 fertig sein. Die vier Kilometer lange unterirdische Bahn-Trasse[1] unterquert[2] die Leipziger Innenstadt und verbindet den Hauptbahnhof mit dem Bayerischen Bahnhof. [...] Die Verkehrsader soll den Nahverkehr in der Region schneller machen und die Innenstadt der Sachsen-Metropole vom Verkehr entlasten[3].

www.leipzig-sachsen.de

1 **die Trasse (n):** *le tracé*
2 **etw. unterqueren:** *passer sous qc.*
3 **entlasten:** *délester*

STANDORT LEIPZIG

Kontext: *Für den Wirtschaftsunterricht suchen Sie Informationen über eine ehemalige DDR-Stadt, die heute einen Wirtschaftsaufschwung erlebt. Sie suchen sich das Beispiel von Leipzig aus.*

Lesen Sie folgenden Artikel.

A2 ▸ **Von welcher Branche und von welchen Unternehmen ist in diesem Artikel die Rede?** FICHE ÉLÈVE

A2+ ▸ **Was wird gefeiert? Warum? Wer ist bei der Feier dabei?**

B1 → B1+ ▸ **Welche Rolle spielt dieses Unternehmen für die Stadt Leipzig und das Land Sachsen? Welche Perspektiven entstehen?**

Das BMW-Werk im Leipzig.

BMW feiert Produktionsjubiläum und setzt Wachstumskurs fort

In strahlendem Weiß rollt der BMW 1er auf die Bühne, umringt von klatschenden[1] Werksmitarbeitern. 740 Fahrzeuge[2] bauen sie jeden Tag, doch nur dieser eine Wagen zieht das Blitzlichtgewitter der Fotografen auf sich und lockt Ministerpräsident Stanislaw Tillich (CDU) und Leipzigs Oberbürgermeister Burkhard Jung (SPD) ins Werk. Es ist kein gewöhnliches Auto, sondern der einmillionste BMW aus Leipzig, ein weiterer Meilenstein[3] in der Geschichte des Werks. Und ein Symbol für die Etablierung Leipzigs als bedeutender Automobilstandort. [...]

Produktionsvorstand Frank-Peter Arndt weist dem Standort bereits „eine besondere strategische Bedeutung" für das Unternehmen zu. Schließlich wird dort das Kompetenzzentrum zur Produktion von Elektrofahrzeugen für den gesamten Konzern aufgebaut. Ab 2013 rollen die ersten Elektroautos vom Band. Dafür steckt der Konzern weitere 400 Millionen Euro in den Standort und schafft 800 Jobs. Damit muss nicht Schluss sein. Zusätzliche Erweiterungen hält sich BMW offen. [...] Das Unternehmen verhandelt derzeit mit der Stadt über den Ankauf zusätzlicher Flächen[4]. Konkrete Planungen für einen weiteren Ausbau gebe es aber nicht, heißt es. Man wolle sich nur Optionen für die Zukunft schaffen. Allein im nächsten Jahr will BMW 350 Mitarbeiter neu einstellen – sowohl für den Aufbau der Elektroauto-Produktion als auch für die Fertigung der 1er-Reihe und des geländetauglichen[5] X1. [...]

Die Automobilindustrie entwickelt sich seitdem immer stärker zum Jobmotor der Region. Eine Studie der Universität Leipzig kam im vergangenen Jahr zu dem Ergebnis, dass allein durch die Ansiedlung von BMW im Umkreis von rund 50 Kilometern insgesamt über 9000 Jobs entstanden sind. Auf jeden Beschäftigten bei dem Autobauer kommen damit fast drei weitere Arbeitsplätze. „Die Region brummt[6]", sagt Ministerpräsident Tillich.

Die Aussichten sind weiter gut, auch wenn die weltweite Nachfrage im kommenden Jahr nicht mehr ganz so stark steigen dürfte.

Leipziger Volkszeitung, 10./11.12.2011

1 **klatschen:** applaudieren
2 **das Fahrzeug (e):** *le véhicule*
3 **der Meilenstein (e):** *(ici) l'événement*
4 **die Fläche (n):** *(ici) le terrain*
5 **geländetauglich:** *tout-terrain*
6 **brummen:** *vrombir (moteur)*

B. Sprechen

EINE TALKSHOW

Kontext: *Sie nehmen an einer Talkshow zum Thema „Fortschritt und Wachstum in Leipzig" teil.*

B1 → B2 **Nennen Sie sowohl positive als auch eventuelle negative Aspekte der neuesten Entwicklung der Stadt (City-Tunnel/Industrie).** FICHE ÉLÈVE

Strategie mit Kick!

A. Leseverstehen aktiv

CITY-TUNNEL: PRO UND KONTRA

Exprimer une dimension

- **Pour exprimer une dimension, on peut utiliser certains adjectifs précédés d'un groupe nominal à l'accusatif. Repérez-en trois occurrences dans les textes 1, 2 et 3 et traduisez-les en français.**

STANDORT LEIPZIG FICHE ÉLÈVE

1 Avant de commencer : mobiliser ses connaissances lexicales

- **Vérifiez que vous connaissez le sens des mots et expressions suivants appartenant au domaine économique et industriel :**
*das Werk (e) – der Konzern (e) – der Vorstand (¨e) – vom Band *rollen – Arbeitsplätze schaffen (u, a) – jn ein/stellen – der Beschäftigte (n)*

- **Associez les synonymes :**
der Betrieb (e) – der Ausbau – die Branche (n) – die Herstellung – etw. fertigen – der Autohersteller (-) – der Autobauer (-) – die Fertigung – der Zweig (e) – das Unternehmen (-) – die Erweiterung (en) etw. bauen

2 Se familiariser avec le style journalistique

- **Pour signaler qu'ils reprennent les paroles d'autrui, les journalistes utilisent le subjonctif I ainsi que des locutions comme *es heißt*… (on dit que…).** S. 255-256, 269
Repérez ces indices lors de votre lecture.

B. Sprechen ganz einfach

EINE TALKSHOW

1 Avant de commencer : mobiliser ses connaissances lexicales

- **Pensez à utiliser des mots et expressions liés à l'idée de développement et de progrès :**
etw. aus/weiten – einen Aufschwung erleben – das Wachstum – etw. verbessern

2 Nuancer ses propos

- **N'oubliez pas d'utiliser des expressions telles que :**
einerseits…, andererseits… – zwar…, aber… – auf der einen Seite… auf der anderen Seite…

Vers le bac oral

A Hörverstehen

Hören 1
Musikstadt und UNESCO Erbe

Hilfen:
- **begraben liegen (a, e):** *être enterré*

Hören 2
Die Leipziger Buchmesse

Hilfen:
- **der Verlag (e):** *la maison d'édition*
- **der Verleger (e):** *l'éditeur*
- **die Gegenwartsliteratur:** *la littérature contemporaine*
- **der Rezensent (en):** *le critique littéraire*

B Sprechen

Ihr Thema: *„Ist Leipzig eine Reise wert?"*

Sprechen 1
titre à venir

Sprechen 2
Die Leipziger Messe

Pensez à utiliser

die (uralte) Geschichte • traditionsreich • auf etw. stolz sein • für etw. werben • der Tourismus • die Sehenswürdigkeit (en) • Sachsen • die ehemalige DDR • der Umbruch • die Wende

Strategie

POUR VOUS AIDER

Hören

Vous devrez montrer que vous avez été capable d'identifier tous les intervenants. Si leur nom n'est pas indiqué, notez qu'il s'agit du 1er, du 2e… personnage et indiquez le point de vue de chacun par rapport au thème de la discussion.

Au niveau B2, vous devrez vous efforcer de mettre en relation les différents avis. Vous expliquerez par exemple que le 1er et le 3e intervenant partagent le même avis, alors que le 2e est d'avis contraire.

A Hörverstehen

↘ HÖREN 1

City-Tunnel: Pro oder contra?

Hilfen:
- **die Steuer (n):** *l'impôt*
- **auf etw. verzichten:** *renoncer à qc.*
- **der LKW (s)** = der Lastkraftwagen: *le camion*

↘ HÖREN 2

Ein Interview auf dem Leipziger Campus

Hilfen:
- **die Slawistik:** *l'étude des langues slaves*
- **BWL (Betriebwirtschaftslehre):** *l'économie d'entreprise*
- **die Mensa:** *le restaurant universitaire*
- **die Studiengebühren:** *les droits universitaires*

B Sprechen

Ihr Thema: *„Leipzig im Aufschwung"*

Pensez à utiliser

die Entwicklung (en) • der Aufschwung • die Vergangenheit • die Zukunft • sich in (+ Dat.) nieder/lassen (ie, a; ä) • das neue Gesicht • das Image • investieren • die Unterkunft (¨-e) • die Miete (n) • die Arbeitsbedingungen • dynamisch

↘ SPRECHEN 1

Automobilstadt Leipzig

↘ SPRECHEN 2

Die Leipziger Universität

Sprechen

Certains documents vous permettent de mettre en relation le passé et le présent. Sachez en tirer parti pour structurer votre production orale.

Évolution	Tradition
Früher…, heute dagegen… *Während in den 60er Jahren…, ist heute…* *Im Gegensatz zu…*	*Genau wie vor 20 Jahren / im 16. Jahrhundert…* *Heute… immer noch…* *Nach wie vor…*

Tipp

Voici quelques expressions qui indiquent l'hésitation ou tout simplement la réflexion. Elles vous permettront de rendre votre présentation plus authentique :
Na ja… • *Eigentlich…* • *Na, wie soll ich sagen, …* • *Tja… Nun, ich…*

1 Sehenswürdigkeiten in Leipzig

A. Sprechen

KULTUR IN LEIPZIG

S. 246

Kontext: *In Leipzig kann man deutsche Kultur pur erleben. Zahlreiche große deutsche Persönlichkeiten haben hier gelebt oder gewirkt. Viel ist hier in der deutschen Geschichte passiert.*

B1 **Nennen Sie Begriffe oder Namen, die sie spontan mit der deutschen Kultur assoziieren.**

B. Hörverstehen

Kontext: *Sie haben einen Praktikumsplatz bei der Leipziger Tourist-Information gefunden. Sie kennen die Stadt noch nicht gut und nehmen deshalb an einer Stadtführung teil.*

AUERBACHS KELLER

Hören Sie, was der Fremdenführer erzählt. MP3

A2 → B1 Was erfahren Sie über Auerbachs Keller? (Wo? Seit wann? Was? Welches Verhältnis zu Goethe?)

Hilfen:
- **der Ort (e):** *le lieu*
- **die Veranstaltung (en):** *la manifestation culturelle*

DIE THOMASKIRCHE

Hören Sie sich weitere Informationen des Fremdenführers an. MP3

B1 Was ist an der Thomaskirche interessant? (Seit wann? Stil? Welche berühmten Deutschen sind damit verbunden?)

Hilfen:
- **das Denkmal (e):** *le monument*
- **predigen:** *prêcher*
- **achteckig:** *octogonal*
- **jn begraben (u, a; ä):** *enterrer qn*

DAS VÖLKERSCHLACHTDENKMAL

Informieren Sie sich jetzt über das Völkerschlachtdenkmal. MP3

B1 **Warum kann ein Besuch dieses Monuments sehr ambivalente Gefühle hervorrufen?**

Hilfen:
- **das Denkmal (¨er):** *le monument*
- **die Schlacht (en):** *la bataille*
- **das Volk (¨er):** *le peuple*
- **niedlich:** *mignon*
- **etw. ein/weihen:** *inaugurer qc.*
- **statt/finden (a, u):** *avoir lieu*
- **dienen als:** *servir de*

Tipp

Ein Denkmal ist ein Monument, das an ein historisches Ereignis oder an eine historische Persönlichkeit erinnert. Hier geht es um ein historisches militärisches Ereignis. Achten Sie auf die historischen und politischen Referenzen.

C. Schreiben

EIN BERICHT

Kontext: *Nach der Stadtführung schreiben Sie Ihrem Freund/Ihrer Freundin eine E-Mail und erzählen ihm/ ihr, was Sie Interessantes über Leipzig erfahren haben, und was Sie beeindruckt hat.*

B1 → B2 **Schreiben Sie die E-Mail.**

Strategie mit Kick!

B. Hörverstehen aktiv

AUERBACHS KELLER

Comprendre les mots composés

- **Déduisez le sens de ces adjectifs en les décomposant :**
überdacht – weltweit – sogenannt

DIE THOMASKIRCHE

Décrire l'architecture d'un édifice

- **Vérifiez que vous connaissez les mots suivants :**
der architektonische Stil (e) – die Romanik → romanisch – die Gotik → gotisch → die Renaissance → im Renaissancestil – der Barock → barock – beeindruckend – schlicht – streng – prachtvoll – prunkvoll

C. Schreiben ganz einfach

EIN BERICHT

Exprimer l'étonnement

- **Pour faire part de ce qui vous a interpellé, vous pouvez utiliser les expressions suivantes :**
Ich war/ bin erstaunt, dass... – Ich wusste nicht, dass... – Ich war verblüfft, dass... – Ich frage mich, wie/ was/ wo/ warum... – Ich kann mir (nicht) vorstellen, wie/ was... – Wie kommt es, dass...

2 Historische Augenblicke

A. Hörverstehen

DIE LEIPZIGER UND IHRE GESCHICHTE

Kontext: *Auch wenn man sich heute in Deutschland noch häufig über den sächsischen Akzent der Leipziger lustig macht, hat man doch großen Respekt vor ihnen. Warum?*

Hilfen:
- **unterrichten:** *enseigner*
- **die Eigenschaft (en):** *la caractéristique*
- **betrachten:** *considérer*
- **auf etw. / jn stolz sein:** *être fier de qc. / qn*
- **das Mittelalter:** *le Moyen-Âge*
- **das Jahrhundert:** *le siècle*
- **etw. vor/schreiben (ie, ie):** *prescrire, imposer qc.*
- **festgelegt:** *fixé*
- **die Loslösung (en):** *la séparation*
- **zu etw. (+ Dat.) einen Beitrag leisten:** *contribuer à qc.*

Hören Sie sich ein Radiointerview an. MP3

B1 → B2
- **Von welchen Eigenschaften der Leipziger ist die Rede? Wie werden sie erklärt?**

B2
- **Welche drei historischen Ereignisse werden erwähnt? Recherchieren Sie weiter und stellen Sie diese Ereignisse kurz vor.**

Volksaufstand in der DDR: sowjetische Panzer auf dem Marktplatz in Leipzig, 17. Juni 1953.

„WIR SIND DAS VOLK": LEIPZIG IM NOVEMBER 1989

FICHE ÉLÈVE

Kontext: *Die Leipziger Montagsdemonstrationen im Herbst und Winter 1989 waren ein zentrales historisches Ereignis.*

VIDEO **Sehen Sie sich das Video über den 13. November an.**

B1 → B2 **Wie zeigen die Leipziger ihre Unzufriedenheit mit dem DDR-Regime? Was fordern sie?**

Hilfen:
- **die Unterdrückung:** *l'oppression*
- **besonnen:** *calme*
- **umliegend:** *environnant*
- **jn zu etw. (+ Dat.) mahnen:** *exhorter qn à qc.*
- **nach/geben (a, e; i):** *céder*
- **jn unterstützen:** *aider qn*
- **die Schlange (en):** *la queue*
- **sich zurück/halten (ie, a; ä):** *se retenir*
- **jm geht ein Licht auf:** *(fig.) qn y voit clair*

Montagsdemonstration in Leipzig, 13.11.1989.

B. Schreiben

EIN ARTIKEL

Kontext: *Ihre Schülerzeitung bereitet ein Heft zum Thema „Um die Freiheit kämpfen" vor.*

B1 → B2 **Sie schreiben einen Artikel, in dem Sie von den Leipzigern erzählen.**

Strategie mit Kick!

A. Hörverstehen aktiv

DIE LEIPZIGER UND IHRE GESCHICHTE

■ **Avant de commencer : mobiliser ses connaissances lexicales**

■ **Vérifiez que vous connaissez le sens des mots et expressions suivants appartenant au champ lexical des manifestations politiques :**
demonstrieren → die Demonstration (en) – der Aufstand (¨e) – etw. fordern → die Forderung (en) – etw. verkünden – die Kerze (n) – das Transparent (e) – auf die Straße gehen (i, a) – etw. blutig nieder/schlagen (u, a; ä) – friedlich ≠ gewaltsam – das Solidaritätsgefühl – der Protest (e) – das Vorbild (er)

„WIR SIND DAS VOLK": LEIPZIG IM NOVEMBER 1989

■ **Comprendre les mots composés**

Les mots composés allemands se « lisent » de droite à gauche.
Exemple : *der Staatssicherheitsdienst: der Dienst* (le service) + *die Sicherheit* (la sécurité) + *der Staat* (l'État) → le service de sécurité de l'État

■ **Procédez de la même façon pour décomposer les mots suivants :**
die Reiseerleichterung (en) – die Innenstadtstraße (n) – das Friedensgebet (e) – das Pappschild (er) – die Selbstbestimmung – der Machtanspruch

B. Schreiben ganz einfach

EIN ARTIKEL

■ **Parler de la motivation**

■ **Pour décrire la motivation et la persévérance d'une personne, vous pouvez utiliser les expressions suivantes :**
nicht auf/geben (a, e; i) – sich nicht unterkriegen lassen (ie, a; ä) – sich nicht entmutigen lassen (ie, a; ä) – durch/halten (ie, a; ä) – weiter/machen – sich für etw. ein/setzen – an etw. (+ Akk.) glauben – von etw. (+ Dat.) überzeugt sein – ein Ziel verfolgen

3 Leipzig heute

A. Hörverstehen

KONTROVERSE UM DEN CITY-TUNNEL

Kontext: *Ein Journalist einer Leipziger Tageszeitung interviewt zwei Passanten in der Innenstadt. Er möchte wissen, was sie von dem Bauprojekt City-Tunnel halten.*

Hören Sie sich die Interviews an. MP3

B1 ▸ **Warum ist der City-Tunnel ein Thema, das die Leipziger interessiert?**

B1 → B2 ▸ **Welche positive und negative Kritik wird geäußert?**

Hilfen:
- **die Baustelle (n):** *le chantier*
- **unterirdisch (Adv.):** *par voie souterraine*
- **die Geduld:** *la patience*
- **spannend:** *captivant*
- **die Stellungnahme (n):** *la prise de position*

Bauarbeiten am City-Tunnel auf dem Markt in Leipzig.

AUF DER MESSE

FICHE ÉLÈVE

Kontext: *Zwei Studenten, die an der Hochschule für Technik in Leipzig studieren, treffen sich in einer Cafeteria auf dem neuen Messegelände in Leipzig.*

Hilfen:
- **der Maschinenbau:** *le génie mécanique*
- **das Messegelände:** *le parc des expositions*
- **das Verkehrsmittel (-):** *le moyen de transport*
- **das Benzin:** *l'essence*
- **der Autohersteller (-):** *le fabricant d'automobiles*
- **sparen:** *économiser*
- **umweltfreundlich:** *écologique*

Hören Sie den Dialog. MP3

A2 ▸ **Welche Messe besuchen die Studenten?**

B1 → B2 ▸ **Wovon sind sie fasziniert?**

Das Leipziger Messegelände.

B. Schreiben

MESSESTADT LEIPZIG

B1 → B2 ▸ Welche anderen wichtigen Messen finden in Leipzig statt? Recherchieren Sie im Internet und stellen Sie drei weitere Messen vor.

B2 ▸ Auf welche dieser Messen würden Sie selbst gern gehen? Begründen Sie Ihre Meinung.

Strategie mit Kick!

POUR VOUS AIDER

A. Hörverstehen aktiv

KONTROVERSE UM DEN CITY-TUNNEL

■ **Avant de commencer : mobiliser ses connaissances lexicales**

■ **Vérifiez que vous connaissez le sens des mots et expressions suivants :**
der Ärger – der Messebesucher (-) – die Geschäftsleute (Pl.) – entlasten – Zeit sparen – sich etw. leisten können

B. Schreiben ganz einfach

MESSESTADT LEIPZIG

■ **Exprimer une préférence ou une prédilection**

■ **Vous pouvez utiliser les expressions suivantes pour formuler vos préférences :**
etw. besser/ interessanter/ spannender finden (a, u) als... – etw. lieber mögen als... – mehr an... (+ Dat.) interessiert sein – sich stärker für... (+ Akk.) begeistern als für... – eine lehrreiche/ informative/ unterhaltsame Messe vor/ziehen (o, o)

■ **Pour exprimer une prédilection, pensez à employer ces expressions :**
ich mag... (+ Akk.) gern – mir gefällt... – ich schwärme für... (+ Akk.) – für... (+ Akk.) kann ich mich sehr begeistern – ich interessiere mich ganz besonderes für... (+ Akk.) – ... finde ich sehr spannend

Vers le bac écrit

TEXT 1 • Nikolaikirche – Herbst 1989 in Leipzig

Auf alles war die Staatsmacht (Partei, Stasi und Polizei) vorbereitet, nur nicht auf Widerstand mit Gebeten[1] und Kerzen. Von den Friedensgebeten in der Leipziger Nikolaikirche aus wuchs der Wille zur Freiheit. Frauen und Männer der Kirchengruppen, Pfarrer und Geheimdienstleute[2] sind die Figuren dieses Romans. Weit in die Geschichte greift die Handlung[3], denn was an diesem 9. Oktober 1989 geschah, hat seine Wurzeln in den vergangenen Jahrzehnten, es geht auch zurück zum Mai 1968, als die Leipziger Universitätskirche gesprengt[4] wurde. Doch als sich damals der Staub über ihren Trümmern verzog, wurde der Turm von St. Nikolai sichtbar.

Erich Loest, *Nikolaikirche*, 1995 (Präsentation des Romans auf der Rückseite des Buchs)

1 **das Gebet (e):** *la prière* – 2 **die Geheimdienstleute:** *les agents des services secrets* – 3 **die Handlung (en):** *l'intrigue, l'action* – 4 **sprengen:** *dynamiter*

TEXT 2 • Wir bitten Euch: keine Gewalt! (Leipzig, Montagsdemonstration am 9. Oktober 1989)

Das erste Flugblatt[1] ließ Astrid Protter fliegen […] von der Treppe zur Fußgängerbrücke am Engelsplatz schob sie es übers Geländer. Es flatterte vor und zur Seite und blieb zwischen Zigarettenkippen und Schlamm liegen. Das zweite streckte sie auf der Brücke einer Frau hin, stumm. Beim dritten Blatt sagte sie: „Ich hab was für Sie." Natürlich würde sich diese Frau nicht prügeln[2], und so gab sie das vierte Blatt zwei jungen Männern, denen nicht anzusehen war, auf welcher Seite sie standen. Drei Jugendliche vor dem Kaufhaus waren schon leichter einzuordnen […]. Einer schaute sie verblüfft an und bedankte sich. Vor dem polnischen Zentrum warteten sechs junge Männer – großgewachsen, gut genährt, glatt die Züge, das Urteil[3] über sie war sofort gefällt. Sie streckte schweigend das nächste Blatt hin, einer nahm es […]. Da ging Astrid Potter eilig weiter in Richtung Sachsenplatz – jetzt etwas Leichteres, also ein Ehepaar um die sechzig; eine Frau daneben fragte sofort, ob sie auch eines haben könnte. Aber bitte – und Astrid Protter lächelte und war die nächsten Blätter rasch los. Vor der Milchbar schlug sie einen Haken[4]. Alles hatten sie nun doch nicht durchdacht, jetzt müsste ihr jemand den Rest abnehmen und weiter verteilen. […] Vertreter[5] von drei Arbeitsgruppen hatten diesen Appell ausgetüftelt, ihn hundertfach vervielfältigt […]. „Der letzte Montag in Leipzig endete mit Gewalt. Wir haben Angst um uns, unsere Freunde und alle, die uns in Uniform gegenüberstehen. Wir bitten Euch: Durchbrecht keine Polizeiketten, haltet Abstand zu Absperrungen! Werft keine Gegenstände und vermeidet Gewaltparolen! Greift zu phantasievollen Formen des Protests. An die Polizei appellieren wir: Antwortet auf Friedfertigkeit nicht mit Brutalität. Wir sind ein Volk! Gewalt hinterlässt ewig blutende Wunden!"

In ihrer Tasche steckten mindestens noch zwanzig Zettel, und vielleicht hatten die Spitzel[6] vor dem polnischen Zentrum nun endlich begriffen, was sie da lasen.

Erich Loest, *Nikolaikirche*, 1995

1 **das Flugblatt (¨er):** *le tract* – 2 **sich prügeln:** *se battre* – 3 **ein Urteil fällen:** *porter un jugement* – 4 **einen Haken schlagen (u, a; ä):** *faire un crochet* – 5 **der Vertreter (-):** *le représentant, le délégué* – 6 **der Spitzel (-):** *l'indicateur (de la police)*

Die Texte verstehen

Richtig oder falsch? Begründen Sie Ihre Antwort mit einem Zitat aus Text 1 oder 2.

	R	F
a. *Der Roman „Nikolaikirche" spielt nach dem Fall der Mauer.*		
b. *Die Staatsmacht hatte etwas ganz anderes erwartet als Widerstand mit Gebeten.*		
c. *Die Kirche spielte eine wesentliche Rolle bei dieser Protestbewegung.*		
d. *Diese Protestbewegung war das Ende einer langen Entwicklung.*		
e. *Astrid Protter verteilte die Flugblätter, ohne die Leute anzusprechen.*		
f. *Es fiel ihr bald ein, dass sie und ihre Freunde der Arbeitsgruppen nicht an alles gedacht hatten.*		
g. *Der Appell „keine Gewalt" war auch an die Polizei gerichtet.*		

Schreiben

Behandeln Sie die zwei folgenden Themen: FICHE ÉLÈVE

1. *Während Astrid Protter die Flugblätter verteilt, schaut sie sich die Menschen an, die sie trifft. Versuchen Sie zu beschreiben, was sie dabei denkt, was sie empfindet, was sie eventuell befürchtet, was sie sich erhofft…* (100 à 120 mots)

2. *Am Montag, dem 9. Oktober war die Situation in Leipzig sehr gespannt. Polizei und Demonstranten standen einander gegenüber. Und doch wurde Gewalt vermieden und so kam es zur Wende. Viele Leute dagegen sind der Meinung, dass Gewalt unvermeidlich ist, wenn man sich in einer schwierigen Situation befindet, zum Beispiel in einer Diktatur lebt. Wie stehen Sie persönlich dazu? Ist Gewalt manchmal legitim? Argumentieren Sie.* (140 à 160 mots)

Strategie

Schreiben

SUJET 2 Il s'agit ici d'argumenter sur la problématique de la violence. Argumenter suppose de présenter l'objet de la réflexion, d'avancer les arguments qui défendent ou réfutent telle ou telle position et de parvenir à une conclusion personnelle. Il ne suffit pas d'énumérer les arguments, il faut les structurer, les organiser. Quelques moyens langagiers simples doivent vous y aider :

1. Introduire sa rédaction

– *Ist die Gewalt legitim?* → *Es kommt darauf an.* (Cela dépend.)

– *Es ist wichtig, auf alle Aspekte der Problematik einzugehen.* (Il est important d'examiner tous les aspects de cette problématique.)

– *Es ist schwer, sich festzulegen, ohne über alles nachgedacht zu haben.*
(Il est difficile de prendre position sans avoir analysé tous les aspects.)

2. Structurer son texte : les incontournables

- *zuerst…, dann…, schließlich:* tout d'abord…, ensuite…, finalement…
- *einerseits…, andererseits…:* d'une part… d'autre part…
- *zwar…, aber…:* certes… mais…

3. Construire son argumentation

Voici quelques verbes ou expressions utiles pour argumenter.

- Vous connaissez certainement :

denken (dachte, gedacht) – der Meinung sein, dass – der Ansicht sein, dass…

- Vous pouvez aussi utiliser :

– *Es lässt sich behaupten, dass… :* on peut affirmer que…

– *Man kann feststellen, dass… :* on peut constater que…

– *etw. bejahen / etw. ablehnen :* approuver / refuser qc.

– *ein/wenden :* objecter

– *hinzu/fügen: ich möchte hinzufügen, dass…* (J'ajouterais que…)

– *Mir fällt ein, dass…* (Il me vient à l'esprit que…)

– *Es ist mir oft aufgefallen, dass…* (J'ai souvent remarqué que…)

– *Es lässt sich dadurch erklären, dass…* (On peut l'expliquer par le fait que…)

4. En venir à la conclusion

– *abschließend / zum Schluss :* en conclusion

– *zusammenfassend :* en résumé

Cette liste n'est pas exhaustive ! Vous pourrez la compléter utilement durant votre année de terminale.

Sprachatelier

Voici une liste de mots et expressions en lien avec l'unité étudiée. Faites votre propre bilan lexical : quels mots connaissez-vous ? Lesquels devez-vous apprendre ? FICHE ÉLÈVE

Leipzig und die Wiedervereinigung

A2 die Arbeiterpartei (en) – die Freiheit (en) – das autoritäre Regime – die Massendemonstration (en) – jn motivieren – der Protest (e) – demonstrieren – auf die Straße gehen (i, a) – an etw. (+ Akk.) glauben – die Volkspolizei – der Dialog (e)

B1 der Staat (en) – das Volk (¨er) – die Bundesrepublik – die DDR – der Arbeiteraufstand (¨e) – ins Gefängnis kommen (a, o) – jm Mut machen – die friedliche Revolution – die Staatssicherheit/ die Stasi – die SED (Sozialistische Einheitspartei Deutschlands) – das Vorbild (er) – etw. fordern – von etw. (+ Dat.) überzeugt sein – der Bürger (-) – der Meinungsaustausch – der Widerstand

B2 das politische Schicksal – etw. blutig nieder/schlagen (u, a; ä) – etw. verkünden – sich nicht unterkriegen lassen (ie, a; ä) – sich für etw. ein/setzen

Geschichte

A2 der Soldat (en) – der Gegner (-) – der König (e) – die Bombardierung (en) – bombardieren

B1 die Schlacht (en) – etw. mit seinem Leben bezahlen – das Opfer (-) – der Fürst (en) – im… Jahrhundert – gegen/um etw. kämpfen – in den 80er/90er Jahren – das Denkmal (e) – aus der Zeit der Renaissance stammen – die Wehrmacht – der Zweite Weltkrieg – die Wiedervereinigung Deutschlands

B2 die verbündeten Armeen – das Mahnmal (e) – die Streitmacht (¨e) – das Gefecht (e)

Leipzig

Eine Stadtbesichtigung

A2 die Einkaufspassage (n) – das Restaurant (s) – das Jazzkonzert (e) – restauriert sein – der Panoramablick (e)

B1 etw. besichtigen – die Weinstube (n) – die Veranstaltung (en) – der Barockstil – die Gotik – die Umgebung

B2 die herrliche Rundsicht genießen (o, o) – der Kuppelbau (ten) – die Romanik

Wirtschaftliche Aktivitäten

A2 die Messe (n) – der Markt (¨e) – das Zentrum (tren) – der Arbeiter (-) – der Besucher (-) – der Gast (¨e) – die Kosten (Pl.) – etw. planen – die Autoindustrie – in etw. investieren – expandieren – etw. verbessern – die Kaufleute – die Produktionsnorm (en) – die Industrialisierung – das Projekt (e) – amortisieren

B1 die Gesellschaft (en) – der Aussteller (-) – die Ausstellung (en) – das Werk (e) – das Unternehmen (-) – der Ankauf (¨e) – der Autohersteller (-) – der Zulieferer (-) – die Dienstleistung (en) – aus/weiten – das Wachstum – der Konsumartikel (-) – die Geschäftsleute (Pl.) – die Baustelle (n) – das Messegelände – das Verkehrsmittel (-)

B2 der Bauernstaat – die Verkehrsader (n) – der Nahverkehr – in Betrieb gehen (i, a) – der Beschäftigte (n) – das Fließband (¨er) – einen Aufschwung erleben – die Entwicklung des Maschinenbaus

1 Rund um das Verb „schreiben“

schreiben (ie, ie)

der Schreiber (-)
schreibfaul sein
die Schrift (en)
das Schreiben (-)

die Rechtschreibung
der Schreibfehler (-)
groß/ klein geschrieben werden

an die Tafel schreiben
ins Reine schreiben
sich die Finger wund/schreiben

die Schreibart
der Schreibstil
der Schreibblock
der Schreibbedarf

ab/schreiben
auf/schreiben
umschreiben
beschreiben

Die Rolle ist ihm auf den Leib geschrieben.
Das steht ihm auf die Stirn geschrieben.
Schreiben Sie sich das hinter die Ohren.
sich krankschreiben lassen (ie, a)
Geschichte schreiben

■ **Vous discutez avec un jeune Allemand. Que dites-vous lorsque…**

1. vous voulez savoir si un mot prend ou non une majuscule ?

2. vous commentez la prestation remarquable d'un acteur dans un film ?

3. vous précisez qu'un de vos collègues s'est mis en congé de maladie ?

4. vous lui dites que vous allez prendre son conseil très au sérieux ?

5. vous lui avouez ne pas trop aimer écrire ?

6. vous affirmez que les manifestants de Leipzig sont entrés dans les annales de l'histoire ?

2 Renforcer un énoncé à l'aide d'une particule illocutoire

Lorsque l'on souhaite donner une valeur émotionnelle à son discours, on peut avoir recours à des particules illocutoires qui permettent de donner plus de force à son idée. Elles sont souvent placées peu après le verbe conjugué et sont non accentuées.
Observez le tableau suivant qui regroupe les particules illocutoires les plus usuelles, accompagnées de leur sens.

Particule illocutoire	Sens courant	Exemple
aber	réaction admirative devant un fait	*Die Demonstranten waren aber sehr mutig!*
also	valeur récapitulative	*Leipzig war also schon vor der Wende eine Messestadt.*
bloß	renforce une exclamation	*Was habe ich dir bloß getan?*
denn	demande d'explication	*Warum seid ihr denn so aufgeregt?*
doch	marque une opposition à une idée antérieure	*Hätte die Regierung doch auf die Demonstranten gehört!*
eben / halt	montre qu'il est impossible d'ignorer un fait	*Nach einem solchen Volksaufstand musste die Mauer eben / halt fallen.*
gar	renforce une question empreinte de doute	*Habt ihr von den Demos gar nicht gehört?*
gerade	exprime une coïncidence	*Das war gerade der richtige Moment!*

■ **Votre classe doit présenter un argumentaire qui vante les atouts de la ville de Leipzig. Vous travaillez en groupes et l'un de vos camarades vous propose le texte ci-contre. Vous trouvez que ses arguments ne sont pas présentés avec suffisamment de force et vous souhaitez y apporter quelques modifications. Transformez son texte en y ajoutant des particules illocutoires.**

Eine Reise nach Deutschland? Warum nicht? Aber wohin?
Sie haben Lust, in den nächsten Ferien nach Deutschland zu fahren. Das ist eine gute Idee! Aber wohin in Deutschland? Kennt ihr Leipzig? Das ist eine Stadt, die man kennen lernen muss. Dort werdet ihr die Gastfreundlichkeit ihrer Bewohner genießen. Sie haben so viel zu erzählen, was die Wiedervereinigung angeht. Denn die Friedensbewegung, die zum Mauerfall geführt hat, hat da angefangen! Aber nicht nur die Geschichte ist interessant; die Stadt selbst ist schön. Grüne Fläche, alte Straßen, Boutiquen… Lassen Sie sich von Leipzig überraschen!

3 Comprendre le sens d'un verbe grâce à son préfixe

Au cours de cette unité, vous avez rencontré de nombreux verbes à particules séparables. Elles précisent le sens du verbe ou peuvent lui donner une toute autre signification. Observez le tableau suivant qui vous présente les particules les plus usuelles et vous donne des indications sur leur sens. Cette liste n'est pas exhaustive…

Particule	Sens	Exemple
an-	approche par rapport à un contact	*etw. an/haben*
ab-	exprime le contraire du contact	*ab/reisen*
auf-	contact de haut en bas ou mouvement ascendant	*auf/setzen, *auf/stehen (a, a)*
ein-	contact prolongé jusqu'à l'intérieur d'un repère	*ein/greifen (i, i)*
aus-	éloignement de l'intérieur d'un repère	**aus/gehen (i, a)*
zu-	orientation ou approche vers un repère	*auf etw. *zu/gehen (i, a)*
bei-	indique une proximité	*bei/liegen (a, e)*
vor-	devant, avant	*vor/stellen*
nach-	être derrière, suivre	*nach/schauen*
mit-	accompagnement, partage	*mit/bringen (a, a)*
zusammen-	rassemblement	*zusammen/fassen*
auseinander-	séparation	**auseinander/gehen (i, a)*
weg-	éloignement	**weg/fahren (u, a)*
zurück-	marque un retour	**zurück/kommen (a, o)*

■ **Voici quelques verbes à particules rencontrés dans l'unité. Cherchez le sens de leur base verbale et le sens du verbe avec ajout de sa particule.**
*statt/finden (a, u; i) – zusammen/arbeiten – ein/kaufen – *wieder/kommen (a, o) – etw. aus/weiten – etw. ein/richten – auf/geben (a, e; i) – vor/stellen – durch/halten (ie, a; ä) – sich für etw. ein/setzen – fern/sehen (a, e; ie) – zu/lassen (ie, a; ä) – weiter/machen – nieder/schlagen (u, a; ä)*

4 Commenter une image lors d'une présentation

S. 268 FICHE ÉLÈVE

Lorsque vous êtes amené à faire une présentation, il peut être utile de l'illustrer par des schémas ou des photos. Voici quelques repères spatiaux qui vont vous permettre de réaliser cette tâche. Les **prépositions spatiales** vous permettent de localiser les différents éléments contenus dans l'image et de les commenter. Observez le tableau suivant :

Préposition	Sens
in (im)	à l'intérieur de
auf	sur (avec contact)
über	au-dessus de
an (am)	au bord de
neben	à côté de
vor	devant
hinter	derrière
unter	en dessous
zwischen	entre

Remarque : Lorsqu'on localise quelque chose à l'aide d'un groupe prépositionnel spatial, le groupe nominal attenant est au datif.
Sur une photo, on peut distinguer le premier plan (***der Vordergrund***) et l'arrière plan (***der Hintergrund***), le centre (***die Mitte***) et les deux côtés (***die rechte / linke Seite***).

■ **Observez cette vue panoramique de la ville de Leipzig et décrivez-la en utilisant des repères spatiaux.**
Vérifiez d'abord que vous connaissez les termes suivants :
die Kirche (n) – der Wald (¨er) – das Gebäude (-) – das Dach (¨er) – der Wolkenkratzer (-) – der Turm (¨e) – sich aus/breiten – die Altstadt – die Rundsicht – sich erheben (o, e)

Zeigen Sie, was Sie können

Ihre Aufgabe: Ein Referat über Leipzig halten

SPRECHEN

Sie bereiten für den Geschichtsunterricht ein Referat über die Stadt Leipzig vor. Berücksichtigen Sie dabei sowohl die Vergangenheit der Stadt als auch ihre Gegenwart und ihre Zukunftsperspektiven. Benutzen Sie die Informationen, die Sie in dieser Einheit gesammelt haben. Vertiefen Sie einen besonderen Aspekt Ihrer Wahl durch eine Recherche im Internet.

Die Thomaskirche (15. Jh).

Pour vous guider

Élaborer son exposé
Choisissez les thèmes que vous souhaitez aborder (histoire ancienne et récente, économie, hauts lieux touristiques…) et construisez votre plan. N'oubliez pas d'agrémenter vos propos par des illustrations légendées (plan de la ville, photos, graphiques, etc.) sous la forme de panneaux ou d'une présentation Powerpoint.

Structurer sa présentation FICHE ÉLÈVE
– Pour aider vos camarades à suivre votre exposé, vous devez en présenter les différentes étapes en recourant à des expressions comme :
Ich freue mich, euch …vorzustellen.
Mein Referat/ Mein Vortrag besteht aus folgenden Teilen:
Erstens/ Zuerst spreche ich über… / beschreibe ich…
Zweitens/ Im zweiten Teil/ Im Anschluss daran/ werde ich etwas über… erzählen/ werde ich euch über…informieren.
Zum Schluss/ zuletzt präsentiere ich…
– N'hésitez pas à marquer les transitions grâce à des locutions telles que :
Als Nächstes will ich… besprechen/ behandeln.
Ich komme jetzt zu (+ Dat.)…
Soweit zu diesem Thema – und nun zu… (+ Dat.)

Ihre Aufgabe:

SCHREIBEN

Eine Werbebroschüre über Leipzig herstellen

Sie arbeiten im Tourismusbüro der Stadt Leipzig und verfassen einen informativen Werbeflyer zum Thema: „Leipzig gestern, heute, morgen".
Ihre Aufgabe besteht darin, Touristen für die Stadt zu interessieren und ihnen erste Informationen zu geben:
– Suchen Sie im Internet ein Foto für die Titelseite des Flyers und erfinden Sie einen Slogan, der den Leser neugierig macht.
– Stützen Sie sich auf die Informationen, die Sie in dieser Einheit erhalten haben, und schreiben Sie den Werbetext für die Innenseiten des Flyers (gestern – heute – morgen).

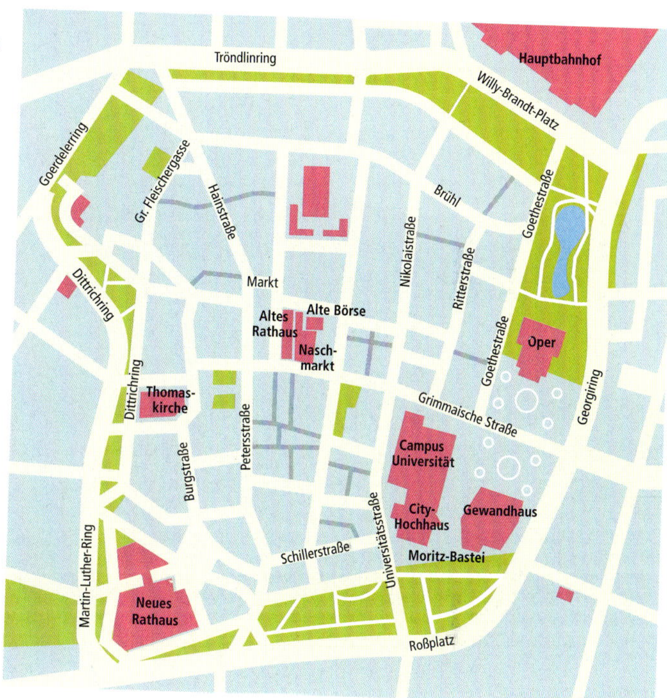

Die Leipziger Innerstadt.

Pour vous guider

Rédiger un texte publicitaire accrocheur
– Utilisez des questions rhétoriques, des impératifs et des verbes exprimant des actions. Formulez les impressions que vous voulez susciter chez les touristes en employant le futur.
– Trouvez des adjectifs qui mettent en valeur les sites touristiques et les événements que vous voulez présenter, et n'hésitez pas à placer des adverbes tels que *wirklich*, *unglaublich*, *gigantisch* devant ces adjectifs.
– Utilisez des superlatifs.

Concevoir un dépliant
– Votre *flyer* pourra prendre la forme d'une feuille A4 pliée en trois, avec une page de titre et trois pages intérieures dont chacune est consacrée à l'un des trois thèmes que vous allez traiter : Leipzig hier, aujourd'hui et demain.
– La photo de la page de titre et le slogan qui l'accompagnera seront déterminants : il faut séduire le visiteur et l'inciter à aller plus loin dans sa lecture. Soyez inventifs !

Casa Solar
Ein Kriminalhörspiel

Was ist Felix Krieger passiert? Warum starb der Chef der Firma „Casa Solar“? Folgen Sie den Polizeiermittlungen und entdecken Sie die Wahrheit...

NOTIONS
du programme abordées :

- Lieux et formes du pouvoir
- L'idée de progrès

Casa Solar
Ein Hörspiel
von Tom Peukert
Rundfunk
Berlin-Brandenburg, 2010.

HÖREN
SPRECHEN

Vous pouvez choisir votre inspecteur de police et mener l'enquête avec lui.

Alex Polanski **oder** Katharina Holz

Dans cette unité :

- vous allez suivre une pièce radiophonique authentique
- vous mènerez l'enquête pour comprendre ce qui s'est passé avant même les policiers
- vous découvrirez l'importance des nanoparticules dans l'enquête

Ihre Aufgabe:

Erfinden Sie das Geständnis und vergleichen Sie es mit:

Teil 1 Felix Krieger ist tot

A. Leseverstehen

FICHE ÉLÈVE

Kontext: *Freitagvormittag: Der Chef der Firma Casa Solar Felix Krieger ist tot. Die Polizisten kommen am Tatort an.*

Lesen Sie die Steckbriefe der drei Polizisten.

B1 **Wie können die Ermittlungen Ihrer Meinung nach anfangen?**

Katharina Holz,
Hauptkommissarin,
Landeskriminalamt (LKA)
Berlin.
Sie bildet mit Kommissar Polanski ein erfolgreiches Team.

Alex(ander) Polanski,
Kommissar,
LKA Berlin.
Schon als Kind wollte er bei der Kripo[1] arbeiten.
Er stellt immer die guten Fragen und ist ein kluger Ermittler[2].

Lehmann,
Kriminaltechniker.
Er kommt als erster an den Tatort und soll ihn sichern und Spuren sammeln (u.a. Fingerabdrücke, DNA-Spuren).
Er versucht, die Mordszene (Tatwaffe[3], Uhrzeit, Gründe für den Tod, usw.) so präzis wie möglich zu beschreiben.

1 **die Kripo (umgs.)** = die Kriminalpolizei
2 **der Ermittler (-):** *l'enquêteur* → die Ermittlungen (Pl.)
3 **die Tatwaffe (n):** *l'arme du crime*

B. Hörverstehen

Hören Sie sich jetzt Teil 1 an. CD

B1 **Welche Informationen bekommen Sie tatsächlich über Felix Krieger und seinen Tod?**

Hilfen:
- **die Splitter (Pl.):** *les éclats, les débris*
- **etw. her/stellen** = etw. produzieren
- **das Ausstellungsstück (e):** *le modèle d'exposition*
- **das Wunderkind (er):** *l'enfant prodige*

Teil 2 Casa Solar, ein erfolgreiches Start-up

A. Hörverstehen

Kontext: *Polanski und Holz suchen im Internet nach Informationen über die Firma, bevor sie Jens-Peter Bachmann verhören.*

www.casasolar-berlin.de

CASA SOLAR

Willkommen auf casasolar-berlin.de!

Entscheiden Sie sich für die revolutionäre Technologie unserer Solarzellen und verdienen Sie Geld damit!

Die erneuerbaren Energien sind nicht nur umweltfreundlich, sie können Ihnen auch Geld bringen… Wie? Einige Stoffe produzieren Strom, sobald Licht auf ihre Oberfläche fällt. Das nennt man den photoelektrischen Effekt. Übrigens hat Einstein den Nobelpreis für die Erklärung dieses Effekts bekommen, nicht für seine Relativitätstheorie, wie alle denken.

Unsere Firma Casa Solar hat ein eigenes Herstellungsverfahren für Solarzellen entwickelt[1] und fertigt Solarmodule. Diese Module sind viel billiger (weniger als 0,5 € pro Watt) und viel effizienter als normale Solarzellen (Wirkungsgrad[2] 115%). Sie brauchen also keinen Strom mehr aus dem Netz, Sie stellen Ihre eigene Produktion her und können sogar Überschüsse[3] verkaufen. Warten Sie nicht länger! Gehen Sie mit der Zeit und machen Sie aus Ihrem Dach ein Solardach!

Sie sind kein privater Kunde, sondern ein Unternehmen? Unser Angebot für Solarkraftwerke finden Sie hier.

Kontakt: Felix Krieger – Jens-Peter Bachmann

1 **ein Verfahren entwickeln:** *développer un procédé*
2 **der Wirkungsgrad:** *le degré d'efficacité*
3 **der Überschuss (¨-e):** *l'excédent*

Lesen Sie die Internetseite der Firma und hören Sie sich dann Teil 2 an. CD

B1 **1 Was erfahren Sie dank Jens-Peter Bachmann noch über die Firma und Felix Krieger?**

B1+ → B2 **2 Wie erklärt er Felix' Tod?**

Hilfen:
- **das Patent (e):** *le brevet (d'invention)*
- **der Neid:** *l'envie* → **jn beneiden:** *envier, jalouser qn*

B. Schreiben

Kontext: *Felix Kriegers Tod soll in einer Berliner Zeitung gemeldet werden.*

B1 **Schreiben Sie den Artikel. Geben Sie so viele Details wie möglich.**

C. Sprechen

Kontext: *Die Polizisten haben schnell viele Informationen bekommen.*

B1 → B1+

Sie sind Katharina Holz oder Alex Polanski. Nehmen Sie mit einem Diktafon den Bericht auf, den ein Mitarbeiter dann tippen soll.

Beachten Sie dabei folgende Punkte:
– Was wissen Sie über Felix Kriegers Leben? Und über seinen Tod?
– Haben Sie schon Ideen zum Täter?
– Welche Fragen stellen Sie sich noch?

Strategie mit Kick!

POUR VOUS AIDER

A. Hörverstehen aktiv

1 Relever le champ lexical principal

Repérez sur la page Internet le champ lexical de l'énergie solaire et donnez une traduction plausible aux mots inconnus. Écoutez la partie 2 pour retrouver ces mots.

2 Comprendre une réaction

Pour comprendre la réaction d'un personnage, vous pouvez vous appuyer sur ce qu'il dit (par exemple : *Ich bin...*), sur le ton qu'il emploie ou sur ce qu'il fait.
Analysez les réponses de Jens-Peter Bachmann et son comportement pour comprendre sa réaction face au meurtre de Felix Krieger.

C. Sprechen ganz einfach

FICHE ÉLÈVE

Distinguer la condition de l'interrogative indirecte (*wenn* ≠ *ob*) S. 86

Outre le bilan des informations que vous avez recueillies, vous devez formuler des hypothèses, exprimer les points qui restent vagues, etc. Distinguez les deux traductions possibles de « **si** » en allemand :

- ***si*** conditionnel (Si Casa Solar a du succès, cela peut éveiller la jalousie de nombreux concurrents.) :
wenn → *Wenn Casa Solar Erfolg hat, kann es den Neid von vielen Konkurrenten erwecken.*
- ***si*** d'une interrogative indirecte (Je me demande si l'arme du crime a des traces d'ADN.) :
ob → *Ich frage mich, ob die Tatwaffe DNA-Spuren hat.*

Dans les deux cas, il s'agit d'une conjonction de subordination.

Teil 3 Die Diskretionspflicht der Sekretärin

A. Hörverstehen

FICHE ÉLÈVE

Kontext: *Katharina Holz stellt der Sekretärin ein paar Fragen.*

Hören Sie sich Teil 3 an. CD

B1 → B1+ **Inwiefern hilft dieses Verhör den Polizisten weiter?**

Hilfen:
- **pflegeleicht:** *(ici) facile à vivre*
- **das Bettzeug:** *la literie*
- **die Decke (n):** *la couverture*

B. Sprechen

Kontext: *Wie geht's mit den neuen Informationen weiter?*

B1 → B1+ **Stellen Sie Hypothesen über die Motive für Felix Kriegers Tod auf und begründen Sie sie.**

Teil 4 Am letzten Donnerstagabend

A. Hörverstehen

Kontext: *Alex Polanski schaut sich in der Firma um und verhört Mitarbeiter der Firma.*

Hören Sie sich Teil 4 an. CD

B1 **Was erfährt Polanski über Donnerstagabend? Von wem?**

Hilfen:
- **auffällig:** *surprenant, frappant*
- **das Protokoll *durch/gehen (i, a):** *passer en revue le protocole (expérimental)*
- **Feierabend haben:** *avoir terminé sa journée de travail*
- **ein Riese in Leder:** *un géant habillé de cuir*

B. Leseverstehen

Kontext: *Alex Polanski will den Mann in Leder verhören. Er bittet Kollegen um Hilfe.*

Lesen Sie folgende E-Mails.

A2 **Wen soll Polanski jetzt verhören?**

Von: bandenbetreuung@soko-berlin.de

An: apolanski@lka-berlin.de

Betreff: AW-AW-Hilfe, liebe Kollegen! **Datum:** 19.11.2011, 09:13

Datei anhängen

« Klartext

Hallo Alex,
Ich habe eine gute Nachricht für dich. Dein Zeuge hat euren Ledertypen erkannt: Es handelt sich um Wendelin Hartmann. Er gehört zum Berliner Rockermilieu und betreibt ein Tattoo-Lokal in der Greifswalder Str., Chapter 54. Das Lokal überwachen[1] wir, weil sich dort die Hells Angels treffen. Aber bis jetzt nichts zu melden.
Übrigens ist Hartmann auf Bewährung[2]. Ich schicke dir gleich seine Akte, nichts Schlimmes, aber trotzdem ein paar Monate Gefängnis!
Ich hoffe, es hilft dir bei deinem Fall weiter. Wenn du mehr Infos brauchst, sag Bescheid.
Melde dich auch, wenn du was Interessantes für uns erfährst.
LG
Kirstin K.
SoKo Berlin

> **Von:** bandenbetreuung@soko-berlin.de
> **An:** apolanski@lka-berlin.de
> **Betreff:** AW-Hilfe, liebe Kollegen!
> **Datum:** 16.11.2011, 15:32

> Alles klar Alex,
> Ich melde mich, sobald wir was herausgefunden haben.
> Kirstin K,
> SoKo Berlin
> PS: Wir sind immer nett zu Zeugen[3]!!!

>> **Von:** apolanski@lka-berlin.de
>> **An:** bandenbetreuung@soko-berlin.de
>> **Betreff:** Hilfe, liebe Kollegen!
>> **Datum:** 16.11.2011, 14:57

>> Liebe Kollegen der Bandenbetreuung[4],
>> In einem Mordfall taucht ein riesiger Typ in Leder auf, der Motorrad fährt.
>> Vielleicht einer eurer „Klienten"? Ich schicke euch einen Mitarbeiter der Firma
>> Casa Solar, der junge Mark arbeitet in der Kantine und sollte sich eure Karteien
>> anschauen, ok? Er kommt morgen bei euch vorbei, seid nett zu ihm!
>> Alex Polanski,
>> LKA Berlin

1 **etw. überwachen:** *surveiller qc.*
2 **auf Bewährung sein:** *être en liberté conditionnelle*
3 **der Zeuge (n):** *le témoin*
4 **die Bandenbetreuung:** *la surveillance des gangs*

Zur Info

- Die **Greifswalder Straße** ist eine Straße in Prenzlauer Berg, einem Stadtviertel von Berlin.
- Die **Hells Angels** sind ein internationaler Motorrad- und Rockerclub, der oft mit Straftaten assoziiert wird und unter polizeilicher Überwachung steht.
- Die **SOKO** (oder SoKo) ist eine Sonderkommission bei der Polizei, die sich mit bestimmten Aufgaben beschäftigt.

C. Sprechen

Kontext: *Polanski hat einen neuen Zeugen gefunden.*

B1 **Sie sind Alex Polanski. Nehmen Sie mit einem Diktafon den Bericht auf, den ein Mitarbeiter dann tippen soll. Erzählen Sie von Ihren Entdeckungen.**

Teil 5 Der Sonnenkönig

A. Leseverstehen

Kontext: *Katharina Holz sucht im Internet Informationen über Johannes Milberg.*

Lesen Sie folgende Biografie.

B1 **Was könnte Johannes Milberg mit Felix Kriegers Tod zu tun haben?**

www.deutsche-bios.de

Milberg Johannes (geb. 1953 in Berlin Charlottendorf): deutscher Unternehmer in der Sonnenindustrie.

Biografie

Johannes Milberg gilt als Pionier der Solarbranche in Deutschland und hat deswegen den Spitznamen „Sonnenkönig" bekommen. Als einer der ersten hat er erkannt, dass die Sonne den Menschen unendlich viel Energie schenkt (er betont dabei das Verb „schenken") und gründete 1980 seine Firma Sun-Is-More. Er ist davon überzeugt, dass die menschlichen Energiebedürfnisse in Zukunft nur mit der Sonne zu stillen[1] sind. Die Konkurrenz in den letzten Jahren hat sich aber verschärft und der Thron des Sonnenkönigs wackelt[2]. Unter den Konkurrenten ist vor allem das Start-up Casa Solar zu erwähnen, das in den letzten Jahren immer öfter den Zuschlag für öffentliche Aufträge[3] bekommen hat, weil es seine Leistungen billiger anbietet als Sun-Is-More.

Privatleben

Johannes Milberg heiratete 2001 die damals erst 23-jährige Sabine Mainz, die in seiner Firma ein Praktikum absolvierte, was die Boulevardpresse sehr interessierte.

1 **Energiebedürfnisse stillen:** *couvrir des besoins énergétiques*
2 **wackeln:** *vaciller*
3 **öffentliche Aufträge (Pl.):** *des marchés publics*

B. Hörverstehen

Kontext: *Katharina Holz trifft die Entscheidung, Johannes Milberg zu besuchen.*

Hilfen:
- **vorsichtshalber:** *par sécurité*
- **schlummern:** *se reposer, somnoler*
- ***auf/tauchen:** *apparaître*
- **schmuddelig:** *crasseux*

Hören Sie sich jetzt Teil 5 an. CD

B1+ **Wie verdächtig scheint Ihnen Herr Milberg? Warum?**

Strategie mit Kick!

POUR VOUS AIDER

B. Hörverstehen aktiv

- **Avant de commencer : mobiliser ses connaissances lexicales**

Vérifiez que vous vous souvenez du sens de ces mots et expressions relatifs au monde des affaires :
das Geschäft (e) → der Geschäftsmann / die Geschäftsfrau (die Geschäftsleute) – der geschäftliche Konkurrent (en, en) – die Geschäftsbeziehungen (Pl.) – mit jm Geschäfte machen – eine Firma gründen – die Firma (-en) = der Betrieb (e) = das Unternehmen (-) → etw. betreiben (ie, ie) – der Unternehmer (-) – der Kunde (n, n)

Teil 6 Jeppes Monster

A. Hörverstehen

Kontext: *Katharina Holz fragt sich, ob Frau Krieger wusste, dass ihr Mann eine Affäre hatte…*

Zur Info

Jeppe ist Felix' und Miriams Sohn.

Hören Sie sich Teil 6 an. CD

B1 → B1+ **Was erfahren Sie über das Ehepaar Krieger und über Frau Krieger? Sind diese Informationen von Bedeutung für die Ermittlungen?**

Hilfen:
- **der Anwalt (¨e):** *l'avocat*
- **der Unterhalt:** *la pension alimentaire*
- **die Aufnahme (n):** *le cliché (photographique)*
- **verzweifelt sein:** *être désespéré*
- **abweisend:** *revêche, désagréable*

B. Sprechen

Kontext: *Katharina Holz hat viel über Felix Kriegers Privatleben erfahren…*

B1 → B1+ **Sie sind Katharina Holz. Nehmen Sie mit einem Diktafon den Bericht auf, den ein Mitarbeiter dann tippen soll.** S. 86

Teil 7 „Aber es gab kein Morgen mehr“

A. Hörverstehen

Kontext: *Wendelin Hartmann wurde nicht ohne Probleme festgenommen. Nun verhört ihn Polanski.*

Hören Sie sich Teil 7 an. CD

B1+ **Was macht Hartmann verdächtig? Was entlastet ihn?**

Hilfen:
- **die Beamtenbeleidigung:** *l'outrage à agent*
- **Prügel bekommen (a, o) (umgs.):** *se faire tabasser*
- **jn verkloppen (umgs.)** = jn verprügeln: *tabasser qn*
- **den Auftrag bekommen, etw. zu tun:** *avoir pour mission de faire qc.*
- **die Kohle hin/blättern (umgs.):** *allonger le fric*
- **sich erledigen:** *s'arranger tout seul*

B. Sprechen

B1 → B1+ **Spielen Sie das Verhör zwischen Alex Polanski und Wendelin Hartmann nach. Sie dürfen auch neue Ideen hinzufügen.**

Strategie mit Kick!

A. Hörverstehen aktiv

1 Avant de commencer : mobiliser ses connaissances lexicales

Vérifiez que vous vous souvenez du sens de ces mots et expressions :
Geld bezahlen – jn tot/schlagen (u, a; ä) – jn warnen – sich auf etw. vor/bereiten

2 S'appuyer sur la forme du discours pour mieux comprendre

L'interrogatoire policier est un discours particulier dans lequel le policier cherche à reconstruire progressivement ce qui s'est passé. Parfois, il fait des bilans intermédiaires pour récapituler les informations obtenues et poursuivre l'interrogatoire.
Soyez donc attentifs aux formules telles que : *So, wenn ich alles richtig verstanden habe, … – Ich fasse mal kurz zusammen, was ich gehört habe: … – Das heißt, …*

B. Sprechen ganz einfach

Participer à un interrogatoire de police

Répartissez-vous les rôles et rejouez la scène :
- Alex Polanski utilise la technique décrite ci-dessus. Il peut également demander des précisions avec certaines formules (*Und dann? Kannst du da konkreter werden? Was willst du damit sagen?...*) ou en répétant les derniers mots de l'interrogé. Il peut enfin prêcher le faux pour provoquer son interlocuteur et savoir ainsi le vrai.
- Wendelin Hartmann se contente de répondre aux questions, de donner les informations petit à petit.

Teil 8 *dino44*

A. Hörverstehen

Kontext: *Der Kriminaltechniker Lehmann hat vielleicht neue Indizien…*

Hilfen:
- **der Abdruck (¨e):** *l'empreinte*
- **der Kittel (-):** *la blouse*
- **die Haube (n):** *la coiffe, la calotte*
- **der Spinner (-) (umgs.):** *le fêlé*

Hören Sie sich den Anfang von Teil 8 an. CD

B1 → B1+ **Welche neue(n) Spur(en) haben die Polizisten?**

B. Sprechen

Kontext: *Lehmann hat neue Indizien…*

B1 **Sie sind Alexander Polanski. Nehmen Sie mit einem Diktafon den Bericht auf, den ein Mitarbeiter dann tippen soll.**

C. Hörverstehen

Kontext: *Alex hat Katharina zum Essen ins Restaurant eingeladen.*

Hören Sie sich jetzt das Ende von Teil 8 an. CD

A2 **Und wo wollen die Polizisten jetzt hin?**

Hilfen:
- **jn an/fassen:** *toucher à qn*
- **weggetreten sein (umgs.):** *être à côté de ses pompes*
- **die Doktorandin:** *l'étudiante en thèse*

Zur Info

Das Helmholtz-Zentrum ist ein öffentliches Forschungsinstitut in Berlin-Wannsee. Es arbeitet unter anderem im Bereich der Solarenergie.

Teil 9 Ein brillantes Verfahren?

A. Hörverstehen

Kontext: *Polanski und Holz fahren zu dino44, einer jungen Physikerin.*

Hilfen:
- **sich rein/knien (umgs.):** *s'atteler à la tâche*
- **der Kurzschluss (¨e):** *le court-circuit*
- **ins Rutschen *kommen (a, o):** *déraper*
- **seine Bedenken mit/teilen:** *faire part de ses doutes*
- **alles paletti** = alles in Ordnung
- **sein Ass aus dem Ärmel ziehen (o, o):** *sortir un atout de sa manche*

Hören Sie sich Teil 9 an. CD

B1+ → B2 **Finden Sie, dass ihr Forumsbeitrag als *dino44* begründet ist? Warum (nicht)?**

B. Sprechen

Kontext: *Noch eine weitere Spur! Wer behält den Überblick?*

B1 → B1+ **Wählen Sie eine der folgenden Spuren aus, machen Sie sich Notizen darüber, um dann Ihren KameradInnen Ihre Überlegungen vorzustellen.**

Spur 2 rund um...

Spur 1 rund um...

Spur 3 rund um...

Spur 4 rund um...
den Rest! Was wurde noch nicht überprüft? Welche Fragen müssen noch gestellt werden?

Strategie mit Kick!

POUR VOUS AIDER

A. Hörverstehen aktiv

1 Avant de commencer : mobiliser ses connaissances lexicales

Vérifiez que vous vous souvenez du sens de ces mots et expressions :
*einen Rat brauchen – die Solarzelle (n) – *sinken (a, u) – großartig – etw. klären – ein Problem lösen*

2 Faire abstraction des éléments trop techniques

Polanski et Holz interrogent une étudiante préparant une thèse en physique sur un thème qui n'est pas leur spécialité… Leur échange est relativement technique, mais plus que les explications de la jeune physicienne, ce sont les conclusions qu'elle en tire qui comptent pour les policiers. Ne vous laissez donc pas décontenancer par des mots scientifiques, repérez ce qui relie la jeune femme à Casa Solar et ce qui explique sa contribution sur le forum.

Teil 10 Der Tagesablauf des Mörders

A. Hörverstehen

Kontext: *Polanski und Holz ist eine Idee gekommen…*

Hören Sie sich den Anfang von Teil 10 an. CD

B1+ **1** Wen haben die Polizisten angerufen? Warum?

B2 **2** Erklären Sie, was an diesem Teil lustig ist.

B. Sprechen

B1 → B1+ Auf welche Idee sind Polanski und Holz gekommen? Was wollen sie prüfen?

C. Hörverstehen

Hören Sie sich das Ende von Teil 10 an. CD

B1 → B2 Machen Sie sich Notizen: Wie wird der Fall geklärt?

Hilfen:
- **Was reimen Sie sich zusammen?** = Was fällt Ihnen ein?
- **fabelhaft** = wunderbar, großartig
- **etw. beheben lassen (ie, a; ä):** *régler qc.*
- **mit jm feilschen:** *marchander avec qn*
- **auf/geben (a, e; i):** *abandonner*

Strategie mit Kick!

POUR VOUS AIDER

C. Hörverstehen aktiv

- **Comprendre des expressions idiomatiques**

Appuyez-vous sur vos connaissances et le contexte pour comprendre les expressions suivantes : *an die Öffentlichkeit *gehen (i, a) – Die Probleme wachsen jm über den Kopf. – nicht mehr weiter wissen (wusste, gewusst; weiß)*

Parmi les répliques entendues, trouvez également deux synonymes de : *Das Geld haben wir verpulvert.*

Sprachatelier

Voici une liste de mots et expressions en lien avec l'unité étudiée. Faites votre propre bilan lexical : quels mots connaissez-vous ? Lesquels devez-vous apprendre ? FICHE ÉLÈVE

die Welt der Firma

A2 der Chef (s) – der Mitarbeiter (-) – der Ingenieur (e)

B1 die Firma (-en) – eine Firma gründen – eine Firma leiten – das Geschäft (e) → der Geschäftsmann / die Geschäftsfrau (die Geschäftsleute) – der geschäftliche Konkurrent (en, en) – die Geschäftsbeziehungen (Pl.) – mit jm Geschäfte machen

B2 in eine Firma investieren → der Investor (en) – der Betrieb (e) = das Unternehmen (-) → etw. betreiben (ie, ie) – der Unternehmer (-) – der Kunde (n, n) – ein Patent an/melden – forschen → das Forschungsinstitut

die polizeilichen Ermittlungen (Pl.)

A2 der Polizist (en, en) – bei der Kriminalpolizei (Kripo) arbeiten

B1 der Täter (-) – der Tatort – die Tatwaffe (n) – ermordet werden – der Mörder (-) – jn verhaften = jn fest/nehmen (a, o; i) – etw. gestehen (a, a) → das Geständnis (se) – einen Fall klären

B2 Spuren hinterlassen (ie, a; ä) – ermitteln → der Ermittler (-) – die Ermittlungen durch/führen – jn verhören → das Verhör (e) – der Kriminaltechniker (-) – der Zeuge (n, n) – bei der SOKO arbeiten – nach Fingerabdrücken suchen

die Sonnenenergie

A2 die Sonne – scheinen (ie, ie) – das Licht

B1 Strom her/stellen – eine umweltfreundliche Energie – die erneuerbaren Energien (Pl.)

B2 die Solarzelle (n) – der photoelektrische Effekt – die Energiebedürfnisse der Menschen mit der Sonne stillen – das Solardach (¨er)

Liebesprobleme

A2 jn lieben – jn verlassen (ie, a; ä)

B1 eine Affäre haben – sich von jm trennen – sich von jm scheiden lassen (ie, a; ä) – der Liebhaber (-) – ein Doppelleben haben

B2 jn betrügen (o, o) = *fremd/gehen (i, a) – Neid erwecken – jn beneiden – auf jn eifersüchtig sein

1 Exprimer des doutes, donner ses impressions

Un policier formule des hypothèses pour reconstruire ce qui s'est passé. Quand tout n'est pas sûr, il peut faire appel à son intuition et utilise :
Ich frage mich, ob...
Ich bin mir sicher, dass... / ich bin mir nicht sicher, ob...
Ich zweifle daran, dass... [an etw. (Dat.) zweifeln: douter de qc.*]*
Ich kann mir gut vorstellen, dass... [sich etw. (Dat.) vor/stellen: s'imaginer*]*
Ich habe den Eindruck, dass...

■ **Faites le point sur l'enquête en formulant (in)certitudes, hypothèses et impressions à partir des éléments suivants :**
Felix Krieger / aus privaten Gründen ermordet werden – der Erfolg der Firma Casa Solar / Neid erwecken – das Solarmodul / die Tatwaffe sein – die Sekretärin / die Mörderin sein – Johannes Milberg / mit dem Mord zu tun haben

2 Traduire « si » et « quand »

La conjonction *wenn* a plusieurs sens. Elle peut exprimer :

a. une condition : *Wenn ein Solarmodul 20 Kilo schwer ist, kann es die Tatwaffe sein.*
Attention à ne pas confondre cette condition (« si... », équivalent à « au cas où ») avec une interrogative indirecte (« je me demande si... »). Dans ce deuxième cas, on a recours à la conjonction *ob* :
Ich frage mich, ***ob*** *es am Donnerstagabend noch jemand in der Firma gab.*
(version indirecte de : *Gab es am Donnerstagabend noch jemand in der Firma?*)

b. un complément de temps : *Wenn man am Tatort eines Mordes ankommt, sollte man sehr vorsichtig sein, um keine Spuren verschwinden zu lassen.*

Attention à ne pas confondre *als* et *wenn*. Si ces deux conjonctions se traduisent toutes les deux par « quand », *als* ne convient que pour un fait unique dans le passé.
Als *Felix Krieger seine Firma gründete, war alles in seinem Leben perfekt.*

■ **Complétez le procès-verbal de Katharina Holz avec la bonne conjonction :** ***wenn, ob*** **ou** ***als.***
... (1) ich Frau Krieger darum gebeten habe, mit mir ins Haus zu gehen, damit die Kinder nichts hörten, war ich mir nicht sicher, ... (2) sie sofort verstanden hat, dass es sich um etwas Schreckliches handelte. ... (3) sie sofort an den Tod ihres Mannes gedacht hätte, hätte sie nicht versucht, mit mir vor den Kindern zu sprechen. Ich wollte das nicht: ... (4) man so etwas erklären soll, braucht man Ruhe. Frau Krieger war völlig verzweifelt, ... (5) ich ihr Haus verlassen habe. Manchmal frage ich mich, ... (6) ich diesen Job noch lange machen werde.

IHRE AUFGABE

Zeigen Sie, was Sie können

Ihre Aufgabe:

HÖRVERSTEHEN

Hören Sie sich das Geständnis des Mörders an.

Polanski und Holz haben jetzt fast alle Informationen über den Mord. Bereiten Sie sich auf das Geständnis des Mörders vor, indem Sie alles noch einmal kurz zusammenfassen.

Beachten Sie dabei folgende Punkte:
- Erzählen Sie vom letzten Donnerstag chronologisch.
- Erklären Sie (auch durch Hypothesen), was den Mörder zur Tat geführt hat.
- Versuchen Sie, Entschuldigungen für ihn zu finden…

Hören Sie sich dann den letzten Teil des Hörspiels an und vergleichen Sie es mit Ihrer Version. Was ist richtig? Was ist anders? CD

Pour vous guider

Reconstituer la chronologie des faits
Reprenez la journée de jeudi telle que l'a vécue le meurtrier, en complétant les blancs avec des hypothèses ou avec des questions que vous allez lui poser.
S. 86

Expliquer les faits
En se mettant dans la peau du meurtrier, le policier tente d'anticiper les objections ou du moins les atténuations du criminel. Utilisez : *Er hatte keine andere Wahl, als etw. zu tun – Er musste etw. tun, sonst hätte er … – Er war verzweifelt und hat …*

Comprendre l'interrogatoire final
Prenez des notes pour pouvoir comparer votre version à l'interrogatoire du meurtrier. Assurez-vous également que vous vous souvenez du sens de ces mots et expressions : *die Erfindung (en) – über nach/denken (dachte… nach, nachgedacht) – der Fehler (-) – sich um/ziehen (o, o) – das Ziel (e)*

EINHEIT 4

Die Macht der Worte

Sagen unsere Worte, was wir denken? Denken wir, was unsere Worte sagen? Was meinen Sie?

NOTIONS
du programme abordées :

- Lieux et formes du pouvoir
- Espaces et échanges

PRÉPARER
→ le bac oral
p. 96

PRÉPARER
→ le bac écrit
p. 106

L wie Literatur

HÖREN SPRECHEN	LESEN SCHREIBEN

Composez votre parcours oral et/ou écrit.

Dans cette unité :

- vous découvrirez les multiples facettes de la langue
- vous évaluerez le sens caché des mots
- vous verrez que parfois les mots peuvent agir

Ihre Aufgabe:

Diskutieren Sie über die Jugendsprache oder werben Sie für eine freundliche Sprache.

1 Wahre Worte?

A. Hörverstehen

Kontext: *In dem Film „Die verlorene Ehre der Katharina Blum" zeigt eine Boulevardzeitung eine besondere Art des Sprachgebrauchs.*

DIE SPRACHE DER SENSATIONSPRESSE

S. 264

Hören Sie sich einen Ausschnitt aus dem Film an. CD

B1+ ▸ **Was erfahren Sie über die Familie von Katharina Blum? Über die Mutter, den Bruder, den Vater? Über Katharina selbst? Über Ihren Ex-Ehemann?**

B2+ ▸ **Der Journalist informiert sich über Katharina Blum. Wie werden diese Informationen dann zum Artikel umgewandelt?**

B2+ ▸ **Welches Bild bekommen Sie von dem Journalisten Werner Tötges?**

Hilfen:

- **elastisch:** *(ici) souple, avenant*
- **kneifen (i, i):** *pincer*
- **spröde:** *pudique*
- **auf jn/ etw. *herein/fallen (ie, a; ä):** *se faire avoir par qn / qc.*
- **bieder:** *bien sage*
- **redlich:** *honnête*

Zur Info

Die junge Haushälterin Katharina Blum lernt beim Tanzen den Deserteur Ludwig Götten kennen. Sie verliebt sich, verbringt die Nacht mit ihm und hilft ihm am nächsten Tag bei der Flucht. Sie wird verhaftet, weil die Polizei denkt, sie sei eine Komplizin des vermeintlichen Terroristen Götten. Sofort interessiert sich auch ein Reporter der *ZEITUNG* für sie.

EINE TRAUERREDE

Hören Sie sich die Trauerrede an. CD

B2+ **Wie wird der Journalist hier dargestellt? Vergleichen Sie.**

Hilfen:

- **betroffen sein:** *être touché*
- **der Atem:** *le souffle*
- **jm am Herzen liegen (a, e):** *tenir à cœur à qn*
- **jm/ etw. wehren:** *s'opposer à qn/qc.*

B. Sprechen

EIN PRESSEARTIKEL

Kontext: *Sie sind Journalist bei einer Sensationszeitung.*

B2 **Interviewen Sie einen Partner und verfassen Sie dann einen Artikel für Ihre Zeitung. Sie müssen ihn per Telefon durchgeben, also nehmen Sie sich bitte auf.**

DAS ANGEBOT

VIDEO **Sehen Sie sich diese Szene zwischen Katharina und dem Journalisten an.**

B1+ ▸ **Was schlägt der Journalist Katharina wohl vor? Stellen Sie Hypothesen auf.**

B2 ▸ **Spielen Sie eine mögliche Fortsetzung: Der Journalist macht ein Angebot, Katharina lehnt ab, der Journalist will sie überzeugen.**

Hilfen:
- **nach/schießen (o, o):** *(ici) battre le fer tant qu'il est chaud*
- **Sträubleder** = *l'employeur de Katharina*
- **Knüppel aus dem Sack:** *Gourdin-sors-du-sac (conte des frères Grimm)*
- **die Aufmachung:** *(ici) la mise en page*

Tipp
Nehmen Sie sich auf Video auf und vergleichen sie dann mit dem Film.

Strategie mit Kick!

A. Hörverstehen aktiv

DIE SPRACHE DER SENSATIONSPRESSE / EINE TRAUERREDE

FICHE ÉLÈVE

1 Comprendre les mots composés

■ **Décomposez les mots suivants pour pouvoir en proposer une traduction.**
das Kreiskrankenhaus – heim/kehren – der Schleimscheißer – der Ehemann – die Spritztour – das Notstandsgebiet – böswillig – das Dienstmädchen – die Wildheit – die Grundordnung – die Pressefreiheit – der Fortschritt – die Meinungsvielfalt

2 Comprendre les particularités du code oral

En allemand aussi, la langue parlée « avale » des lettres ou des syllabes. Saurez-vous les reconstituer ?
Das weiß ich ***nich'...*** *– 'war schlimm. – ...'tschuldigen Sie! – Der* ***isses.*** *– Das darf* ***se*** *nicht. – Sie fiel auf den Ersten* ***rein*** *–* ***Nee!***

2 Wie Worte wirken

A. Hörverstehen

WAS WORTE ALLES KÖNNEN – 1. TEIL

FICHE ÉLÈVE

Kontext: *„Es ist viel leichter, die falschen als die richtigen Worte zu treffen." Eine Radiosendung illustriert diesen Spruch.*

Hilfen:
- **genau zu/treffen (a, o; i):** *être exact*
- **jn überfordern:** *en demander trop à qn*
- **bremsen:** *freiner*

Hören Sie sich den Anfang dieser Radiosendung an. CD

B1 ▸ Welche Redeweisen werden hier kritisiert?

B1+ ▸ Wie sollte man sprechen?

WAS WORTE ALLES KÖNNEN – 2. TEIL

Hören Sie sich nun die Fortsetzung der Sendung an. CD

B1+ ▸ „Andere Zeiten, andere Worte". Nennen Sie Beispiele.

B2 ▸ Was wird an der Jugendsprache kritisiert? Sind Sie damit einverstanden?

Hilfen:
- **der Zeitgeschmack** = die Mode
- **gängig sein:** *être courant*
- **verstaubt:** *(ici) démodé*
- **die Sitten (Pl.):** *les coutumes*
- **der Streifen** = *(ici)* der Film

DER TON MACHT DIE MUSIK

Kontext: *Der Journalist Michael Holzach wanderte mit seinem Hund ohne Geld durch Deutschland.*

Hören Sie sich die Kommentare dazu an. MP3

B1 → B2 Wie wirken diese Kommentare auf Sie? Welches Ziel verfolgen die Sprecher wohl?

Hilfen:
- **betteln:** *quémander*
- **auf/fangen (i, a; ä):** *(ici) venir en aide*
- **im Notfall:** *en cas de besoin*
- **das Sozialamt (¨er):** *le bureau d'aide sociale*
- **das Vergnügen:** *le plaisir*

B. Sprechen

SCHULE IST DAS HALBE LEBEN

FICHE ÉLÈVE

Kontext: *Sie wollen an einem Redewettbewerb teilnehmen.*

B1 **Erfinden Sie in Partnerarbeit eine kurze Rede zum Thema „Schule ist das halbe Leben" und tragen Sie sie der Klasse vor.**

C. Hörverstehen

ENKELSCHRECK

Kontext: *Sie interessieren sich für die Rolle der Sprache in der Werbung.*

1. Schauen Sie sich auf Youtube das Video „Enkelschreck" an.

B1+ → B2 **Was halten Sie davon?**

Hilfen:
- **derb (umgs.) = geil (umgs.):** *super!*
- **Homi (umgs.):** *mon pote!*
- **die Datei (en):** *le fichier*
- **etw. herunter/laden (u, a; ä):** *télécharger qc.*
- **Zieht euch das Teil!** = Ladet die Datei herunter!

2. Hören Sie sich nun diesen Radiospot an. CD

B1+ → B2 **Wer ist Enkelschreck? Was will Enkelschreck? Erklären Sie und sagen Sie, was Sie davon halten.**

D. Sprechen

EIN RADIOSPOT

B1+ → B2 ▸ **Erarbeiten Sie nun selbst eine Radiowerbung für ein neues Produkt Ihrer Wahl: z. B. eine neue Diskothek, ein Filmfestival, ein Getränk, eine neue CD von Ihrer Lieblingsband.**

Strategie mit Kick!

POUR VOUS AIDER

A. Hörverstehen aktiv

WAS WORTE SEIN KÖNNEN

FICHE ÉLÈVE

- **Avant de commencer : comprendre des tournures idiomatiques**
  - **Associez ces expressions à leurs équivalents français.**

wie ein Maschinengewehr sprechen *ohne Punkt und Komma reden* *etw. auf den Punkt bringen* *eine Quasselstrippe = eine Plaudertasche*	trouver le mot juste une pipelette parler sans respirer parler comme une mitrailleuse en venir à l'essentiel

3 Mit Sprache beeinflussen

A. Hörverstehen

Kontext: *Manchmal wird mit der Sprache auch eine politische Ideologie ausgedrückt. Sie untersuchen in der Klasse die Sprache von zwei stark ideologisch geprägten Staaten.*

DDR-DEUTSCH

Hören Sie sich diesen Radiobericht an. CD

- B1 ▸ **Welche Aspekte der DDR-Gesellschaft werden hier angesprochen?**
- B1 ▸ **Welche wichtigen Elemente der DDR-Ideologie kommen zum Ausdruck?**
- B2 ▸ **Welches Bild der DDR erhalten Sie hier?**

Hilfen:
- **die Beschönigung (en):** *l'euphémisme*
- **jm/etw. unterliegen (a, o):** *dépendre de qn/qc.*
- **der Nachwuchs:** *la relève*
- **das Wahrzeichen (-):** *l'emblème*
- **frisieren:** *coiffer, (ici, péj.) maquiller, falsifier*
- **die Besetzung (en)** = die Konnotation

Zur Info

Die DDR wurde nach sowjetischem Vorbild verwaltet. Der Fünfjahresplan war Teil dieser sozialistischen Planwirtschaft.

DDR-Propaganda zum Fünfjahresplan 1951-1955.

DIE DEUTSCHE SPRACHE IM DRITTEN REICH

Kontext: *Victor Klemperer spricht über seine Studien zur Sprache im Dritten Reich.*

Hören Sie sich dieses Dokument an. CD

B2 **Welche ideologischen Elemente werden hier vermittelt?**

Hilfen:
- **etw. verwenden** = etw. benutzen
- **LTI** = Lingua Tertii Imperii, *terme créé par Victor Klemperer pour désigner la langue utilisée sous le Troisième Reich*
- **die Vereinigung (en)** = *(ici)* der Verein, die Organisation
- **ursprünglich:** *à l'origine*
- **überschwemmen:** *submerger*
- **bedauern:** *regretter*
- **jm ein Haar krümmen:** *faire du mal à qn*
- **die Vorladung (en)** = die offizielle Einladung (en)
- **Folge leisten** = folgen, ausführen

Zur Info

Victor Klemperer (1881-1960) war ein deutscher Schriftsteller und Literaturwissenschaftler. Er lehrte bis 1935 an der Technischen Hochschule Dresden und nach dem Krieg auch an anderen deutschen Universitäten.

Nationalsozialistische Propaganda: Titelseite der Broschüre zur Ausstellung „Entartete Musik", Düsseldorf, 1938.

B. Sprechen

EINE DISKUSSION

Kontext: *Kann Sprache auch heute noch politisch sein?*

Diskutieren Sie in der Klasse. Nutzen Sie dabei auch Ihre Kenntnisse aus anderen Fächern (Geschichte, Wirtschafts- und Sozialwissenschaften, Politik).

Strategie mit Kick!

POUR VOUS AIDER

A. Hörverstehen aktiv

DDR-DEUTSCH

- **Identifier des mots et expressions propres au langage de la RDA**
  - **Lesquels de ces mots et expressions appartiennent à la langue utilisée en Allemagne de l'Est ?**

die Schandmauer – das Unternehmen (-) – der VEV – der volkseigene Betrieb (e) – der Slogan (-) – die Losung (en) – das Kombinat (e) – die Volkspolizei – der antifaschistischer Schutzwall – die Jeans (-)

Vers le bac oral

A Hörverstehen

HÖREN 1 (CD)

Das erste Buch von Nazan Eckes

HÖREN 2 (VIDEO)

Mezut Özil, ein Beispiel für gelungene Integration

B Sprechen

Ihr Thema: *„Sprache und Identität"*

SPRECHEN 1

Ich will Fun!

SPRECHEN 2

Sprache verbindet

Pensez à utiliser

*der Einwanderer (-) • in einem (fremden) Land *auf/wachsen (u, a; ä) / gut / schlecht zurecht/kommen (a, o) • sich integrieren • ein Modell / ein Vorbild brauchen • auf etw. stolz sein • jn verstehen (a, a) • sich verständlich machen • sich ausdrücken • eine Sprache beherrschen • aneinander vorbei/reden*

Strategie POUR VOUS AIDER

Hören

Vous disposez au Baccalauréat de trois écoutes du document. Lors de la 1re écoute, concentrez-vous sur la forme :

- S'agit-il d'un reportage, d'une interview, d'une publicité… ?
- Combien y a-t-il d'intervenants ? Des hommes, des femmes, des enfants ?
- Quel est le ton employé ? Percevez-vous de l'enthousiasme, de la lassitude… ?

A Hörverstehen

HÖREN 1
Politisch aktiv

HÖREN 2
Jugend und Politik

B Sprechen

Ihr Thema: *„Reden ist Silber, Schweigen ist Gold!"*

SPRECHEN 1
Die Weiße Rose

Pensez à utiliser

das Gewissen • der Widerstand • mit/reden • etw. unternehmen (a, o; i) • sich für etw. ein/setzen • etw./jn verteidigen • sich quer/stellen • mutig sein

SPRECHEN 2
Ein Zitat

„Seid unbequem, seid Sand, nicht das Öl im Getriebe[1] der Welt!"

Günter Eich, *Träume*, 1953

1 **das Getriebe:** *les rouages*

Gut zu wissen

Günter Eich (1907-1972) war ein deutscher Lyriker. Er war Mitglied der Gruppe 47.

SPRECHEN 3
Wenn die Bürger sich querstellen...

Sprechen

Il ne s'agit pas de décrire les documents proposés, mais de démontrer que vous êtes capable d'en dégager le sens pour traiter la thématique qui vous est proposée. Pour développer votre argumentation, vous vous appuierez sur les connaissances acquises au fil des pages de l'unité et penserez à donner votre avis personnel sur la question.

Tipp

La question rhétorique peut vous aider pour rendre votre présentation plus vivante :
- *Kann man sich einfach manipulieren lassen, ohne zu reagieren?*
- *Ist es nicht normal, seine Meinung zu äußern?*

1 Sprache als Identität

A. Leseverstehen

CODE-SWITCHING

Kontext: *„Wie du sprichst, so bist du!" Unsere Muttersprache ist ein Teil von unserer Identität. Und was ist, wenn wir mehrere Sprachen sprechen?*

Lesen Sie die folgenden Auszüge aus einem Zeitungsartikel und machen Sie sich Notizen.

B1 ▸ **Was versteht man unter Code-Switching? Wer benutzt es? In welchen Situationen? Warum?**

B1+ ▸ **Ist Code-Switching Zeichen für Kompetenz oder Inkompetenz? Was steht im Artikel? Was meinen Sie selbst?**

Zur Info
Miran ist auch ein Rapper. Sein Szene-Name ist Hotsno.

Eldisa, 16 Jahre alt, wurde in Deutschland geboren, ihre Eltern kommen aus Bosnien. „Gehenit [das deutsche Verb *gehen* mit der bosnischen Endung -it] sagen wir manchmal", sagt sie, „oder auch schmeckat [der deutsche Verbstamm *schmeck* mit der bosnischen Endung *-at*], weil es dafür irgendwie keinen guten Ausdruck auf Bosnisch gibt. Und wenn das Essen gut ist, dann sagen wir: Schmecka dobro!" Eldisa und ihre ein Jahr jüngere Schwester Ermana kennen das Phänomen des Code-Switching sehr gut: „Zu Hause, wenn wir mit unseren Eltern sprechen, wechseln wir oft hin und her", sagt Ermana. [...]
„Dass der Sprachmix von Sprachwissenschaftlern[1] als Unvermögen angesehen wurde, geht in die 1950er-, 1960er-Jahre zurück[2], das gab es bei den ersten Forschungen zu Bilingualität", erklärt der Sprachwissenschaftler Prof. Dr. Jannis Androutsopoulos. „Heute gibt es vielleicht noch ein Paar unaufgeklärte[3] Nischen in der Bevölkerung, in denen der Sprachmix kritisch wahrgenommen wird. In der Wissenschaft wird Mehrsprachigkeit aber überall als Kompetenz angesehen. [...] Meist wird das Code-Switching in der Kommunikation zweisprachiger Sprecher funktional eingesetzt."
Miran, ein 23-jähriger Bauingenieurstudent aus Hannover, wurde in Bosnien geboren. [...] Mit seinem serbischen Freund Nebojsa spricht er meist bosnisch. Wären die beiden nun auf dem Campus und wollten einen Deutschen in das Gespräch einbinden, dann würden sie ohne Nachdenken ins Deutsche wechseln. Andererseits würden sie beim Bosnischen bleiben, wenn sie diesen lieber ausgrenzen wollten. Einen Professor würde Miran in der Originalsprache zitieren – obwohl er eigentlich gerade bosnisch spricht. Im Gespräch mit einem Mädchen, das nur Deutsch spricht, könnten Miran und Nebojsa das Bosnische auch als Geheimcode nutzen.

Nina Aleric, *Fluter*, 24.06.2011

1 **der Sprachwissenschaftler (-):** *le linguiste*
2 ***zurück/gehen (i, a) auf:** *remonter à*
3 **unaufgeklärt:** *mal informé*

JUGENDDEUTSCH

FICHE ÉLÈVE

Kontext: *Welche Sprache sprechen junge Deutsche in einer multikulturellen Umgebung?*

Lesen Sie dazu diesen Artikel.

B1 ▸ **Was ist typisch für Jugendsprache?**

B1+ ▸ **Was beeinflusste die Sprache gestern? Und heute?**

B2 ▸ **„Die Sprachkompetenz der Jugendlichen ist größer als die der Erwachsenen." Was meinen Sie dazu?**

Zur Info

Feridun Zaimaiglu, ein deutscher Schriftsteller türkischer Herkunft, beschreibt dieses Phänomen in seinem Roman *Kanak Sprak*.

Jugendliche in Deutschland verwenden immer mehr türkische, arabische und russische Worte und Formulierungen. Für manche von ihnen könnte das zum Problem werden. „Machst du rote Ampel." Manchmal versteht man nur Bahnhof[1], wenn sich Jugendliche unterhalten. „Ischwör." [...]

Und weil die Jugendlichen diese Sprache als Erwachsene noch immer sprechen, werde sich die deutsche Sprache nachhaltig[2] verändern, meldete kürzlich eine deutsche Nachrichtenagentur. [...] Nun hat sich die deutsche Sprache schon immer entwickelt. Die Zahl der Anglizismen wächst und seit Jahrhunderten macht sich der Einfluss der französischen Sprache, des Lateinischen oder des Italienischen bemerkbar[3]. [...]

Insbesondere in den Großstädten beobachten die Sprachwissenschaftler, dass Kinder und Jugendliche verschiedener ethnischer Herkunft in ihren lokalen Netzwerken[4] eine besondere Sprache entwickeln. [...] Diese Jugendsprachen variieren von Großstadt zu Großstadt, von Stadtteil zu Stadtteil, sogar von Clique zu Clique. Schließlich wird die Sprache der Jugendlichen durch mehrere Faktoren beeinflusst: den regionalen Dialekt, die Sprache der lokalen Migrantengruppen, die Sprache der Bezugspersonen und natürlich durch die Schule. [...]

Dazu kommt, dass manche Jugendliche, die ihre Freunde etwa mit dem arabischen „Yalla" begrüßen, Erwachsenen immer noch einen „Guten Tag" wünschen. Sie wenden ihre multi-ethnische Jugendsprache nur bei ihresgleichen[5] an. Zugleich aber beherrschen viele das normale Umgangsdeutsch ihrer Umgebung oder Hochdeutsch.

Markus C. Schulte von Drach, www.sueddeutsche.de, 19.03.2007

1 **nur Bahnhof verstehen (a, a) (umgs.):** *ne piger que dalle*
2 **nachhaltig:** *durablement*
3 **sich bemerkbar machen:** *être sensible, se faire sentir*
4 **das Netzwerk (e):** *le réseau*
5 **ihresgleichen** = die, die zu ihrer Gruppe gehören

B. Schreiben

ZWEISPRACHIGKEIT

Kontext: *Sie machen eine Informationswand zum Thema „Zweisprachigkeit hat's in sich".*

A2+ ▸ **Illustrieren Sie, wie die deutsche Sprache beeinflusst wurde und wird:**
Welche Sprachen beeinflussen das Deutsche? Welche „fremden" Wörter gibt es? Welche Strukturen?

B1 ▸ **Sammeln Sie in diesen Artikeln und auf der Homepage von *www.kiezdeutsch.de* Ausdrücke aus dieser Jugendsprache und übersetzten Sie sie in Standarddeutsch.**

> **Tipp**
> Arbeiten Sie mit einem Wörterbuch! Den „Duden" gibt es auch online: www.duden.de

B1+-B2 ▸ **Schreiben Sie einen kurzen Artikel über Zweisprachigkeit: Was ist das? Was ist Code-Switching? Welche Vor- und Nachteile gibt es?**

Strategie mit Kick!

POUR VOUS AIDER

A. Leseverstehen aktiv

CODE-SWITCHING

■ **Avant de commencer : mobiliser ses connaissances lexicales**

■ **Regroupez les mots suivants par paires. La construction et la nature des mots vous guident pour en élucider le sens.**
der Ausdruck (¨e) – ein/binden (a, u) – nutzen als – zeigen – aus/grenzen – ein/setzen als – verstecken – der Begriff (e)

B. Schreiben ganz einfach

1 Repérer l'origine étrangère de certains mots allemands

■ **Aus welchen Sprachen kommen diese Wörter?**
der Joghurt (e) – das Bonbon (s) – die Tomate (n)
der Laptop (s) – der Kaffee (s) – die Garage
der Chip (s) – die Fritte (n) – die Schokolade –
das Fenster (-)

2 Écrire un article sur le bilinguisme

Voici quelques expressions pour :

- présenter le bilinguisme :
hin und her wechseln zwischen… und… – eine Funktion erfüllen – etwas wider/spiegeln ;
- parler des personnes qui le pratiquent :
(nicht nur) eine Sprache beherrschen – einer Kultur/einer Gruppe angehören – sein Verhalten anpassen ;
- exprimer des avantages et des inconvenients :
bereichernd sein – vorteilhaft (unvorteilhaft) sein – als… angesehen werden

2 Ein Volk, zwei Sprachen

A. Leseverstehen

WÖRTER UND IHRE BEDEUTUNG

FICHE ÉLÈVE S. 246

Kontext: *In den beiden deutschen Staaten hatten manche Wörter nicht dieselbe Bedeutung...*

B1 ▸ **Welche der folgenden Definitionen passen zu welchen Begriffen?**

B1+ ▸ **Was meinen Sie: in welchem deutschen Staat verwendet(e) man welche Begriffe?**

die Nation (en) | die Arbeitslosigkeit | Deutschland

1 Das Gebiet[1] in Mitteleuropa, das als Deutsches Reich Ende 1937 eine staatsrechtliche Einheit bildete. Die seit dem Zusammenbruch von 1945 durch Deutschland laufende Trennungslinie bedeutet eine Zerreißung in zwei Teile von grundlegend unterschiedlicher gesellschaftlicher Struktur.

1 **das Gebiet (e):** *le territoire*

2 Struktur und Entwicklungsform der Gesellschaft, die vor allem als Gemeinschaft des wirtschaftlichen Lebens, des Territoriums, der Sprache und Kultur in Erscheinung tritt und deren Wesen durch ihre Klassenbeziehungen bestimmt ist.

3 Große, meist geschlossen siedelnde[1] Gemeinschaft von Menschen mit gleicher Abstammung, Geschichte, Sprache, Kultur, die ein politisches Staatswesen bilden oder bilden wollen.

3 **sich (an)siedeln:** *s'installer*

4 Ländername für das Territorium der deutschen Nation, besonders des ehemaligen deutschen Staates bis zur Herausbildung der DDR und BRD.

5 1. Zustand, arbeitslos zu sein 2. das Vorhandensein von Arbeitslosen.

6 Typische Erscheinung im Kapitalismus, die darin besteht, dass für einen Teil der Werktätigen keine Möglichkeit gegeben ist, sich durch Arbeit seinen Lebensunterhalt zu verdienen.

DER MAUERBAU IN DER PRESSE

FICHE ÉLÈVE

Kontext: *Sie wollen erfahren, wie die Medien der beiden Staaten über den Mauerbau im August 1961 berichteten.*

Lesen Sie folgende Artikel.

A2+-B1 ▸ **Welche Artikel wurden im Osten und welche im Westen verfasst? Begründen Sie.**

B1 ▸ **Wie wird der Bau der Mauer angesehen? Im Osten? Im Westen? Erklären Sie mit Hilfe Ihrer Geschichtskenntnisse.**

1

Warum wurde 1961 in Berlin die „Mauer“ gebaut? Aktuelles zum 50. Jahrestag des Mauerbaus

Am 13. August 1961 verbreitete die DDR-Nachrichtenagentur um 01.11 Uhr eine sensationelle Erklärung: „Die Regierungen der Warschauer Vertragsstaaten wenden sich an die Volkskammer und an die Regierung der DDR, an alle Werktätigen der Deutschen Demokratischen Republik mit dem Vorschlag, an der Westberliner Grenze eine solche Ordnung einzuführen, durch die der Wühltätigkeit[1] gegen die Länder des sozialistischen Lagers der Weg verlegt und rings um das ganze Gebiet Westberlins, einschließlich seiner Grenze mit dem demokratischen Berlin, eine verlässliche Bewachung und eine wirksame Kontrolle gewährleistet[2] wird.“

1 **wühlen:** *creuser*
2 **gewährleisten** = garantieren

2

Die Über-Nacht-Aktion der Zonenbehörden hat Schicksale eingefädelt, dem Zufall böse Ironie und gute Fügung zugespielt, Menschen auseinander gerissen und aufeinander angewiesen, je nachdem, in welchem Stadtteil die Ost-Berliner an diesem Morgen aufwachten.

3

DAS MASS IST VOLL!
UNSERE GEDULD IST ZU ENDE!

Der Staat der Arbeiter und Bauern, unsere Deutsche Demokratische Republik, schützt vom heutigen Tage an wirksam seine Grenzen gegen den Kriegsherd Westberlin und gegen den Bonner Atomkriegsstaat.
Arbeiter und Genossenschaftsbauern, Angehörige der Intelligenz, Handwerker und Bürger des Mittelstandes, Werktätige in Stadt und Land des Bezirkes Suhl!
Stellt Euch geschlossen hinter die Schutzmaßnahmen unseres Arbeiter- und Bauern-Staates!
Nehmt von allen Reisen nach Berlin, die nicht der unmittelbaren Arbeit dienen, Abstand[1]!
Bekundet[2] jetzt noch entschlossener Eure Treue zur Arbeiter-und Bauern-Macht!

1 **der Abstand** = die Distanz
2 **bekunden** = zeigen

4

Berlin, 13. August 1961

- Ost-Berlin ist abgeriegelt
- S- und U-Bahn unterbrochen
- An allen Sektorengrenzen Stacheldraht-Straßensperren
- Volksarmee rund um Berlin

In der letzten Nacht hat Ulbricht die Sowjetzone endgültig zum KZ gemacht. Um 2 Uhr 30 riegelten Volkspolizisten und Volksarmisten, die mit automatischen Waffen ausgerüstet waren, die Grenzen zwischen Ost-und Westberlin ab.

B. Schreiben

EIN ARTIKEL

B1 **Sie schreiben für Ihre Schülerzeitung einen kurzen Artikel zu den Montagsdemonstrationen.**
Stellen Sie sich vor:
a. Sie sind Schüler in der BRD.
b. Sie sind Schüler in der DDR.

Strategie mit Kick! POUR VOUS AIDER

A. Leseverstehen aktiv

1 Mobiliser ses connaissances lexicales

■ **Lesquels de ces mots ont été probablement utilisés à l'Ouest ou à l'Est pour parler du mur de Berlin ?**
der antifaschistische Schutzwall – die innerdeutsche Grenze – die Gefängnismauer (n) – die Schandmauer – die Staatsgrenze (n)– zu/mauern – ab/riegeln – ein/sperren – ab/sperren – die Schutzvorrichtung (en)

Tipp
N'hésitez pas à utiliser un dictionnaire.

2 Faire appel à ses connaissances historiques

der Warschauer Pakt – die Sektorengrenze (n) – der Arbeiter- und Bauernstaat – der Genossenschaftsbauer (n) – der Werktätige (n) – die Volksarmee – die Sowjetzone – die Zonenbehörde (n) – die KPD – die NATO – die SED – der Kalte Krieg – John F. Kennedy – Walter Ulbricht

B. Schreiben ganz einfach

■ Élargir son vocabulaire

■ **Pour mieux vous adapter à votre rôle, classez ces expressions suivant qu'elles ont pu être utilisées par la presse de l'Ouest ou de l'Est.**
die staatsfeindliche Aktion (en) – der Aufrührer (-) – beeinträchtigen – ein normales Leben – die friedliche Revolution – DDR-Bürger demonstrieren für mehr Demokratie – Vopos verhaften zahlreiche Demonstranten – die Volksarmee verteidigt die Staatsordnung

Voici quelques faits pour vous aider à rédiger votre article.

- *09.10.1989*
- ***Leipzig:** Dirigent Kurt Masur – in einem Aufruf – freien Meinungsaustausch fordern – im Leipziger Rundfunk ausgestrahlt werden – Gottesdienst – Nikolaikirche – vorgelesen werden – vor der Kirche – sich versammeln – 70.000 Personen – friedliche Demonstration – Stasizentrale am Dittrichring – Polizei – nicht eingreifen*
- ***Dresden:** am Nachmittag – 1000 Menschen – am Theaterplatz – sich versammeln – Polizei – Versammlung auf/lösen – neuer Demonstrationszug – 100 Demonstranten – am Fescherplatz verhaftet werden*

3 Worte als Lebenshilfe

A. Leseverstehen

AUS EINEM TAGEBUCH

Kontext: *Die nächste Ausgabe der Schülerzeitung befasst sich mit dem Thema „Warum schreiben?" Sie sollen den Artikel „Schreiben als Therapie" verfassen.*

Lesen Sie dazu diese Auszüge aus den Tagebüchern von Victor Klemperer.

B1 → B1+

Welchen Sinn gibt Victor Klemperer seinem Schreiben? Welche Probleme bringt das Schreiben mit sich?

30. April, Dienstag [1935]

Ich habe einen besonderen koketten Ruhm darein gesetzt[1], heute eine Seite (Lesage/Marivaux) an meinem 18ième[2] zu schreiben, heute, wo ich kein Kolleg[3] zu lesen brauche, weil ich durch die Post meine Entlassungsurkunde[4] erhielt.

Victor Klemperer, *Das Tagebuch 1933-1945*, S. 38

1 **in etw. Ruhm setzen:** *mettre un point d'honneur à qc.*
2 Werk von Victor Klemperer (*Curriculum, eine französische Literaturgeschichte des 18. Jahrhunderts*)
3 **das Kolleg (s):** *le cours magistral*
4 ← **jn entlassen (ie, a; ä):** *licencier qn*

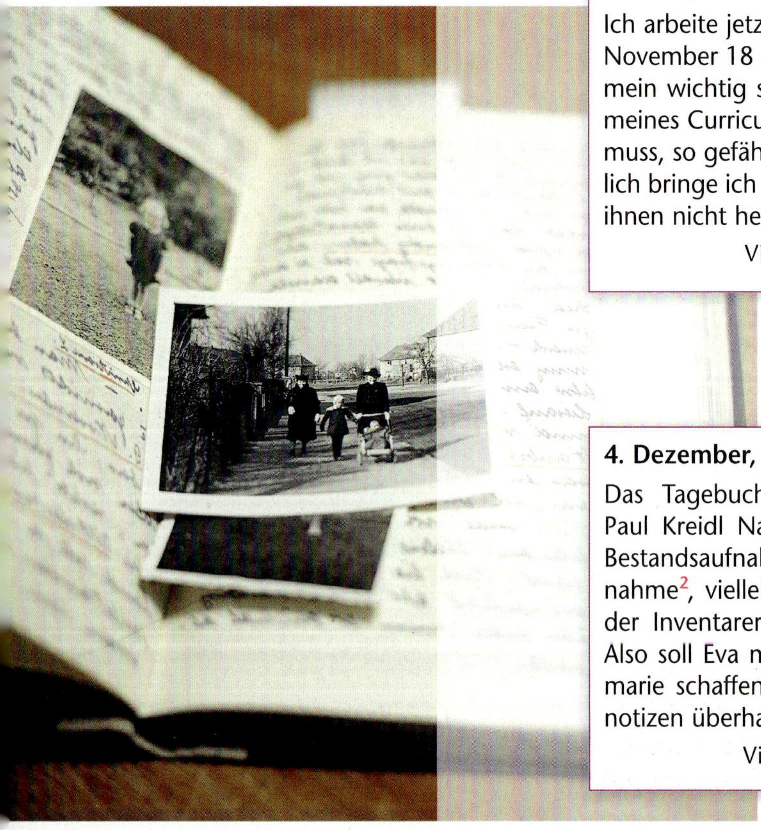

27. Mai, Dienstag [1941]

Ich arbeite jetzt in erster Lektüre die Tagebuchblätter Wilna[1] November 18 durch. Wie vieles war mir entfallen, wie ungemein wichtig sind gerade die Einzelheiten solcher Zeit. Um meines Curriculums[2] willen muss ich auch jetzt notieren, ich muss, so gefährlich es auch ist. Das ist mein Berufsmut. Freilich bringe ich auch viele Menschen in Gefahr. Aber ich kann ihnen nicht helfen.

Victor Klemperer, *Das Tagebuch 1933-1945*, S. 115

1 **Wilna:** *Stadt in Litauen*
2 Werk von Victor Klemperer (*Curriculum, eine französische Literaturgeschichte des 18. Jahrhunderts*)

4. Dezember, Donnerstag morgen [1941]

Das Tagebuch muss aus dem Hause. Gestern brachte Paul Kreidl Nachricht, dass Rundschreiben unterwegs sei: Bestandsaufnahme[1] des Hausrats. Das bedeutet Beschlagnahme[2], vielleicht auch Verschickung. Gleich nach Abgabe der Inventarerklärung ist Hausdurchsuchung zu erwarten. Also soll Eva meine Tagebücher und Manuskripte zu Annemarie schaffen[3]. Eventuell muss ich danach die Tagebuchnotizen überhaupt stoppen.

Victor Klemperer, *Das Tagebuch 1933-1945*, S. 128

1 **die Bestandaufnahme:** die Inventur
2 **etw. in Beschlag nehmen (a, o; i):** *confisquer qc.*
3 **schaffen:** *(ici) bringen*

INVENTUR

Lesen Sie nun dieses Gedicht von Günter Eich.

B1-B1+

▸ **Was ist eine Inventur? Warum heißt dieses Gedicht wohl „Inventur"? Stellen Sie Hypothesen auf.**

B2

▸ **Erklären Sie die Bedeutung des Bleistiftes.**

Zur Info

Günter Eich (1907-1972) war ein deutscher Lyriker. Das Gedicht „Inventur" schrieb er im Jahre 1946, als er sich in amerikanischer Gefangenschaft befand. Es wird auch als „Gedicht der Stunde Null" bezeichnet.

Inventur

Dies ist meine Mütze,
dies ist mein Mantel,
hier mein Rasierzeug
im Beutel aus Leinen.

Konservenbüchse:
Mein Teller, mein Becher,
ich hab in das Weißblech[1]
den Namen geritzt[2].

Geritzt hier mit diesem
kostbaren Nagel,
den vor begehrlichen[3]
Augen ich berge[4].

Im Brotbeutel sind
ein Paar wollene Socken
und einiges, was ich
niemand verrate,

so dient er als Kissen
nachts meinem Kopf.
Die Pappe hier liegt
zwischen mir und der Erde.

Die Bleistiftmine
lieb ich am meisten:
Tags schreibt sie mir Verse,
die nachts ich erdacht.

Dies ist mein Notizbuch,
dies ist meine Zeltbahn,
dies ist mein Handtuch,
dies ist mein Zwirn[5].

1 **das Weißblech:** *le fer-blanc*
2 **ritzen:** *graver*
3 **begehrlich:** *envieux, jaloux*
4 **bergen (a, o; i)** = verstecken
5 **der Zwirn:** *le fil à coudre*

Otto Dix (1891-1969),
Selbstbildnis als Kriegsgefangener, 1947.

B. Schreiben

EIN ARTIKEL FÜR DIE SCHÜLERZEITUNG

FICHE ÉLÈVE

Kontext: *Die Literaturecke der Schülerzeitung wartet auf Ihren Beitrag zum Thema „Schreiben als Therapie".*

B1-B1+

▸ **Erklären Sie die Motivation von Tagebuchschreibern, aber auch von Menschen, die in einem Blog täglich von sich berichten.**

B2

▸ **Was meinen Sie, ist das Schreiben heute auch noch eine Form von Lebenshilfe? Wird damit eine Lebensphilosophie mitgeteilt? Denken Sie auch an die Texte der heutigen Musik: Rap, Slam...**

Vers le bac écrit

Der Sonnenuntergang

Emil Nolde (1867-1956), *Amaryllis und Anemonen*, Anfang 20. Jh.

Der Polizist Jens Ole Jepsen erhält 1943 von den Nazis den Auftrag, gegen den expressionistischen Maler Max Ludwig Nansen ein Malverbot auszusprechen und den Maler zu überwachen.
Diese Szene spielt in der Gaststätte „Zum Wattblick" von Hinnerk Timmsen.

Der Polizeiposten (steht auf, hakt sein Koppel[1] ein; klemmt beide Daumen unter das Koppel und schiebt sich an den Tisch des Malers): Darf man fragen, was da in der Mappe ist? Maler (unbesorgt): Ich war auf der Halbinsel. In der Hütte. Den Sonnenuntergang hatte ich mir vorgenommen. Rot und grün. [...] Der Polizeiposten (auf die Mappe deutend): Was da drin ist, hab ich gefragt. Der Maler (ernst): Ich hab am Sonnenuntergang gearbeitet. Weitergearbeitet. Der Polizeiposten (befehlend): Mach die Mappe auf. (Der Maler bleibt bewegungslos sitzen, aus dem Hintergrund kommt Hinnerk Timmsen interessiert näher). Der Polizeiposten (unbeirrt): Ich hab ein Recht, dich zum Öffnen der Mappe aufzufordern. Hiermit fordere ich dich auf. Der Maler (gelassen): Die Modulierungen[2], sie sind noch nicht gelungen. Statt Orange – Violett. (Er öffnet langsam, fast feierlich[3] die Mappe und hebt einige leere Blätter heraus, die er sorgsam auf den Tisch legt). Alles noch zu dekorativ. Ein dekoratives Gleichnis[4]. Timmsen (verstört): Ich seh überhaupt nichts. Ihr könnt mich schlagen, aber ich seh nichts. [...] Der Polizeiposten (er nimmt alle Blätter in die Hand, prüft sie, hält sie einzeln gegen das Licht und wirft den ganzen Stoß[5] auf den Tisch): Mich hältst du nicht zum Narren[6]. Der Maler: Was hast du erwartet? Ich hab dir gesagt, dass ich nicht aufhören kann. Keiner von uns kann aufhören. Da ihr gegen das Sichtbare[7] seid, halte ich mich ans Unsichtbare. Schau ihn dir genau an: meinen unsichtbaren Sonnenuntergang mit Brandung[8]. [...] Sieh nur genau hin mit deinem Kennerblick. [...]

Der Polizist Jepsen konfisziert die Blätter.

Der Maler (grimmig): Ja, ja. Untersucht sie von mir aus[9]. [...] Ihr werdet sie nicht kaputt kriegen. Andere Leute – andere Bilder. Der Polizeiposten (ruhig): Ich muss dich darauf hinweisen, dass du dich im Ton vergreifst[10]. Es könnte eines Tages Folgen für dich persönlich haben. [...] Der Maler: Im Kopf jedenfalls kann man keine Hausdurchsuchung machen. Was da hängt, hängt sicher. Aus dem Kopf, da könnt ihr nichts konfiszieren.

Siegfried Lenz, *Deutschstunde*, 1968

1 **das Koppel (-):** *le ceinturon* – 2 **die Modulierung (en):** *la modulation, les nuances* – 3 **feierlich:** *solennellement* – 4 **das Gleichnis (se):** *la parabole, l'allégorie* – 5 **der Stoß (¨e):** *(ici) le tas, la pile* – 6 **jn zum Narren halten (ä, ie; a):** *se moquer de qn* – 7 **sichtbar:** *visible* – 8 **die Brandung:** *le ressac* – 9 **von mir aus:** *soit, faites ce que vous voulez* – 10 **sich im Ton vergreifen (i, i):** *parler sur un ton déplacé, inconvenant*

DEN TEXT VERSTEHEN

1 **Geben Sie diesem Romanauszug einen anderen Titel.**

a. *Ein Maler in Gefahr* **b.** *Unsichtbare Bilder* **c.** *Eine nette Begegnung*

2 **Wer sagt das? Welche Haltung drückt die Person damit aus?**

a. *„Was da drin ist, hab ich gefragt."*
b. *„Ich seh überhaupt nichts."*
c. *„Sieh nur genau hin mit deinem Kennerblick."*
d. *„Es könnte eines Tages Folgen für dich persönlich haben."*
e. *„Aus dem Kopf könnt ihr nichts konfiszieren."*

Drohung • Ratlosigkeit • Spott • Ungeduld • Provokation

3 **Sind die folgenden Aussagen richtig oder falsch? Begründen Sie mit einem Zitat aus dem Text.**

a. *Der Polizist versucht den Maler einzuschüchtern.*
b. *Der Polizist möchte die Blätter für sich haben.*
c. *Der Maler will mit dem Malen aufhören.*

SCHREIBEN

1. *Hinnerk Timmsen erzählt am Abend seiner Frau von dieser Begegnung. Sie waren alle in ihrer Jugend enge Freunde. Schreiben Sie den Dialog des Ehepaars.* (100 à 120 mots)

2. *Zeigen Sie anhand des Textes, dass die Beziehungen zwischen dem Maler und dem Polizisten gespannt sind. Beschreiben Sie die Personen und versuchen Sie, diese Beziehungen zu erklären.* (140 à 160 mots)

Strategie

POUR VOUS AIDER

Leseverstehen

1. Qui sont les principaux personnages ? Quelle est leur position sociale ? Quelles sont leurs relations avec les autres ?

2. Connaissez-vous le sens des mots ci-après qui caractérisent l'attitude de quelqu'un ? À quel personnage pouvez-vous les associer ?

- *Ungeduld • Verständnislosigkeit • Spott • Drohung • Herausforderung • Vorwurf • Pflichtbewusstsein*
- *Sturheit • Unsicherheit*

Schreiben

Sammeln Sie zunächst Ideen und Informationen zu folgenden Fragen. Verwenden Sie dabei Ihre Kenntnisse aus dem Geschichts- und Sozialkundekurs. Denken Sie auch an das, was Sie in dieser Einheit über andere Künstler erfahren haben.

1. *Was wissen Sie über den sozialen oder geschichtlichen Hintergrund? Was meint der Maler mit den „unsichtbaren Bildern"? Was bedeutet seine letzte Bemerkung?*

2. *Was riskiert Nansen wohl, wenn er den Polizisten offen provoziert?*

3. *Wie kann man die Haltung des Polizisten erklären?*

Sprachatelier

Voici une liste de mots et expressions en lien avec l'unité étudiée. Faites votre propre bilan lexical : quels mots connaissez-vous ? Lesquels devez-vous apprendre ? FICHE ÉLÈVE

Redeweisen charakterisieren

A2 präzise – pathetisch – sparsam – trocken – ohne Punkt und Komma reden – theatralisch – kühl – provozierend – deutlich reden – gefühllos sein

B1 gelehrt – plump – umständlich – steif – nüchtern – schneidend – frank und frei – scharf – übertreiben (ie, ie) – überzeugend reden

B2 schwülstig – prahlerisch – großspurig – anbiedernd – nicht mit Worten geizen – das Wortungetüm (er) – schwadronieren – das Publikum fesseln

Sprache in der Werbung

A2 noch nie da gewesen – ganz große Klasse – besser (schöner…) geht's nicht – der/das/die beste/schönste… aller Zeiten – Holt euch meine Hitsingle! – der Slogan (s) – die Werbung (en) – die Zielgruppe (n) – der Kunde (n)

B1 einzigartig – nichts wie hin! – das darf man sich nicht entgehen lassen – Holt euch das Teil! – das Sonderangebot (e) – das ultimative Angebot!

Die Macht der Sprache

Sprachtypen

A2 die Jugendsprache – die Standardsprache – das DDR-Deutsch – die Muttersprache – die Regionalsprache – die Fremdsprache

B1 die Alltagssprache – Hochdeutsch sprechen (a, o; i) – der Slang (s) – die Geheimsprache (n)

B2 die Behördensprache – das Amtsdeutsch

Funktionen von Sprache

A2 integrieren – eine Identifikation erlauben – über etw. informieren – jn manipulieren – Werbung machen – jn indoktrinieren – von etw. erzählen – etw. beschreiben (ie, ie) – etw. kritisieren – gegen etw. protestieren

B1 an etw. erinnern – etw. fest/halten (ie, a; ä) – über etw. berichten – etw. in Erinnerung rufen (ie, u) – jn beeinflussen – eine Meinung äußern – etw. verarbeiten – sich/etw. verteidigen

B2 von etw. Zeugnis ab/legen – Missstände an/prangern

1 Rund um das Verb „reden“

reden

die Redeweise (n)
die Redensart (en)
der Redner (-)
die Redewendung (en)

Reden ist Silber, Schweigen ist Gold!
Das ist alles in den Wind geredet!

eine Rede halten (ie, a; ä)
jm ein/reden, dass…
jm zu/reden, etw. zu tun
jn zur Rede stellen
jn überreden, etw. zu tun

Lass ihn mitreden!
Darüber lässt sich reden!
Davon kann keine Rede sein!
Das ist nicht der Rede wert.

Mit sich reden lassen.
Lange Rede kurzer Sinn!
Du hast gut reden!

■ **Vous discutez avec un jeune Allemand. Que dites-vous…**

1. lorsque vous souhaitez le convaincre de rester encore un peu ?

2. si vous voulez lui signifier qu'on peut tout à fait en discuter ?

3. quand vous voulez lui dire que de longs discours sont inutiles ?

4. lorsque vous annoncez qu'Angela Merkel va bientôt prononcer un discours ?

5. lorsque vous vous rendez compte qu'on n'écoute pas ce vous dites ?

6. si vous voulez lui demander de laisser parler les autres ?

2 Rédiger une affiche publicitaire

FICHE ÉLÈVE

Lorsque vous voulez inciter quelqu'un à acheter un produit, vous devez trouvez des formules accrocheuses.
Vous pouvez formuler un conseil à l'aide de l'impératif. S. 256

Exemple : ***Kauf** doch die neue CD von den Scorpions! Sie ist echt toll!*

Vous pouvez aussi utiliser le superlatif. S. 265

Exemple : *Das ist die **beste** CD dieser Band!*

Mais vous pouvez également avoir recours aux formulations suivantes :
Eine einmalige Erfahrung! – Das ist echt klasse! – Das darf man sich nicht entgehen lassen! – Erstklassiges Produkt! – Eine tolle Sache! – Das Produkt des Jahres! – Das ist traumhaft schön!

■ **En vous aidant des conseils ci-contre, réalisez une affiche publicitaire qui vante les mérites d'un produit de votre choix.**

3 Prendre activement part à un débat

Lorsque vous participez à un débat, vous ne comprenez pas toujours vos interlocuteurs et leur demandez parfois de préciser leur pensée pour pouvoir contre-argumenter.

Observez les formulations suivantes et recherchez leur sens en français :
Echt? – Was meinst du damit? – Im Ernst? – Wirklich? – Du hast Recht, aber… – Kannst du mir das erklären? Das verstehe ich nicht! – Hast du konkrete Beispiele? – Stimmt das? Das habe ich noch nie gehört! – Wenn ich richtig verstanden habe, willst du damit sagen, dass… – Du meinst also… Bist du sicher? – Kannst du das präzisieren? – Wie willst du das machen? – Ich weiß, aber geht das denn? – Kannst du vielleicht ein Beispiel geben?

4 Exprimer une finalité ou un but

Pour exprimer une finalité ou un but, on peut utiliser deux structures différentes :
– ***um zu*** … (+ ***Inf.***) lorsque le sujet de la proposition principale est identique à celui de la subordonnée :
→ *Ich habe dieses Flugblatt verfasst, **um** die Bevölkerung der Stadt **zu überzeugen**.*
– ***damit*** lorsque le sujet de la principale n'est pas le même que celui de la subordonnée :
→ *Ich habe dieses Flugblatt vorbereitet, **damit** die Demonstranten es verteilen können.*
On peut également utiliser la préposition ***für*** pour exprimer une finalité qui s'oppose ici à ***gegen*** :
→ *Wir kämpfen **für** eine bessere Zukunft.*

■ **Dans le cadre de cette unité, vous avez pu mesurer le poids des mots dans l'histoire des peuples. Votre professeur vous demande de vous interroger sur la finalité d'une révolution dans un pays. En vous appuyant sur des faits historiques comme le printemps arabe par exemple, rédigez un petit texte dans lequel vous exposez ce qui peut motiver un peuple à se soulever. Utilisez les groupes infinitifs suivants :**
*ein Weltereignis erleben – nein sagen – auf die Straße *gehen (i, a) – Alleinherrscher beseitigen – die Diktatur eines Landes bekämpfen – demonstrieren – Internet benutzen – so schnell wie möglich viele Leute erreichen – Realität werden.*

5 Mettre ses idées en relief

Pour souligner vos idées et attirer ainsi l'attention, vous pouvez avoir recours à des termes tels que ***aber, auch, besonders*** ou ***noch*** qui vont modaliser vos propos en leur donnant un accent d'insistance ou contrastif.
Observez les modalisateurs suivants et leur valeur possible :

Modalisateur	Valeur	Exemple
beinahe, nahezu, fast, genau	valeur quantitative (presque, exactement)	*Es waren fast 500.000 Demonstranten auf den Straßen.* *Wir haben genau unser Ziel erreicht.*

Modalisateur	Valeur	Exemple
etwa, circa (ca.), ungefähr, rund	valeur quantitative (environ)	*Das hat mich circa eine Stunde gekostet.* *Rund eine Million Menschen haben die Grünen gewählt.*
auch, selbst	ajoute un élément contrastif (aussi, également)	*Ich bin selbst für die Wahlbeteiligung der Ausländer.*
besonders, insbesondere, vor allem	permet d'insister sur quelque chose	*Die Wiedervereinigung bedeutete vor allem das Ende des Kalten Krieges.*
schon, nur, erst	valeur souvent temporelle restrictive (déjà, dès)	*Er ist erst vor kurzem gewählt worden.* *Schon als Kind wollte er in die Politik.*
noch	délimitation temporelle (dès, même)	*Die Kanzlerin will noch diesen Monat den französischen Präsidenten treffen.*

■ **Vous aidez votre ami(e) allemand(e) qui fait campagne pour être élu(e) au Conseil municipal des jeunes de sa ville. Vous préparez un tract dans lequel vous présenterez ses objectifs. Vous voulez vous montrer convaincant. Rédigez le tract à l'aide des groupes infinitifs suivants en les enrichissant de modalisateurs proposés dans le tableau ci-dessus.**

seit 10 Jahren existieren – in dieser Stadt leben – in diesem Jahr konkrete Vorschläge machen – die Hälfte der Bevölkerung sein – mitbestimmen können – konkrete und realistische Maßnahmen vor/schlagen (u, a; ä) – die Auswahl an öffentlichen Orten / zu gering sein – die Entwicklung der Radwege / nicht ausreichend sein – damit einverstanden sein

6 Rapporter les propos de quelqu'un

S. 269

Dans la langue écrite, en particulier dans les articles de journaux, la langue allemande permet de préciser que l'on rapporte les propos de quelqu'un en utilisant le subjonctif I. Il est principalement utilisé à la troisième personne du singulier et se forme en ajoutant un *–e* au radical du verbe conjugué :
Die Kanzlerin hat gesagt, sie ***werde*** *eine neue Steuerreform einführen.*
Remarque : au subjonctif I, *sein* devient *sei*.
Der Kabinetsdirektor hat gesagt, der Präsident ***sei*** *in wenigen Minuten da.*

■ **Transformez les phrases suivantes au subjonctif I en supprimant *dass*.**

1. *Der Wirtschaftsminister hat angekündigt, dass eine Währungsreform notwendig ist.*

2. *Die Gewerkschaft hat der Presse gesagt, dass die Demonstration friedlich verlaufen ist.*

3. *Der Student hat gedacht, dass er seine Prüfung bestanden hat.*

4. *Die Polizei hat den Journalisten informiert, dass der Täter verhaftet ist.*

Zeigen Sie, was Sie können

Ihre Aufgabe: Nehmen Sie an einer Talkshow teil.

SPRECHEN

Sie nehmen an einer Talkshow zum Thema „Jugendsprache" teil.

Suchen Sie Beispiele für typische Ausdrücke der Jugendsprache, ihre „Übersetzung", ihre Konnotationen, ihre Herkunft. Diskutieren Sie in der Klasse. Gibt es wirklich eine Jugendsprache? Warum?

Korrektes Deutsch auf dem Schulhof

Pour vous guider

S'appuyer sur son expérience personnelle
Prenez des exemples dans votre entourage. Pensez à vos parents, vos correspondants allemands, des films que vous avez pu voir.
Mais ne vous contentez pas de mentionner ces exemples, vous devez les commenter.

Participer à la discussion
Soyez attentif à ce que disent les autres, réagissez, exprimez votre (dés)accord ou complétez.
Vous pouvez aussi questionner les participants :
Wie meinst du das? / Kannst du das bitte präzisieren?
Vous pouvez solliciter une intervention plus argumentée :
Bist du dir sicher? Hast du dafür Beispiele?
En prenant la parole, vous pouvez aussi reformuler ce que vous venez d'entendre :
Du meinst also, … / Wenn ich richtig verstanden habe, willst du sagen, …

Ihre Aufgabe:

Schreiben

Für eine freundliche Sprache werben.

Sie nehmen an einer öffentlichen Aktion gegen Gewalt im Sprachgebrauch teil.

Erstellen Sie ein Plakat mit Bildmaterial und einem argumentativen Text.

Pour vous guider

Préparer son argumentaire
Évoquez les situations où la violence de la langue nuit aux relations sociales dans la vie aussi bien publique que privée (la dictature, la propagande, la presse, les disputes, l'ironie, les sarcasmes…).
Donnez des exemples concrets de conséquences possibles.
Présentez aussi les bienfaits de la parole sur les relations entre les personnes, en vous aidant de vos connaissances dans d'autres matières, par exemple « le langage » en philosophie.

Concevoir son affiche
Sur l'affiche, présentez votre argumentaire de manière originale et soignez l'aspect visuel.
Pensez à un titre ou un slogan accrocheur. Inventez par exemple un slogan qui rime, ou un jeu de mots.
Soyez judicieux dans le choix de vos documents iconographiques (photos, dessins, logos).

Total überwacht?

Wer weiß was über uns?
Wie sicher ist das Internet?
Wie weit darf Kontrolle gehen?

NOTIONS
du programme abordées :

- Lieux et formes du pouvoir
- L'idée de progrès

L Wie Literatur

PRÉPARER
→ le bac oral
p. 122

PRÉPARER
→ le bac écrit
p. 132

HÖREN SPRECHEN	LESEN SCHREIBEN

Composez votre parcours oral et/ou écrit.

HÖREN / SPRECHEN		LESEN / SCHREIBEN
① Achtung, wir wissen alles über Sie! ▸▸ S. 116	et/ou	① Spione im Alltag ▸▸ S. 124
② Kameras am Arbeitsplatz ▸▸ S. 118	et/ou	② Arbeitswelt: Welt der Haie? ▸▸ S. 127
③ Kontrolliertes Privatleben? ▸▸ S. 120	et/ou	③ Total kontrolliert ▸▸ S. 129

Ihre Aufgabe:

Debattieren Sie über das Thema „Kameras in der Schule“ oder bereiten Sie eine Demonstration vor.

Dans cette unité :

- vous constaterez l'omniprésence des moyens de surveillance dans notre vie quotidienne
- vous découvrirez que la surveillance touche également le monde du travail
- vous verrez que sécurité et liberté ne vont pas toujours bien ensemble

1 Achtung, wir wissen alles über Sie!

A. Sprechen

NUR PRAKTISCH ODER AUCH GEFÄHRLICH?

FICHE ÉLÈVE S. 249

Kontext: *Kreditkarten, elektronische Reisepässe, Handys und Computer gehören zu unserem Alltag.*

Schauen Sie sich diese Fotos an.

A2+-B1 **Diese Apparate oder Gegenstände sind sehr praktisch. Was kann man damit machen? Gibt es Ihrer Meinung nach auch Risiken, wenn man sie benutzt? Diskutieren Sie darüber.**

B. Hörverstehen

SICHERHEIT ODER FREIHEIT

FICHE ÉLÈVE

Kontext: *Für ein Referat über die Vorteile und Nachteile von Überwachungssystemen suchen Sie im Internet nach Argumenten und stoßen dabei auf eine Radiosendung.*

Hilfe:
- **die Maßnahme (n):** *la mesure*

Hören Sie sich diese Radiosendung an. MP3

B1 ▸ **Notieren Sie in einer Tabelle die positiven und die negativen Aspekte dieser Überwachungssysteme. Vergleichen Sie dann diese Argumente in der Klasse.**

B2 ▸ **Die modernen Überwachungssysteme sollen mehr Sicherheit garantieren. Machen Sie sich während der Sendung Notizen dazu. Sind Sie mit diesem Standpunkt einverstanden?**

Strategie mit Kick!

A. Sprechen ganz einfach

NUR PRAKTISCH ODER AUCH GEFÄHRLICH?

Avant de commencer : mobiliser le champ lexical des nouvelles technologies et parler des risques

Vous connaissez déjà :
jn auf seinem Handy an/rufen (ie, u) – im Internet chatten – im Internet surfen – mit einer Kreditkarte (be)zahlen

Assurez-vous que vous comprenez également les mots ou expressions qui suivent :
- *jm eine SMS / eine E-Mail schicken – der Chip (s)* (la puce électronique) *– das Zahlungsmittel (-) – online kaufen*
- *sich ein/loggen – ins Internet *gehen (i, a) – online *gehen (i, a) – der Internetnutzer (-) – etw. herunter/laden (u, a; ä) – gefährlich ≠ sicher – jn gefährden – die Gefahr (en) ≠ die Sicherheit – das Risiko (-ken) – ein Risiko *ein/gehen (i, a) – Spuren hinterlassen (ie, a; ä)* (laisser des traces)
- *die Daten (Pl.) – persönliche Daten an/geben (a, e; i)* (fournir des données personnelles) *– Daten missbrauchen = Daten illegal benutzen – Daten speichern* (stocker des données) *– sich in das Privatleben von jm ein/mischen* (se mêler de la vie privée de qn)

B. Hörverstehen aktiv

SICHERHEIT ODER FREIHEIT

Maîtriser le champ lexical de la surveillance

Deux de ces verbes ne sont pas synonymes de « surveiller » :
beobachten – bespitzeln – schützen – ein/greifen (i, i) – überwachen – ab/hören
Quels sont les deux verbes intrus ? Que signifient-ils ?

Vérifiez également que vous connaissez ou comprenez les mots ou verbes suivants :
der Täter (-) – der Verbrecher (-) – der Dieb (e) – der Verdächtige (n) – jn verhaften – jn verfolgen
Dans quel domaine utilise-t-on souvent ces mots ou verbes ?
Vous devrez rendre compte à l'oral des notes que vous avez prises durant l'émission radio. Vous aurez relevé des avantages et des inconvénients. Comment pouvez-vous les opposer à l'oral ?

Vous connaissez ou comprenez déjà :	Vous pouvez également utiliser :
einerseits + V … andererseits + V	*… V + zwar… , aber…*
…, aber… trotzdem	*… , jedoch + V / …, hingegen + V*
Ich meine, dass es positive Aspekte gibt. Zum Beispiel…	*Ich meine, dass es Vorteile bietet. Zum Beispiel…*
Ich denke, dass es negative Aspekte gibt.	*Ich denke, dass es Nachteile bietet: …*

2 Kameras am Arbeitsplatz

A. Hörverstehen

WENN MITARBEITER ÜBERWACHT WERDEN

FICHE ÉLÈVE

Kontext: *In den Medien wird oft über Überwachungsmaßnahmen in Firmen oder Betrieben gesprochen. Sind diese Maßnahmen wirklich legal?*

Hilfen:
- **der Datenschutz:** *la protection des données personnelles*
- **der Bericht (e):** *le rapport*
- **beschädigt sein:** *être endommagé*

Hören Sie sich folgendes Interview an und bilden Sie sich Ihre Meinung dazu. MP3

B1 ▸ **Welche Methoden werden benutzt, um die Mitarbeiter zu überwachen? Was halten Sie davon?**

B2 ▸ **Was ist das Ziel der Überwachungsmaßnahmen? Inwiefern sind diese Methoden legal?**

B. Sprechen

ALLES NICHT SO SCHLIMM?

FICHE ÉLÈVE

Kontext: *Sie haben sich nun die Radiosendung angehört und Sie finden, dass der Moderator und Frau Lehmann alles sehr negativ sehen.*

Sammeln Sie Argumente.

B1 → B2 **Sie rufen beim Sender an. Die Redaktion ist leider schon geschlossen und Sie hinterlassen Ihre Argumente auf einem Anrufbeantworter.**

Strategie mit Kick!

A. Hörverstehen aktiv

WENN MITARBEITER ÜBERWACHT WERDEN

1 Avant de commencer : mobiliser ses connaissances lexicales

■ **Assurez-vous avant l'écoute que vous connaissez les expressions verbales suivantes :**
jn heimlich filmen – sich verkleiden (als) – sich als Praktikant aus/geben (a, e; i) – etw. / sich / jn verstecken – jn zu etw. an/stiften

Rappelez-vous le vocabulaire de la surveillance.
S. 117

2 Repérer les expressions indiquant que quelque chose est contraire à la loi

gesetzeswidrig sein – gegen ein Gesetz verstoßen (ie, o; ö) – unberechtigt sein – strafbar sein – in die Privatsphäre einer Person ein/greifen (i, i) → der Eingriff (e)

3 Exprimer l'indignation, la stupéfaction

■ **Vous pouvez utiliser les expressions suivantes :**
Das ist ja kaum zu fassen! – Es wird ja immer bunter! – Das ist wirklich unerhört! – Das ist ja unverschämt!

4 Maîtriser quelques termes du monde du travail

■ **Dans cette interview, il est question du monde du travail. Lequel de ces verbes ne signifie pas « licencier » ?**
jn entlassen (ie, a; ä) → die Entlassung (en) – jm kündigen → die Kündigung (en) – jn feuern (umgs.) – jn raus/schmeißen (umgs.) (i, i) – jn verdächtigen → der Verdacht (e)

Que signifie le verbe intrus ?

B. Sprechen ganz einfach

ALLES NICHT SO SCHLIMM?

1 Argumenter

Avant d'enregistrer votre message, vous devez organiser vos idées et utiliser des structures adaptées. Il s'agit ici d'exprimer votre désaccord avec certains arguments avancés dans l'interview. Pour que vos arguments aient plus de poids, utilisez les notes prises pendant l'écoute pour illustrer vos propos.

2 Exprimer son désaccord ou relativiser ce qui a été dit S. 260

Vous connaissez déjà :	Vous pouvez aussi utiliser :
Ich bin nicht damit einverstanden.	*Ich hätte auch ein Gegenargument: …*
Frau Lehmann zeigt nur die schlechten Seiten der Kameras.	*Frau Lehmann sollte nicht verallgemeinern: Manchmal sind Kameras auch nützlich.*
Der Moderator übertreibt! Nicht alle Detektive arbeiten so!	*Der Moderator geht zu weit! Das ist nur ein Einzelfall!*
Nach dieser Sendung glauben alle Leute, dass ihr Chef sie überwacht.	*Jetzt werden alle ihren Chef verdächtigen! Das schadet ganz sicher dem Arbeitsklima.*
Das verstehe ich nicht!	*Das begreife ich nicht!*
Was soll das?	*Das bringt nichts! Das hat doch keinen Sinn!*

3 Kontrolliertes Privatleben?

A. Sprechen

EIN FILM

Kontext: *In Deutschland wird viel über die Überwachung von Privatpersonen diskutiert. Ihr Austauschpartner hat Ihnen dazu ein Video geschickt.*

A2-B1 **Das Video heißt „Gefährder". Was bedeutet dieses Wort? Welches Thema behandelt dieser Film wohl?**

B. Hörverstehen

SIND WIR ALLE POTENZIELLE TERRORISTEN?

FICHE ÉLÈVE

VIDEO **Sehen Sie sich nun den Film an.**

A2 ▸ **Welche Informationen bekommen Sie über die Personen, die Zeit und den Ort der Handlung?**

B1 → B2 ▸ **Wie wird im Film deutlich, dass die Polizei den Mann für einen potenziellen Terroristen hält? Sind wir alle potenzielle Gefährder?**

Hilfen:
- **die Mitgliedschaft in einer terroristischen Vereinigung:** *l'appartenance à une association terroriste*
- **die Bundesanwaltschaft:** *le parquet fédéral*
- **unauffällig nutzen:** *utiliser sans se faire remarquer*

C. Sprechen

EIN TELEFONGESPRÄCH

Kontext: *Am Abend ruft Sie Ihr deutscher Freund an und will wissen, was Sie von dem Film halten.*

Spielen Sie das Telefongespräch.

A2-B1 ▸ **Beide Partner erklären, wie ihnen der Film gefallen hat und was sie von dieser Art der Überwachung halten.**

B2 ▸ **Beide Partner haben verschiedene Meinungen: Der eine meint, dass die politische Strategie der Prävention richtig ist, der andere denkt das Gegenteil. Jeder versucht, den anderen von seiner Meinung zu überzeugen.**

Strategie mit Kick!

A. Sprechen ganz einfach

EIN FILM

■ **Comprendre la signification d'un mot grâce à sa racine et sa terminaison**

■ **Trouvez le domaine auquel appartient le mot *Gefährder* grâce aux mots qui ont la même racine :**
gefährlich sein – die Gefahr (en) – jn gefährden

■ **Observez les noms suivants, formés à partir d'un verbe, et déduisez la signification du suffixe *-er*. Que pouvez-vous en conclure pour *Der Gefährder*?**
spielen → der Spieler – lehren → der Lehrer – lesen (a, e; ie) → der Leser

■ **Essayez de répondre à la question par une définition : *Ein Gefährder ist jemand, der…***

B. Hörverstehen aktiv

SIND WIR ALLE POTENZIELLE TERRORISTEN?

■ **Avant de commencer : mobiliser ses connaissances lexicales**

■ **Chassez l'intrus :**

- *Nachrichten hören – sich informieren – Zeitung lesen – einen Spielfilm an/sehen (a, e; ie)*
- *schlafen (ie, a; ä) – sich aus/ruhen – Mittagspause machen – im Bett liegen (a, e)*
- *an die Tür gehen (i, a) – an die Tür klopfen – an die Tür hämmern*
- *eine Wohnung betreten (a, e; i) – in eine Wohnung *kommen (a, o) – in eine Wohnung *ein/dringen (a, u) – eine Wohnung besichtigen*
- *Angst haben – traurig sein – sich fürchten – erschrecken*
- *überrascht werden – verhaftet werden – festgenommen werden – inhaftiert werden*

C. Sprechen ganz einfach

EIN TELEFONGESPRÄCH

1 Avant de commencer : préparer ses arguments

■ **Voici quelques arguments en vrac. Classez-les selon qu'il s'agit d'arguments pour ou contre le contrôle préventif, puis continuez la liste :**
ein kleines bisschen Freiheit gegen viel Sicherheit eintauschen – ein Klima des Misstrauens und der Angst erzeugen – übertrieben sein – Katastrophen mit Tausenden von Toten verhindern können – Überwachung nur stören können, wenn man etwas zu verstecken hat – zu teuer sein und keine große Wirkung haben

2 Savoir convaincre quelqu'un

■ **Préparez les structures qui vont vous aider à faire changer d'avis votre interlocuteur.**
Vous connaissez certainement : *aber – jedoch – einerseits (+ V)… andererseits (+ V)… – nicht nur… sondern auch…*

Vous pouvez également utiliser : *zwar (+ V)…, aber… – trotz (+ Gen.) – trotzdem (+ V) – im Gegenteil dazu (+ V)*

Vers le bac oral

A Hörverstehen

Hören 1
Kann man das Internet vergesslich machen?

Hilfen:
- **vergesslich:** *qui n'a pas de mémoire*
- **die Datenrechtsbestimmung (en):** *la loi sur les données informatiques*
- **endgültig löschen:** *effacer de façon définitive*
- **Spuren hinterlassen (ie, a; ä):** *laisser des traces*

Hören 2
Videoüberwachung auf dem Schulhof?

Hilfen:
- **der Einbruch(¨-e):** *le cambriolage*
  → **einbrechen (a, o; i):** *cambrioler*
- **das Mobbing:** *le harcèlement*
- **die Gewalt:** *la violence*
- **beobachten:** *observer*
- **abschaffen:** *supprimer*

B Sprechen

Ihr Thema: *Total überwacht? Was kann ich dafür?*

Sprechen 1
Ein Zitat

„Den Raum für Freiheit zu schaffen, ist Aufgabe der Politik. Die Freiheit selbst zu verwirklichen, ist Sache aller und eines jeden[1]."

Karl Theodor zu Guttenberg (1921-72), dt. Politiker.

[1] **aller und eines jeden:** *de tout un chacun*

Pensez à utiliser

der Alltag • das echte / virtuelle Leben • das digitale Zeitalter • die Gefahr (en) • etw. (nicht) beherrschen • eine Entscheidung treffen (a, o; i) • ab/schalten • sich Zeit nehmen (a, o; i) • frei sein • unabhängig sein • sich bewusst werden, dass…

Sprechen 2
Schalt ab!

Strategie
POUR VOUS AIDER

Hörverstehen
Il s'agit de rendre compte de ce que vous avez compris du document. Vous le ferez par écrit et en français. Afin de vous approcher au maximum des conditions d'évaluation du Baccalauréat, essayez de ne pas écouter le document plus de trois fois. Vous disposerez le jour de l'épreuve d'une minute entre chaque écoute pour la prise de notes.

A Hörverstehen

Hören 1

Wie arbeitete die Stasi? S. 248

Hilfen:
- **jn verhaften:** *arrêter qn*
- **der Geheimdienst:** *les services secrets*
- **der IM** = der Inoffizielle Mitarbeiter
- **die Unterlagen (Pl.):** *le dossier*
- **spitzeln:** *espionner*
- **das Untersuchungsgefängnis (se):** *la maison d'arrêt (réservée aux détenus provisoires)*
- **von der Schule fliegen (o, o):** *être renvoyé de l'école*
- **die Verfassung (en):** *la Constitution*
- **jn ein/schüchtern:** *intimider qn*

Hören 2

Du bist Terrorist

Hilfen:
- **das Bundeskriminalamt:** *l'office fédéral de la police criminelle*
- **stöbern:** *fouiller*

B Sprechen

Ihr Thema: *Wie frei sind wir noch?*

Pensez à utiliser

der öffentliche Raum / die Privatsphäre • verdächtig sein • beobachtet werden • die Rechte ein/schränken • sich verteidigen • sich wehren • sich schützen • sich tarnen • sich in Acht nehmen (a, o; i) • für seine Rechte kämpfen • etw. befürchten • jn überwachen • ohnmächtig sein

Sprechen 1

Trau deinem Computer nicht!

Hilfen: ■ **jm trauen:** *faire confiance à qn*

Sprechen 2

Mitkommen!

"Nicht in diesem Ton, Freundchen! Mitkommen!"

Sprechen

Votre analyse des documents et de la thématique proposée sera plus fine si vous vous efforcez de nuancer vos propos. N'hésitez pas à faire des suppositions, à émettre des hypothèses ou au contraire à présenter un fait comme indéniable.

Tipp

Pour nuancer le degré de certitude de ce que vous avancez, vous utiliserez par exemple :
- *Ich nehme an, dass…*
- *(Ganz) bestimmt + V*
- *Ich bin ganz sicher, dass…*

1 Spione im Alltag

A. Leseverstehen

WER WEISS WAS ÜBER MICH?

FICHE ÉLÈVE

Kontext: *Ihr(e) Freund(in) behauptet, Handys oder Computer seien total ungefährlich. Sie suchen nach Gegenargumenten.*

Lesen Sie folgenden Artikel.

B1 **Auf welche Gefahren oder Risiken des RFID-Chips will der Autor aufmerksam machen?**

Gut zu wissen

RFID bedeutet *Radio Frequency Identification*. Es handelt sich um eine Technik, bei der etwas (zum Beispiel eine Kreditkarte, ein Etikett, ein Reisepass…) per Funksignal identifiziert wird. Ein optischer Kontakt ist nicht nötig.

Wer weiß was über mich? Eine Spurensuche

Was haben dein Handy, deine Urlaubsfotos auf *SchülerVZ* und deine Payback-Karte gemeinsam? Sie alle verraten dich. Denn hier hinterlässt du Spuren. Wer was von dir weiß, das erklärt uns Florian Glatzner. Er ist Politikwissenschaftler und Freiheitskämpfer. […]

6:30 Uhr: Dein Wecker klingelt. Noch bevor du aufstehst, tippst du die PIN in dein Handy... und bist zu orten.

Florian: „Machst du morgens dein Handy an, nimmst du direkt Kontakt zu deinem Netzanbieter auf, der diese Daten speichert. […] Abgesehen davon kann der Anbieter auch analysieren, wie lukrativ du für ihn als Kunde bist. Er weiß, wie oft und wie lange du telefonierst. Daraus entsteht dein Kundenprofil. Dein Profil ist für das so genannte Scoring interessant. Und das macht dich beliebt oder weniger beliebt beim Kundenservice." […]

8:30 Uhr: Große Pause. Im Computerraum bestellst du schnell ein Buch im Onlineshop... und bist erfasst. […]

Florian: „Anhand der IP-Adressen deines Computers kann das Unternehmen nämlich zurückverfolgen, von wo du surfst, welches Betriebssystem du nutzt, welcher Browser aktiv ist. Die gesammelten Daten werden dann zu Werbezwecken verwendet[1] und du kannst personalisiert umworben werden. Wenn du beim nächsten Mal auf Google klickst, brauchst du dich also nicht zu wundern, warum in der Mediamarkt-Werbung der direkte Link zum Mediamarkt in deiner Nähe erscheint." […]

14:25 Uhr: Auf dem Nachhauseweg gehst du im Amt vorbei, um deinen neuen Reisepass abzuholen... und du bist jetzt unbemerkt abrufbar.

Florian: „Die neuen Reisepässe[2] haben einen RFID-Chip. Damit sind sie personalisiert. Diese Chips befinden sich bereits in vielen Büchereiausweisen[3], Studentenpässen und Mensakarten und sollen auch bald in die Personalausweise eingearbeitet werden. Die RFID-Chips selbst beinhalten[4] meist keine Daten, sondern sind mit einer Datenbank verbunden, auf der die personalisierten Informationen liegen. […]

23:30 Uhr: Handy aus. Schlafen!

Die Moral von der Geschichte... aufpassen auf die Freiheit. […]

Florian: „[…] Denn Freiheit heißt heute auch unbeobachtet sein!"

Stephanie Lachnit, *www.fluter.de*, 4.11.2008

1 **verwenden** = benutzen
2 **der Reisepass (¨e):** *le passeport*
3 **der Ausweis (e):** *la carte d'identité*
4 **beinhalten:** *contenir*
5 **RFID** = Radio Frequency Identification: *identification par radio-fréquence*

B. Schreiben

IM JAHRE 2112...

FICHE ÉLÈVE

Kontext: *Für eine Projektwoche sollen Sie einen kurzen Text schreiben, der im Jahr 2112 spielt.*

Sie sind ein Jugendlicher / eine Jugendliche und leben im Jahr 2112.

B1-B2 ▸ **Erzählen Sie einen Tag aus Ihrem Leben. Beschreiben Sie auch Ihre Gefühle und Ängste. Sie stellen sich Fragen über die Zukunft...**

B2 ▸ **Sie sind Informatiker und leben im Jahr 2112. Sie denken über Ihre Arbeit und die Konsequenzen für die Menschen nach... Schreiben Sie einen kurzen Text dazu.**

Tipp

Man hat Ihnen schon bei der Geburt einen RFID-Chip implantiert. Sie brauchen eine PIN, um in Ihr Haus zu gehen. Überall in der Stadt laufen Kameras. Ihre Eltern können per Internet kontrollieren, wo Sie gerade sind und was Sie machen.

Strategie mit Kick!

POUR VOUS AIDER

A. Leseverstehen aktiv

WER WEISS WAS ÜBER MICH?

1 Avant de commencer : mobiliser ses connaissances lexicales

■ **Connaissez-vous les mots suivants, en lien avec Internet ? Recherchez les termes que vous ne comprenez pas.**
der Onlineshop (s) – der Browser (-) – die PIN – der Netzanbieter (-) – das Betriebssystem (e) – die Datenbank (en)– verbinden (a, u) – ab/rufen (ie, u) → abrufbar sein

2 Maîtriser des termes du champ lexical de la vente et de la publicité

der Kunde (n) – der Kundenservice – beliebt sein – jn umwerben (a, o; i) – die Werbung (en) – der Werbezweck (e)

B. Schreiben ganz einfach

IM JAHRE 2112...

1 Rédiger un texte de science-fiction

Il s'agit de produire un récit futuriste en vous mettant dans la peau du personnage. Veillez à un déroulement chronologique de votre journée et pensez à réinvestir le lexique rencontré dans cette unité.
Établissez une chronologie dans les faits que vous allez raconter. Quelques rappels de structures et d'expressions utiles :
am Morgen / morgens um … Uhr – beim Frühstück – im Unterricht – um die Mittagszeit – am Nachmittag – am Abend – beim Abendessen – kurz vor dem Einschlafen – zuerst / als Erstes – anschließend / dann / danach / nachher – schließlich – bevor – nachdem

2 Exprimer des craintes et des interrogations

Pour la tâche de niveau B2, vous devez être capable d'une réflexion critique sur votre vie. Les avancées technologiques ont-elles amélioré notre quotidien ?
Assurez-vous que vous comprenez bien les mots et expressions suivants. Ils vous aideront à exprimer vos craintes et vos interrogations quant à l'avancée du progrès.
vor etw. Angst haben – sich vor etw. fürchten – etw. furchtbar / schrecklich finden (a, u) – der Fortschritt (e) – den Fortschritt nicht auf/halten können – die Zukunft – sich Fragen stellen – hoffen → die Hoffnung (en) – an die Folgen denken (dachte, gedacht) – die Verantwortung – verantwortungsbewusst sein – etw. verhindern

2 Arbeitswelt: Welt der Haie?

A. Leseverstehen

WAS ZÄHLT, SIND RESULTATE!

FICHE ÉLÈVE

Kontext: *Sie werden morgen mit ihrer deutschen Gastfamilie ins Theater gehen. Sie wollen sich vorher über das Thema des Stücks informieren.*

Lesen Sie folgenden Monolog aus dem Theaterstück.

B1 ▸ **Welche Überwachungsmethoden werden hier benutzt? Welche Rolle spielen die Mentoren? Vergleichen Sie in der Klasse.**

B2 ▸ **Wie ist das Arbeitsklima in dieser Firma? Was passiert, wenn Mitarbeiter ihre „Performance" nicht verbessern?**

Karl Sonnenschein – Eine andere Welt ist möglich

Karl Sonnenschein (35) arbeitet in der Consulting-Branche. Er sucht nach neuen Methoden, um die Resultate seiner Firma zu verbessern.

Karl Sonnenschein: Wir gehen davon aus, dass unsere Mitarbeiter sich ständig weiterentwickeln wollen und müssen, und das findet[1] so statt, dass es für jeden Berater[2] vier Mentoren gibt, die seine Arbeit überwachen und ihm mit Rat und Tat zur Seite stehen[3], und zwei weitere Mentoren, die verdeckten Agenten nennen wir die, seine Leistungen verdeckt überwachen, das heißt, die kennt er nicht, das könnte jeder sein, das weiß er nicht. […]

Der verdeckte Agent reicht seine Erkenntnisse[4] über den überwachten Mitarbeiter dann in einem formalisierten geheimen[5] Dossier an den Mentor weiter, der dann die einzelnen Punkte mit dem Berater durchspricht und entsprechende Trainings und Nachschulungen vorschlägt, wie er sich auf seine Schwachstellen konzentrieren kann und seine Performance verbessert. […] Wir erwarten von all unseren Mitarbeitern, dass sie 300-prozentige Excellence bieten im Qualitätsbereich, das heißt auch, sich weiterbilden, mitgehen mit den Entwicklungen am Markt, das heißt auch, mal ungefragt 'ne Extraschicht einlegen, auch mal mit Lösungsvorschlägen kommen, bevor die anderen zu einem Ergebnis gekommen sind […].

Wir schmeißen[6] ältere Mitarbeiter nicht sofort raus, sondern bauen[7] die graduell ab,

1 **statt/finden (a, u):** *se dérouler*
2 **der Berater (-)** = der Mentor (en): *le coach*
3 **jm zur Seite stehen (a, a):** *être aux côtés de qn*
4 **die Erkenntnis (se):** *(ici)* die Informationen
5 **geheim:** *secret*
6 **jn raus/schmeißen (i, i) (umgs.):** *mettre qn à la porte*
7 **jn ab/bauen:** *(ici) détruire l'emploi de qn*

das heißt ganz konkret, wir lassen denen immer weniger Verantwortung zukommen und stellen die in immer kleineren Projekten auf, das heißt, sie sind in ihrer Hochphase in New York stationiert und pendeln[8] gleichzeitig noch zwischen Tokio und Paris, und dann baut sich das eben graduell ab, London – Berlin – Budapest – Bremen – Münster – Oldenburg – Fürstenfeldbruck – Husum – das wäre so humane Sterbehilfe, sag ich mal.

Falk Richter, *Unter Eis*, 2005

8 **pendeln:** *faire la navette*

B. Schreiben

LEISTUNG UM JEDEN PREIS? FICHE ÉLÈVE

Kontext: *Nach dem Theaterabend möchten Sie auf einem Blog Ihre Meinung über diese zynische Arbeitswelt ausdrücken.*

Schreiben Sie Ihren Beitrag.

B1 B2
- **Nehmen Sie Stellung zu den Methoden, die in dieser Firma benutzt werden.**
- **Glauben Sie, dass eine andere (Arbeits)welt möglich ist?**

Strategie mit Kick!

A. Leseverstehen aktiv

WAS ZÄHLT, SIND RESULTATE!

1 Avant de commencer : mobiliser ses connaissances lexicales

■ **Assurez-vous que vous comprenez les mots suivants appartenant au domaine économique :**
die Entwicklung (en) – die Leistung (en) – das Ergebnis (se)

2 Comprendre un mot en le décomposant

■ **Entraînez-vous à identifier la signification d'un mot inconnu en le décomposant.**
die Schwachstelle (n) – die Extraschicht (en) – die Nachschulung (en) – der Lösungsvorschlag (¨e) – die Sterbehilfe

B. Schreiben ganz einfach

LEISTUNG UM JEDEN PREIS?

■ **Donner son avis et argumenter**

Avant de rédiger un point de vue argumenté pour le forum, pensez à classer vos idées.
Donnez vos réactions à la lecture de cet extrait.
Évoquez les méthodes utilisées dans cette entreprise et leurs conséquences possibles.
Vous pouvez vous servir de ces éléments :
jn unmenschlich behandeln – jn unter Druck setzen – die Leistungen um jeden Preis verbessern wollen – mit der Kündigung drohen – den Leistungsdruck nicht mehr ertragen (u, a; ä) – vom Stress krank werden

3 Total kontrolliert

A. Leseverstehen

Kontext: *Im Sozialkundeunterricht debattieren Sie über die Gesellschaft der Zukunft und suchen Beispiele. Ihr deutscher Briefpartner schickt Ihnen zwei Auszüge aus Juli Zehs Roman „Corpus Delicti".*

Lesen Sie den folgenden Text.

B1 ▸ **In welchen Bereichen wird Mia Holl überwacht? Wozu?**

B2 ▸ **Was sind die Vor- und Nachteile der staatlichen Kontrolle über Mias Leben?**

DER FALL MIA HOLL

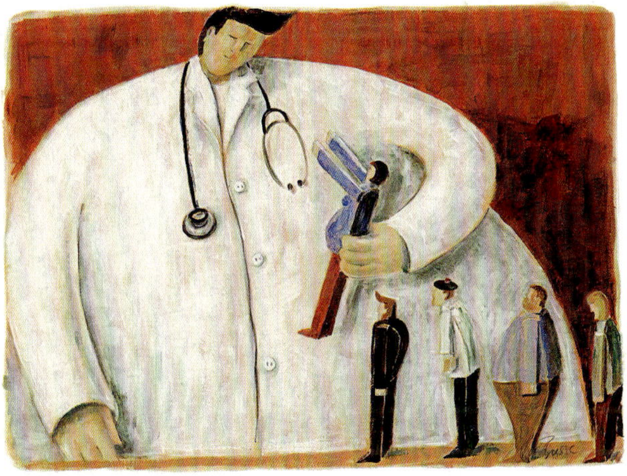

Der Roman spielt in der Zukunft. Alle Bürger müssen ihre Gesundheit regelmäßig kontrollieren und den Staat darüber informieren. Mia Holl hat das seit einem Monat nicht getan. Eine Richterin (Sophie), ein Vertreter des öffentlichen Interesses (Rosentreter) und ein Vertreter des privaten Interesses (Bell) diskutieren über den Fall.

„Was liegt vor?", fragt Sophie.
„Vernachlässigung[1] der Meldepflichten", sagt Bell. „Schlafbericht[2] und Ernährungsbericht wurden im laufenden Monat nicht eingereicht[3]. Plötzlicher Einbruch im sportlichen Leistungsprofil. Häusliche Blutdruckmessung und Urintest nicht durchgeführt."
„Zeigen Sie mir die allgemeinen Daten."
Auf einen Wink von Bell laufen lange Listen über die Präsentationsfläche. Blutwerte, Informationen zu Kalorienverbrauch und Stoffwechselabläufen, dazu einige Diagramme mit Leistungskurven.
„Die ist doch gut drauf", sagt Sophie und gibt Rosentreter damit das Stichwort[4].
„Keine Vorbelastungen[5]. Erfolgreiche Biologin mit Idealbiographie. Keine Anzeichen von physischen oder sozialen Störungen."
„Hat sie die ZPV in Anspruch genommen?"
„Bis jetzt liegt kein Antrag[6] bei der Zentralen Partnerschaftsvermittlung vor."
„Eine schwierige Phase. Nicht wahr, Jungs?" Die Richterin lacht über Bells säuerliche und Rosentreters erschrockene Miene. „Ich würde in diesem Fall gern auf eine Verwarnung[7] verzichten und Hilfestellung anbieten. Einladung zum Klärungsgespräch."

Juli Zeh, *Corpus Delicti*, 2009

1 **die Vernachlässigung (en):** *la négligence*
2 **der Bericht (e):** *le compte rendu, le rapport*
3 **etw. ein/reichen:** *déposer qc.*
4 **jm das Stichwort geben:** *fournir un enchaînement tout trouvé à qn*
5 **die Vorbelastung (en):** *(ici) l'antécédent*
6 **einen Antrag stellen:** *faire une demande (officielle)*
7 **die Verwarnung (en):** *l'avertissement*

MIA HOLLS ANHÖRUNG

FICHE ÉLÈVE

Lesen Sie diesen Text.

B1 ▸ **Machen Sie sich Notizen:**
zur Art des Gesprächs – zu den Hilfsangeboten der Richterin – zu den Reaktionen der zwei Frauen

B2 ▸ **Was meinen Sie? Ist Schmerz eine Privatangelegenheit?** ▸ Z. 19

„Schön, Sie zu sehen, Frau Holl. Weniger schön, dass ich Sie vorladen musste. Sie hätten freiwillig zum Klärungsgespräch kommen sollen. Jetzt ist es eine Anhörung, und ich muss Sie über Ihre Rechte belehren. Nach Paragraph 50 Gesundheitsprozessordnung haben Sie das Recht zu schweigen. Aber ich gehe[1] fest davon aus, dass wir uns unterhalten wollen. So ist es doch?" [...]
Eine Weile sieht Mia der Richterin starr in die Augen, dann senkt sie den Blick.
„Was passiert ist, lässt sich nicht ungeschehen[2] machen", sagt Sophie. „Aber die Gesundheitsordnung bietet eine Reihe von Möglichkeiten, Ihnen zu helfen. Ich kann Ihnen einen medizinischen Betreuer bestellen. Auch ein Kuraufenthalt wäre denkbar. Wir können einen schönen Ort aussuchen, in den Bergen oder am Meer. Man wird Sie dabei unterstützen, mit Ihrer Lage fertig zu werden. Anschließend werden Sie bei der Wiedereingliederung[3] in Beruf und Alltag..."
„Nein, danke", sagt Mia.
„Was soll das heißen – nein danke?" [...]
„Ich hielt meinen Schmerz für eine Privatangelegenheit."
„Privatangelegenheit?" fragt Sophie erstaunt.

Juli Zeh, *Corpus Delicti*, 2009

Szene aus dem Theaterstück *Corpus Delicti*, Theater Freiburg, 2010.

1 **fest von etw. *aus/gehen (i, a):** *être convaincu de qc.*
2 **etw. lässt sich nicht ungeschehen machen:** *qc. est irrévocable*
3 **die Wiedereingliederung:** *la réinsertion*

B. Schreiben

EINE E-MAIL AN MIAS FREUNDIN

Kontext: *Am nächsten Tag mailt Mia einer Freundin. Sie erzählt von dem Gespräch, ihren Gefühlen und ihren Plänen.*

B1 **Schreiben Sie die E-Mail.**

EIN INFORMATIONSBLATT

Kontext: *Nach dem Prozess von Mia Holl startet das Gesundheitsministerium eine Kampagne, um zu zeigen, dass Kontrolle sein muss.*

B2 **Schreiben Sie ein Informationsblatt mit dem Titel: „Krank sein ist keine Privatangelegenheit". Sie brauchen mindestens drei Argumente.**

Strategie mit Kick!

A. Leseverstehen aktiv

DER FALL MIA HOLL

Comprendre un vocabulaire technique

À quel domaine appartiennent les mots composés suivants ?
die Meldepflicht – die Blutwerte (Pl.) – der Ernährungsbericht (e) – der Schlafbericht (e) – der Kalorienverbrauch – die Stoffwechselabläufe (Pl.)

Décomposez-les pour comprendre leur signification.

MIA HOLLS ANHÖRUNG

Avant de commencer : mobiliser ses connaissances lexicales

Assurez-vous de comprendre les mots suivants. Au besoin, aidez-vous des définitions proposées :
- *der Richter (-): ein Jurist, der über Recht und Unrecht entscheidet*
- *der Antrag (¨e): die offizielle Bitte*
- *jn vor/laden (u, a; ä): jn zu einem offiziellen Termin ein/laden*

B. Schreiben ganz einfach

EINE E-MAIL AN MIAS FREUNDIN

Rédiger un courrier électronique personnel

Pour écrire un mail personnel, vous devez :
- choisir des formules d'appel et finales adéquates,
- tutoyer votre interlocuteur,
- utiliser un niveau de langue familier.

Vous devez aussi maîtriser la formation du parfait pour pouvoir résumer l'entretien et savoir parler de vos sentiments. S. 256

Rappelez-vous les différents sentiments en chassant l'intrus parmi les expressions suivantes :
- *traurig sein – unglücklich sein – melancholisch sein – unfreundlich sein*
- *verlegen sein – etwas ist einem peinlich – begeistert sein – etwas ist einem unangenehm*
- *neugierig sein – wütend sein – zornig sein – Hass fühlen*

EIN INFORMATIONSBLATT

Rédiger un dépliant

Quand vous rédigez un dépliant, veillez à :
- attirer l'attention,
- être immédiatement compréhensible (choix du vocabulaire, longueur des phrases).

Réfléchissez également à la mise en page et à la typographie.

Vers le bac écrit

Fürs Leben markiert

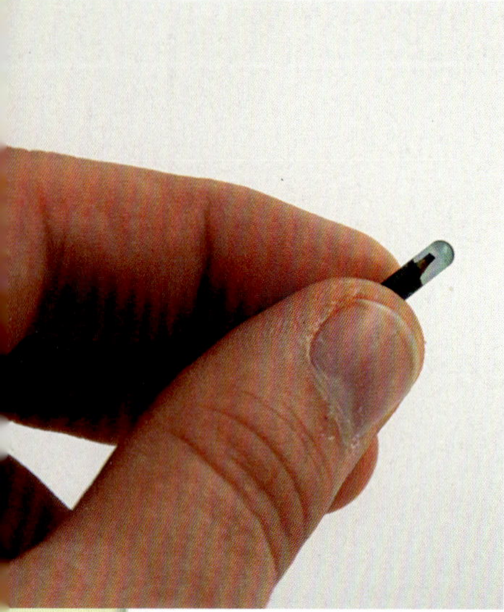

Die Zukunft funkt[1] aus dem Oberarm. Rund eintausend Menschen weltweit tragen bereits einen RFID-Chip in ihrem Körper. Noch sind es vor allem Testpersonen, aber die Produzenten wollen schnell so viele Chips wie möglich implantieren. Zunächst alten Menschen, chronisch Kranken und Soldaten. Die Firma Applied Digital Solutions (ADS) aus Palm Beach verkauft seit 15 Jahren RFID-Implantate für Haustiere, mit deren Hilfe entlaufene Katzen und Hunde identifiziert werden können. Rund einer Million Tiere wurden solche Chips bereits eingesetzt; in Berlin und Hamburg sollen sie Pflicht werden. Inzwischen hat ADS einen Chip für Menschen entwickelt und sucht seit drei Jahren nach lukrativen Anwendungen[2] für die Erfindung.

Im Moment vermarktet das Unternehmen den so genannten Verichip vor allem als implantierten Notfallausweis. Ärzte können mit einem Lesegerät die Identifikationsnummer des Chips auslesen und damit dann in einer Datenbank die Krankengeschichte des Implantatträgers abfragen. Der Chip, so ADS, würde das Leben von bewusstlosen Unfallopfern retten, die beispielsweise auf bestimmte Medikamente allergisch reagieren. Er erleichtert aber auch die Behandlung von Alzheimer-Patienten und Personen, die selbst nicht in der Lage sind, zuverlässig Auskunft zu geben[3]. […]

Der Einsatz des Verichip als Notfallausweis läuft allerdings nur schleppend[4] an, deshalb sucht ADS nach weiteren Aufgaben für sein Produkt. Firmenchef Richard Sullivan hat vorgeschlagen, Einwanderern den Chip zu implantieren, um sie zu überwachen. Und Master Card kann sich vorstellen, ihn als Kreditkarte unter der Haut[5] zu vermarkten. Zudem vermag der Verichip die Zugangskontrolle für Gebäude zu regeln. So baut ADS darauf, dass Unternehmen ihren Beschäftigten, die sich heute mit der Mitarbeiterkarte ausweisen, künftig den Chip injizieren lassen. Die Amerikaner werben für den Einsatz in Hochsicherheitsbereichen wie Atomkraftwerken und Chemielabors. […]

Partygänger in Europa entdecken den Verichip derweil als Accessoire. Die Diskothekenkette Baja Beach Club bietet ihren VIP-Gästen an, sich ihn als persönliche Eintritts-, Ausweis- und Verzehrkarte direkt in den Clubs unter die Haut spritzen zu lassen. […]

Der belgische Waffenhersteller[6] FN Herstal sieht noch ganz andere Einsatzfelder. Er hat für das US-Justizministerium eine Waffe entwickelt, die RFID-Chips scannt und nur dann feuert, wenn der Benutzer den dazugehörigen Chip in seinem Arm trägt. […]

Derart spektakuläre Anwendungen stoßen selbst in den USA auf Skepsis. Der US-Auftraggeber finanziert die belgische RFID-Forschung vorerst nicht weiter. Für Sauvage [den Sprecher von FN Herstal] lediglich ein kurzer Aufschub: „Das ist die Zukunft. Davon muss man die Politiker nur überzeugen."

Die Zeit, 21.04.2005

1 **funken:** *émettre des ondes* – 2 **die Anwendung (en):** *l'utilisation* – 3 **zuverlässig Auskunft geben (a, e; i):** *donner des renseignements fiables* – 4 **schleppend** = langsam – 5 **die Haut:** *la peau* – 6 **die Waffe (n):** *l'arme*

Den Text verstehen

1 Was stimmt? Schreiben Sie die richtige(n) Antworte(n) ab.

Dieser Artikel zeigt uns, …

a. *dass man diesen RFID-Chip in vielen Bereichen benutzen kann.*

b. *warum es gefährlich für die Gesundheit ist, sich einen Chip implantieren zu lassen.*

c. *welche Vorteile dieser Chip für Ärzte haben kann.*

d. *dass dieser Chip bei Notfällen nützlich sein kann.*

e. *dass dieser Chip die Sicherheit in Industriegebäuden verbessert.*

f. *wie leicht es ist, diesen Chip zu entfernen, wenn man ihn nicht mehr tragen will.*

g. *dass diese Erfindung fast keine Nachteile hat.*

h. *dass dieser Chip garantiert, dass niemand sich mit einer Waffe verletzt.*

2 Von welchen Anwendungsbereichen des RFID-Chips ist im Text die Rede? Schreiben Sie die richtigen Antworten ab und belegen Sie Ihre Wahl mit einem Zitat aus dem Text.

a. *bei der Arbeit*

b. *im Krieg*

c. *in der Schule*

d. *in der Freizeit*

e. *im Gesundheitswesen*

f. *auf Bahnhöfen und an Flughäfen*

g. *bei der Kontrolle von Ausländern*

h. *bei der Tierhaltung*

Schreiben

1. *In der Disko haben Sie sich einen Chip unter die Haut spritzen lassen und sind begeistert. Jetzt wollen Sie einen Freund/eine Freundin überzeugen, der/die noch skeptisch ist. Schreiben Sie ihm/ihr eine E-Mail* (100 à 120 mots).

2. *Eine Umfrage zeigt, dass ein Viertel der deutschen Jugendlichen sich einen Chip implantieren lassen würde. Und Sie? Argumentieren Sie und geben Sie Beispiele!* (140 à 160 mots)

POUR VOUS AIDER

Strategie

Leseverstehen

Vérifiez que vous connaissez ces mots et expressions en lien avec une situation d'urgence médicale :
der Notfall (¨-e) • *der Unfall (¨-e)* • *das Opfer (-)* • *retten* • *bewusstlos sein* • *die Krankengeschichte* • *die Behandlung (en)* • *jn behandeln*

Schreiben

FICHE ÉLÈVE

Lisez attentivement le sujet et la consigne de travail, puis :

1. **Soulignez les termes clés;**

2. **Associez à ces termes des expressions et notions vues dans l'unité;**

3. **Classez vos idées pour obtenir un plan détaillé.**

Sprachatelier

Voici une liste de mots et expressions en lien avec l'unité étudiée. Faites votre propre bilan lexical : quels mots connaissez-vous ? Lesquels devez-vous apprendre ? FICHE ÉLÈVE

Die neuen Technologien

A2 die IP-Adresse (n) – etw. speichern – die gespeicherten Daten – im Internet surfen – die Datenbank (en) – der Computer (-) / der Rechner (-)

B1 der Internetprovider (s) – einen Verlust an Freiheit bedeuten – der Datenschutz – etw. auf/zeichnen – die PIN in sein Handy tippen – der Netzanbieter (-) – der Link (s) – das Betriebssystem (e) – die Privatangelegenheit (en)

B2 die Bürger ungehindert beobachten – sich in die Privatsphäre ein/mischen – der RFID-Chip – der Browser – jn googeln – im Internet recherchieren

Die Überwachung

A2 das digitale Passfoto (s) – jn filmen – jn beobachten – die Überwachung – etw. an/schauen

B1 etw. missbrauchen – der Passinhaber (-) – die Zugangskontrolle (n) – die Sicherheitsmaßnahme (n) – die Videoüberwachung

B2 sich in das Privatleben ein/mischen – keinen Menschen etw. an/gehen (i, a) – die Überwachungsmethode (n) – jn orten – jn bespitzeln – die Bespitzelung (en)

Total überwacht?

Kontrolle in der Arbeitswelt

A2 die Verantwortung – der Mitarbeiter (-) – die Leistung (en) – die Hochphase (n) – seine Performance verbessern

B1 wirksam sein – sich auf seine Schwachstellen konzentrieren – der Lösungsvorschlag (¨e) – die Trainingsschulung (en) – die Nachschulung (en) – der Qualitätsbereich (e) – sich weiter/bilden – zu einem Ergebnis *kommen (a, o)

B2 etw. weiter/entwickeln – sich in Projekten engagieren – seine Leistungen steigern – unter Stress leiden (i, i)

Die Gefahren

A2 die Sicherheit (en) – etw. / jn schützen – illegal sein – jn überwachen

B1 die Spur (en) – Spuren hinterlassen (ie, a; ä) – jn ab/hören – ein Risiko *ein/gehen – jn aus/spionieren – Informationen missbrauchen

B2 gegen einen Artikel des Grundgesetzes verstoßen (ie, o; ö) – jn an/stiften, etw. Verbotenes zu tun – gesetzwidrig sein – gegen den Datenschutz verstoßen (ie, o; ö) – das Privatleben nicht respektieren

1 Rund um das Verb „hören“

hören

Das lässt sich hören.
Lass bald von dir hören!

ein Gespräch ab/hören
jn verhören
jm vergeht Hören und Sehen
Sie werden von mir hören!

der Zuhörer (-)
der Hörtext (e)
das Hörgerät (e)
der Kopfhörer (-)
das Gehör

Hör auf damit!
Hör doch auf!

etw. überhören
jn nur vom Hören kennen (a, a)
etw. nicht mehr hören können
auf jn hören

Hör doch mal zu!
Hören Sie mal!
Der kriegt was zu hören!
Ich glaube, ich höre nicht richtig!
Sie werden von mir hören!

■ **Vous discutez avec un jeune Allemand. Que dites-vous…**

1. pour lui préciser que vous ne connaissez pas personnellement la personne dont il parle ?

2. lorsque, très fâché contre un ami, vous annoncez que celui-ci va vous entendre ?

3. quand, en prenant congé de lui, vous lui demandez de vous donner bientôt de ses nouvelles ?

4. pour lui dire que vous ne voulez plus entendre parler de quelque chose ?

5. quand vous lui dites que ses arguments sont recevables ?

6. quand vous lui demandez d'arrêter de faire quelque chose ?

2 Graduer la valeur de vérité d'un énonce

Lors d'une enquête ou d'une recherche, l'on est toujours amené à émettre des hypothèses, dont la valeur de vérité peut varier. On peut alors avoir recours à des modalisateurs. Observez la liste qui suit :

Modalisateur	Sens	Exemple
anscheinend	apparemment	*Sie sind **anscheinend** nicht mit mir einverstanden.*
womöglich	probabilité forte	*Der Politiker ist **womöglich** überwacht worden.*
vermutlich	après déduction	*Der Junge ist **vermutlich** nach der Schule verschwunden.*
offensichtlich	présence d'indices	*Der Mann, der gestern verhaftet wurde, ist **offensichtlich** der Täter.*
sicher / sicherlich	pas de doute possible	*Tim ist noch nicht zu Hause. Er hat **sicherlich** ein Problem gehabt.*
wohl	probable sans exclure une autre explication	*Dein Freund Paul geht nicht mit ins Kino? Er durfte **wohl** nicht mit.*

■ **Vous venez de voir le célèbre film allemand *La vie des autres* (*Das Leben der Anderen*) en classe. Votre professeur d'allemand vous demande d'en résumer l'action par écrit en quelques lignes. Voici des groupes infinitifs qui vont vous permettre de le faire. Enrichissez-les de modalisateurs.**

ein berühmter Regisseur und Bühnenschreiber sein – gezwungenermaßen ein Verhältnis mit jm haben – problemlos sein – seinen Rivalen eliminieren wollen – jn überwachen lassen – etw. erfahren (u, a; ä) – den Fall übernehmen (a, o; i) – Selbstmord begehen (i, a) – seine Berichte fälschen – jn unter Druck setzen – etwas nicht wollen – kein schlechter Mensch sein

3 Nier quelque chose

FICHE ÉLÈVE S. 260

Pour nier quelque chose, on a le plus souvent recours aux négateurs ***nicht*** et ***kein***. Cependant la langue allemande dispose d'autres négateurs que vous pouvez observer dans ce tableau :

négateur	négation de ...
nichts	*etwas*
keinerlei	*irgendwelch-*
niemand	*jemand*
nirgends, nirgendwo, nirgendwohin, nirgendwoher	*irgendwo, irgendwohin, irgendwoher*
nie, niemals	*je, jemals*

On peut y ajouter *keineswegs, keinesfalls, in keinster Weise*. Il s'agit de variantes intensives de *nicht* qui correspondent à « en aucune façon » en français.

■ **Traduisez le passage suivant.**

Jamais la question de la protection des données personnelles n'a été aussi actuelle qu'en ce moment. Le scandale de surveillance dans un grand supermarché allemand a provoqué des discussions animées. Personne n'avait pu supposer qu'une entreprise se mêlerait à tel point de la vie privée de ses employés. Mais, comme l'a formulé le ministère chargé de la question, cette intrusion n'est pas tolérable, en aucune façon.

C'est le premier scandale de ce genre en Allemagne. Jusqu'à présent, il n'y avait pas eu de cas où des entreprises avaient utilisé leurs caméras vidéo à des fins d'espionnage.

4 Inciter quelqu'un à faire quelque chose

Lorsque vous défendez une cause, vous cherchez à inciter le plus de personnes possibles à vous soutenir dans votre démarche. Pour l'exprimer, vous pouvez donner des conseils, voire avoir recours à l'injonction. Observez ci-après les différentes façons de le faire.

- inciter à agir avec *können* : *Ihr könnt doch mitmachen!*
- inciter à agir avec *sollen* : *Wir sollten alle zusammen etwas unternehmen!*
- inciter à agir avec *müssen* : *So geht es nicht weiter! Wir müssen etwas tun!*
- inciter à agir avec l'impératif : *Kämpft mit uns!*

■ **Vous avez organisé une manifestation contre la violence à l'école. Votre correspondant allemand veut faire la même chose dans son établissement. Vous l'aidez à rédiger un tract qu'il va distribuer à la sortie des cours. Voici quelques groupes infinitifs qui vont vous être utiles.**

etw. erreichen – etw. nicht akzeptieren können – Solidarität zeigen – eine gefährliche Situation erleben – seinen Willen zeigen – etw. unternehmen (a, o; i) – in Ruhe lernen können – demonstrieren – mit/machen – wichtig für unsere Zukunft sein

5 Utiliser le passif

FICHE ÉLÈVE S. 258

La voix passive est beaucoup plus employée en allemand qu'en français. Elle se substitue fréquemment à des tournures impersonnelles avec le pronom « on » pour décrire une activité en cours. Le passif se forme à partir de l'auxiliaire *werden* auquel on ajoute le participe passé du verbe. Exemple : *Der Taschendieb wird von der Polizei verhaftet.*

■ **Transformez les phrases suivantes au passif.**

1. *Die Stasi hat damals viele DDR-Bürger bespitzelt.*
2. *2011 beschleunigte das Internet die Revolution in Tunesien und in Ägypten.*
3. *Im Roman „Corpus Delicti" von Juli Zeh überwacht der Staat die Bürger total.*
4. *In der Ex-DDR hatte man oft politische Gegner ausspioniert.*
5. *In Zukunft wird man vielleicht die meisten Krankheiten heilen.*
6. *Die Polizei hat auf der Demo gegen Datenschutz viele Demonstranten festgenommen.*

Zeigen Sie, was Sie können

Ihre Aufgabe:

SPRECHEN

Für oder gegen Überwachungsmaßnahmen?

Ein deutsches Webradio sucht ausländische Schüler, die sich zum Thema „Wie sicher ist meine Schule?“ äußern.

Sie diskutieren nun mit Ihren Klassenkameraden über die Sicherheitsmaßnahmen, die es an Ihrer Schule schon gibt oder (nicht) geben sollte.
Jeder schickt dann seine Meinung in einer MP3 Datei an den Radiosender.

Pour vous guider

Bien cerner le sujet de discussion
Vous devez parler des mesures de surveillance déjà existantes dans votre établissement puis proposer des idées pour renforcer cette surveillance ou, au contraire, dire ce qui va trop loin dans cette surveillance et de quel(s) dispositif(s) vous ne voulez en aucun cas. Si aucune mesure de surveillance n'est appliquée dans votre établissement, vous pouvez vous demander quel dispositif serait souhaitable ou inadmissible.

Nuancer les arguments et contre-argumenter
Appuyez-vous sur les structures que vous avez vues dans cette unité.
Réemployez le lexique que vous avez vu dans les documents de l'unité.

Être convaincant
Vous pouvez utiliser les expressions suivantes :
Für mich ist es besonders wichtig, dass... – Ich finde, man sollte auf jeden Fall ≠ auf keinen Fall... – Ich möchte unbedingt, dass... – Es ist dringend, ... zu + Inf. – Es wäre wirklich nützlich, ... zu + Inf. – Für mich ist die Hauptsache, dass...

Ihre Aufgabe: Sich für Datenschutz engagieren.

SCHREIBEN

Sie wollen eine Demo für Datenschutz organisieren. Sie möchten andere Bürger auf diese Demo aufmerksam machen und ihnen erklären, wie wichtig es ist, auch zu demonstrieren.

Machen Sie Plakate, entwerfen Sie einen Flyer oder schreiben Sie einen Presseartikel.

Pour vous guider

Bien cerner ses objectifs
La protection des données personnelles est un domaine assez vaste ; vous devrez donc préciser sur quel aspect porte votre engagement. S'agit-il de la protection de la vie privée sur Internet ? De dénoncer la mémorisation de vos appels depuis un portable ? De demander la suppression des caméras de surveillance dans les rues ? Ou d'un autre aspect de votre choix… ?

Préparer ses arguments
Pensez à réemployer le lexique que vous avez vu dans les divers documents de l'unité.

Adapter le style et la mise en forme au support choisi
Une affiche doit attirer le regard et contenir un message bref avec un slogan et une photo par exemple. Un flyer doit contenir des informations brèves et tenir sur un format plus petit qu'une affiche. Un article de presse vous laisse en revanche la liberté de développer davantage vos arguments et de donner votre point de vue.
N'oubliez pas les informations pratiques : date, heure et lieu du rassemblement…

Être convaincant et obtenir l'adhésion d'autres personnes
Vous pouvez utiliser des impératifs ou des expressions comme celles-ci :
Es geht auch um Ihr Privatleben! – Wir brauchen Ihre Unterstützung. – Es darf nicht so weiter gehen. – Wir müssen gemeinsam etwas tun. – Unsere Freiheit ist bedroht. – Unsere Privatsphäre muss unbedingt geschützt werden…

Idioten
Eine Erzählung

Idioten: Eine Werbeagentur im 21. Jahrhundert. Muss man zwischen effizienter Arbeit und Menschlichkeit wählen? Oder können sich Menschen ändern? Und kann eine Fee alle Probleme lösen?

L wie Literatur

L'imaginaire

Idioten
Eine Erzählung
von Jakob Arjouni,
2003

LESEN

SCHREIBEN

Volltext **oder** Kurzfassung

Volltext

Kurzfassung

Dans cette unité :

- vous allez découvrir les difficultés relationnelles au sein d'une agence de publicité
- vous allez comprendre que l'imaginaire a toujours une place au 21e siècle
- vous allez participer à l'adaptation cinématographique de l'histoire

Ihre Aufgabe:

Arbeiten Sie bei der Verfilmung der Geschichte mit und schreiben Sie Ihr persönliches Ende in Form eines Drehbuchs.

Teil 1 Der Chef – Vorbild oder Problemkind?

A. Leseverstehen

JOBPROBLEME

Kontext: *Es ist Abend, es ist warm, und ein Mann denkt bei einem Glas Bier über die Situation in seiner Firma nach.*

A2 ▸ **Welche Personen treten auf? Was erfahren Sie über sie? Welche Informationen bekommen Sie über die Firma, von der die Rede ist?** FICHE ÉLÈVE

B1 ▸ **Wie denken Max und die anderen Angestellten über ihren Chef? Begründen Sie.** FICHE ÉLÈVE

Als die Fee zu Max kam, saß er an einem warmen Frühlingsabend in Berlin vor „Ricos Sporteck", trank Bier und dachte: Das Problem mit Idioten ist, dass sie zu idiotisch sind, um ihre Idiotie einzusehen. In einer Stunde traf er Ronni zum Essen, und wenn nicht er Ronni endlich die Meinung sagte, wer dann? Die Meinung im Haus war einhellig[1]: Ronni benahm sich gegenüber den meisten Angestellten nicht nur wie der letzte Arsch, er würde sie, wenn er die Agentur so weiterführte wie in den letzten Monaten, auch alle um ihren Job bringen[2]. Erst heute morgen hatte er sich wieder zwei Dinger geleistet[3]: Erst strich[4] er Nina die schon gebuchten und bezahlten Ferien mit ihrem neuen Freund, weil er sie angeblich bei einer Kampagne nun doch unbedingt dabeihaben wollte, und ließ ihr als Alternative nur die Kündigung; danach schickte er der Presse die Meldung, die Werbeagentur *Good Reasons* habe den weltbekannten Fotografen Eliot Barnes als ständigen Mitarbeiter gewonnen, obwohl mit Barnes bisher nur ein paar unverbindliche Gespräche geführt worden waren. Es dauerte keine drei Stunden, bis Barnes' Agentin anrief und jede Zusammenarbeit bis auf weiteres ausschloss[5]. Max, der in solchen Fällen von Ronni als Feuerwehrmann losgeschickt wurde, hatte den ganzen Nachmittag mit verschiedenen Mitarbeitern von Barnes, Barnes' Agentin und schließlich mit Barnes selber telefoniert, um immer wieder zu erklären, dass ein Hospitant und begeisterter Fan von Barnes' Fotos die Meldung in offenbar leicht irrsinnigem Wunschdenken auf eigene Faust[6] verfasst habe. Bis auf Barnes, dem ein begeisterter Fan seiner Arbeiten ein einleuchtender[7] Grund für so ziemlich alles zu sein schien, ließ

1 **einhellig:** *unanime* 2 **jn um etw. bringen (a, a):** *faire perdre qc. à qn* 3 **Er hat sich ein Ding geleistet:** *Il en a fait de belles !*
4 **streichen (i, i):** *(ici) supprimer* 5 **aus/schließen (o, o):** *exclure* 6 **auf eigene Faust:** *de son propre chef* 7 **einleuchtend:** *convaincant*

jeder durchblicken[8], dass erstens die Hospitantengeschichte nicht besonders glaubhaft wirke und zweitens anscheinend etwas dran sei an den Gerüchten[9], dass *Good Reasons* seit dem Börsengang immer wieder Halbwahrheiten über Großaufträge und Vertragsabschlüsse[10] in der Öffentlichkeit lanciere, um die Aktionäre bei Laune zu halten.
Max schüttelte den Kopf. Eine grandiose Aktion! Wie konnte Ronni nur glauben, mit so einem Blödsinn[11] durchzukommen?

8 **durchblicken lassen (ie, a; ä):** *faire comprendre* 9 **an den Gerüchten ist etwas dran:** *les rumeurs sont fondées*
10 **der Vertragsabschluss (¨e):** *la signature d'un contrat* 11 **der Blödsinn:** *la sottise*

B. Schreiben

EINE SMS

Kontext: *Max bekommt eine SMS von Ronni.*

A2→B1 **Max simst Ronni zurück. Er erklärt ihm, dass er ihn unbedingt sehen möchte, dass das Gespräch wichtig ist und dass er auch spät am Abend Zeit hat. Schreiben Sie die SMS.**

Strategie mit Kick!

A. Leseverstehen aktiv

JOBPROBLEME

1 Avant de commencer : mobiliser ses connaissances lexicales

■ **Dans ce texte, il est question du monde du travail. Enrichissez votre vocabulaire en travaillant sur des définitions.**

Dans le texte, vous allez trouver les termes suivants :	Aidez-vous des définitions proposées ci-dessous pour comprendre les termes que vous ne connaissez pas.
der Angestellte (n)	*Eine Person, die für jemanden/eine Institution arbeitet.*
die Werbeagentur (en)	*Eine Firma, die Werbung für andere konzipiert, wie zum Beispiel Slogans oder Plakate.*
jm kündigen	*Jemandem offiziell erklären, dass sein Arbeitsverhältnis beendet ist.*
der Hospitant (en)	*Eine Person, die ein Praktikum macht.*
der Auftrag (¨e)	*Wenn eine Firma offiziell gebeten wird, etwas zu produzieren, bekommt sie einen Auftrag.*
der Vertrag (¨e)	*Ein offizielles Dokument, das die Zusammenarbeit von verschiedenen Personen oder die Mitarbeit einer Person in einer Firma regelt.*

2 Savoir réagir face à une syntaxe complexe

■ **Observez le passage suivant et analysez les termes soulignés. À quelles formes verbales avez-vous affaire ? Expliquez leur formation et traduisiez ensuite le passage.**
Erst strich er Nina die schon gebuchten und bezahlten Ferien mit ihrem neuen Freund… ▸ Z. 14-16

3 Comprendre un personnage grâce à ses actions et ses gestes

■ Pour saisir le personnage de Max, intéressez-vous aussi à ses gestes et actions et à leur interprétation possible. Que signifient les phrases suivantes? Et que disent-elles sur le personnage et ses pensées?

Max, der in solchen Fällen von Ronni als Feuerwehrmann losgeschickt wurde… ▸ Z. 25

Max schüttelte den Kopf. ▸ Z. 35

B. Schreiben ganz einfach

EINE SMS

■ Savoir adapter son style à la situation dans laquelle on écrit

■ Relisez le texto que Ronni envoie à Max. Relevez les caractéristiques du langage SMS et réutilisez-les dans votre propre SMS.

Pour vous aider :

- Quels mots ont été omis dans la phrase « *Habe leider Term. mit Architekt vergessen.* » ?
- Que veut dire l'abréviation « *Term.* »?
- Trouvez deux éléments qui montrent que ce texto est écrit en langage courant.

Teil 2 und 3 Die lieben Kollegen…

A. Leseverstehen

EIN GESPRÄCH UNTER KOLLEGEN (1)

Kontext: *Max denkt an die Gründung der Firma zurück. Ronni und er hatten damals das Ziel, nur Werbung für Leute und Institutionen zu machen, die einem guten Zweck dienen, wie Greenpeace. Da kommt plötzlich Sophie, eine Arbeitskollegin, auf Max zu…*

B1 **Was erfahren Sie über die Beziehung zwischen Sophie und Max?** FICHE ÉLÈVE

Max trank das Bier aus, drehte[1] sich im Stuhl um und winkte ins „Sporteck" hinein, um ein weiteres zu bestellen. In dem Moment kam Sophie um die Hausecke. Ihre Blicke trafen sich, und Sophie verlangsamte ihre Schritte, als wollte sie am liebsten kehrtmachen[2]. Dann nahm sie ihr Tempo wieder auf, kam an Max' Tisch und sagte freundlich: „Na, Max, Feierabend[3]?"

„Leider nur 'ne Pause. Ich treff mich gleich mit Ronni."

„Ach so."

Wie immer wirkte Sophies Miene auf Max undurchdringlich[4].

„Hast du schon gehört, was er heute Morgen mit Nina gemacht hat?" fragte sie.

„Ja, klar. Eine Schweinerei."

„Findest du?"

1 **sich um/drehen:** *se retourner* 2 **kehrt/machen:** *revenir sur ses pas* 3 **Feierabend haben:** *avoir fini sa journée de travail*
4 **undurchdringlich sein:** *être impénétrable*

„Natürlich finde ich das. Auch wenn… Na ja, er macht sich halt Sorgen um die Firma, und Nina ist in ihrem Job nun mal absolute Spitze.“
„Und dann will er sie feuern[5], wenn sie ihre vor zwei Monaten angemeldeten[6] Ferien antritt[7]?“
„Ach, du weißt doch, wie Ronni manchmal ist. Ob er sie wirklich feuern würde…“
„Eben, ich weiß, wie Ronni manchmal ist, und darum habe ich Nina auch geraten, die Ferien abzublasen[8], wenn sie ihre Arbeit behalten will.“
Max wiegte den Kopf ein bisschen hin und her, sah vor sich auf den Tisch und sagte ernst: „Also, ich finde, da übertreibst du. Man kann mit Ronni über alles reden.“
„So? Dann red doch mal mit ihm darüber.“
Am liebsten hätte Max erwidert[9], genau das habe er heute Abend vor, und zwar in aller Deutlichkeit. Aber vielleicht würde Sophie ihn dann morgen fragen, was denn bei dem Gespräch herausgekommen sei, und womöglich würde nichts herausgekommen sein, und gegenüber Sophie fühlte er sich sowieso immer irgendwie schwächlich.
„Ich werde morgen zuerst mit Nina reden. Vielleicht lässt sich der Urlaub ja um ein paar Wochen verschieben[10]. Die dadurch anfallenden Mehrkosten würde natürlich die Agentur übernehmen.“
„Natürlich.“
„Na, komm. Das haben wir doch schon mal gemacht, letztes Jahr mit Roger.“
„Soweit ich weiß, hast du Roger das Geld aus eigener Tasche bezahlt.“
Max öffnete den Mund und schaute einen Moment lang so drein, wie er es ausgerechnet vor Sophie am allerwenigsten wollte, absolut schwächlich nämlich. Dabei brannte ihm die Frage im Kopf, wie sie das erfahren haben konnte.
„Aber doch nur vorgestreckt[11]. Bei der Spesenabrechnung[12] hab ich mir das Geld natürlich zurückgeholt.“
„Natürlich.“

5 **jn feuern (umgs.):** *licencier qn* 6 **seine Ferien an/melden:** *poser ses congés* 7 **seine Ferien an/treten (a, e; i):** *partir en congés*
8 **die Ferien ab/blasen (ie, a; ä) (umgs.):** *annuler ses vacances*
9 **erwidern:** *rétorquer* 10 **etw. verschieben (o, o):** *reporter qc.*
11 **etw. vor/strecken:** *avancer qc. (de l'argent)* 12 **die Spesenabrechnung (en):** *le remboursement des frais*

B. Schreiben

GEDANKEN (1)

Kontext: *Die Beziehung zwischen Sophie und Max ist nicht ganz einfach.*

B1 **Was denken die beiden wohl in diesem Moment voneinander? Schreiben Sie für jeden eine Gedankenblase.** FICHE ÉLÈVE

C. Leseverstehen

EIN GESPRÄCH UNTER KOLLEGEN (2)

Kontext: *Die Beziehung zwischen Sophie und Max ist nicht ganz einfach.*

B2

- **Was erfahren Sie Neues über die Beziehung zwischen Max und seinem Chef?**
- **Max versucht verzweifelt, Sophie davon zu überzeugen, dass er anders ist, als sie denkt. Wie wird das im Text deutlich?**

„Ja, was dachtest du denn?“

„Ich dachte, Ronni wäre bei der Wahrheit geblieben, als er sich auf der Weihnachtsfeier gegen Ende völlig besoffen über dich lustig gemacht hat: Um das Betriebsklima müsse er sich einen Scheißdreck scheren, darum kümmere sich schon der kleine Max; der würde sein Gehalt irgendwelchen drittklassigen Angestellten hinterherwerfen[1], nur damit die schön surfen gehen und *Good Reasons* nicht böse sein können.“

Max biss die Zähne zusammen, schob die Lippe vor und bekam einen ebenso beleidigten[2] wie wilden Blick.

„Das ist nicht wahr.“

„Was? Dass Ronni so redet oder dass du das Geld aus eigener Tasche bezahlt hast?“

„Ich hab's mir zurückgeholt.“

„Na, vielleicht wusste er das nicht.“

„Nach der Weihnachtsfeier.“

„Ach so. Dann bist du in einer Position, in der du Spesen auch noch ein Jahr später geltend[3] machen kannst.“

1 **jm. etw. hinterher/werfen (a, o; i):** *jeter qc. à qn* 2 **beleidigt sein:** *être vexé* 3 **etw. geltend machen:** *faire valoir qc.*

„Ganz genau. Außerdem kennen Ronni und ich uns schon so lange und so gut, dass wir beide uns immer wieder über den anderen lustig machen können, ohne dass einer von uns damit Probleme hätte."

„Hmhm. Vor allem du machst dich ja gerne lustig über Ronni."

„Ich glaube nicht, dass du mich privat oft genug erlebt hast, um das beurteilen zu können."

„Nein, leider nicht."

Plötzlich fiel Max nichts mehr zu sagen ein, und Sophie blieb einfach stehen. Er wollte nach seinem Bierglas greifen, merkte aber noch rechtzeitig, dass es leer war.

„Na gut", sagte Sophie endlich, „ich wünsch dir noch einen schönen Abend."

„Ich dir auch", erwiderte Max. „Bis morgen."

D. Schreiben

GEDANKEN (TEIL 2)

B1 **Schreiben Sie die Folge der Gedankenblasen von Max und Sophie.**

Strategie mit Kick!

POUR VOUS AIDER

A. Leseverstehen aktiv

EIN GESPRÄCH UNTER KOLLEGEN (1)

■ **Comprendre un personnage grâce à ses actions et sa mimique**

Vous avez appris à étudier un personnage en vous intéressant aux éléments non-verbaux qui lui sont associés. S. 144

■ **Relevez maintenant dans le texte ces éléments par rapport à Sophie et Max pour comprendre la nature de leur relation.**
Approfondissez ensuite votre interprétation en essayant de caractériser le ton employé dans les phrases suivantes et demandez-vous comment il définit la relation des deux collègues.

Sophie :
„Und dann will er sie feuern, wenn sie ihre vor zwei Monaten angemeldeten Ferien antritt?"
„So? Dann red doch mal mit ihm darüber."
„Natürlich."

EIN GESPRÄCH UNTER KOLLEGEN (2)

■ **Avant de commencer : mobiliser ses connaissances lexicales**

■ **Pour enrichir votre vocabulaire, travaillez avec des synonymes. Assurez-vous de comprendre les expressions contenues dans le texte grâce au tableau ci-dessous.**

Expressions contenues dans le texte :	Expressions synonymes que vous connaissez certainement :
besoffen sein (umgs.)	*betrunken sein*
sich einen (Scheiß)Dreck um etw. scheren (umgs.)	*jm (total) egal sein*
das Gehalt	*der Lohn*
etw. beurteilen	*etw. einschätzen*

Teil 4 und 5 Die Fee – die Lösung aller Probleme?

A. Leseverstehen

DAS ERSCHEINEN DER FEE

Kontext: *Während Max noch über die Firmensituation und seine Mitarbeiter nachdenkt, erscheint eine Fee…*

A2 ▸ **Wie sieht die Fee aus? Warum kommt sie zu Max?** FICHE ÉLÈVE

B1 → B2 ▸ **Wie erklärt sich Max das Erscheinen der Fee?** FICHE ÉLÈVE

Er wandte den Kopf, und vor ihm schwebte[1] die Fee.

„Guten Abend", wünschte die Fee.

„Guten Abend", erwiderte Max, ließ den Arm als Zeichen für den Wirt[2] in die Höhe gestreckt und erwartete, nach einem Weg oder einer Zigarette gefragt zu werden. Zwar bemerkte er, dass die Gestalt vor ihm irgendwie durchsichtig[3] wirkte und ihre nackten Füße den Boden nicht berührten, aber das führte er auf die Machart[4] des himmelblau schillernden[5] Kleids und den Effekt raffiniert gemachter Sandalen zurück. Vielleicht arbeitete sie in der Modebranche, nicht weit vom „Sporteck" gab es ein paar kleine Ateliers.

„Ich bin eine Fee und gekommen, Ihnen einen Wunsch zu erfüllen[6]."

Max hatte sich erneut zur Tür umgesehen in der Hoffnung, dem Kellner, der seinen gestreckten Arm offenbar nicht bemerkte, mit einem durstigen Blick begegnen zu können. Dabei drangen die Worte der Fee nur langsam zu ihm vor.

„Bitte?"

„Eine Fee", wiederholte die Fee, „und ich bin gekommen, Ihnen einen Wunsch zu erfüllen." Max schaute erst irritiert, dann ließ er den Arm sinken und runzelte missbilligend die Stirn[7]. Sollte das ein Scherz[8] sein? Vielleicht ein Reklameding[9]? Die gute Fee von Schultheiss oder Marlboro, die allein herumsitzenden Männern einen Wunsch versprach, wahlweise ein Mountainbike oder eine Messerkollektion, wenn sie dafür ein Jahr lang jede Woche eine Stange[10] Zigaretten oder zwei Kästen Bier orderten? Oder einer dieser Fernsehgags? Aber wo waren die Kameras? Oder einfach nur eine Verrückte?

1 ***schweben:** *flotter dans les airs* 2 **als Zeichen für den Wirt:** *pour faire signe au patron (du bar)* 3 **durchsichtig wirken:** *paraître transparent* 4 **die Machart (en):** *la coupe* 5 **himmelblau schillernd:** *aux reflets bleu ciel* 6 **jm einen Wunsch erfüllen:** *réaliser le vœu de qn* 7 **missbilligend die Stirn runzeln:** *froncer les sourcils en signe de désapprobation* 8 **der Scherz (e):** *la blague* 9 **ein Reklameding (umgs.):** *un truc de pub* 10 **die Stange (n):** *(ici) la cartouche*

„Hören Sie, wenn das irgendein Spiel ist…“

„Nein, ich bin eine echte Fee, und Sie haben wirklich einen Wunsch frei. Folgende Bereiche[11] sind allerdings ausgeschlossen: Unsterblichkeit, Gesundheit, Geld, Liebe“, ratterte[12] die Fee ihren Text herunter.

[…]

„Was wüschen sich denn andere so?“

11 **der Bereich (e):** *le domaine* 12 **einen Text herunter/rattern:** *débiter un texte à vive allure*

B. Sprechen

WÜNSCHE 1

Kontext: *Die Schülerzeitung Ihrer Schule will einen Artikel zum Thema „Wünsche heute“ veröffentlichen. Dazu befragen die Redakteure Mitschüler.*

B1 → B2 **Was denken Sie? Was würden sich die meisten Leute heute wünschen, wenn sie einen Wunsch frei hätten? Was würden Sie persönlich sich wünschen? Diskutieren Sie in der Klasse.** FICHE ÉLÈVE

Strategie mit Kick!

POUR VOUS AIDER

A. Leseverstehen aktiv

DAS ERSCHEINEN DER FEE

Avant de commencer : activer le vocabulaire de l'apparence

- **Vérifiez que vous comprenez les termes suivants :**
die Gestalt (en) – durchsichtig sein – nackte Füße haben – das Kleid (er) – die Sandale (n)

- **Pour pouvoir comprendre les pensées d'un personnage, il faut apprendre à les distinguer dans un texte. Deux passages (l. 7-15, 27-31) expriment les pensées de Max. Quels moyens stylistiques l'auteur utilise-t-il pour faire comprendre au lecteur qu'il s'agit des pensées d'un personnage ?**

B. Sprechen ganz einfach

WÜNSCHE 1

Réactiver le lexique relatif à l'expression de l'opinion

Vous connaissez certainement…	Vous pouvez désormais apprendre…
Ich denke / glaube / meine, dass… *Meiner Meinung nach (+ V)…*	*Ich bin der Ansicht / Meinung, dass…* *Meiner Ansicht nach (+ V)…*

- **Revoyez l'expression de l'hypothèse en classant les expressions suivantes de façon graduée.**
vielleicht – sicherlich – eventuell – möglicherweise – wahrscheinlich – vermutlich

A. Leseverstehen

WER DIE WAHL HAT, HAT DIE QUAL

A2 → B1

▸ **Was wünschen sich die meisten Leute? Was sagt die Fee über die Erfüllung dieser Wünsche?** FICHE ÉLÈVE

▸ **Was wünscht sich Max? Wie wird er Ihrer Meinung nach seinen Wunsch erklären?** FICHE ÉLÈVE

„Ach, alles mögliche. Manche Leute möchten ein paar Wochen Ferien, andere eine Geschirrspülmaschine[1]."
„Eine Geschirrspülmaschine...?" Max schaute entgeistert[2]. „Das meinen Sie doch nicht ernst?"
„Aber ja. Geschirrspülmaschine rangiert ganz oben. Dritter oder vierter Platz."
„Was steht denn auf dem ersten?"
„Berühmt sein."
„Ach... Und wie erfüllen Sie das jedes Mal, wenn sich das so viele wünschen?"
„Raten[3] Sie mal."
„Keine Ahnung."
„Talk-Shows." Max meinte, ein kaltes Lächeln über die Lippen der Fee huschen[4] zu sehen. „Tatsächlich liegt es an uns, dass das Fernsehen heutzutage so voll davon ist. Drauf gekommen[5] ist unser Chef."
„Heißt das, Ihr Chef entscheidet, in welcher Form ein Wunsch erfüllt wird?"
„Wenn er nicht klar definiert ist. Gerade beim Berühmtsein-Wollen kommt das ziemlich oft vor. Auf die Fragen Womit oder Wozu fällt den meisten kaum etwas ein, aber auf dem Wunsch beharren[6] sie. Und dann ist der Chef dran."
„Talk-Show ist keine sehr charmante Idee."
„Aber praktisch, und auf jeden Fall charmanter, als alle vom Hochhaus springen zu lassen."
„Ja, so gesehen... Aber fällt Berühmtsein nicht eigentlich in den Bereich Unsterblichkeit? Und Geschirrspülmaschine in den Bereich Geld?"
„Tja nun. Wenn man lange genug darüber nachdenkt, fällt wahrscheinlich jeder Wunsch in einen der Bereiche."
[...]
„Und wenn ich mir wünsche, ein Idiot sei nicht mehr zu idiotisch, um seine Idiotie einzusehen?"
Wieder schaute die Fee überrascht, diesmal aber eher angenehm. Sie war sich ziemlich sicher gewesen, dass einer wie Max am Ende auch wieder nur die teuerstmögliche Sache zum Anfassen wählen würde. Es gab Kunden, die fragten einfach danach: Was ist das Teuerste? Und das war nun mal die Geschirrspülmaschine.
„Eigentlich dürfte das kein Problem sein. Wenn Sie das noch etwas genauer erklären könnten?"

1 **die Geschirrspülmaschine (n):** *le lave-vaisselle* 2 **entgeistert sein:** *être stupéfait* 3 **raten (ie, a; ä):** *deviner* 4 **Ein Lächeln huschte über ihre Lippen:** *Elle ébaucha un sourire.* 5 **auf etw. *kommen (a, o):** *avoir une idée* 6 **auf etw. beharren:** *insister sur qc.*

B. Sprechen

WÜNSCHE 2

S. 265

B2 **Vergleichen Sie die Wünsche der Leute mit Ihren Hypothesen. Gibt es Differenzen? Wie kann man diese Wünsche erklären?**

Strategie mit Kick!

A. Leseverstehen aktiv

WER DIE WAHL HAT, HAT DIE QUAL

- **Avant de commencer : mobiliser ses connaissances lexicales**

Vérifiez que vous comprenez les termes suivants :
(sich) etw. wünschen – *mögen* (au conditionnel) – *einen Wunsch erfüllen* – *etw. wählen*

B. Sprechen ganz einfach

WÜNSCHE 2

- **Comparer**

Rappelez-vous l'expression de la comparaison en associant les termes suivants à leurs équivalents en français :

im Vergleich zu *im Gegensatz zu* *genau wie* *anders als* *verglichen mit*	tout comme à la différence de contrairement à comparé à en comparaison de

Teil 6 Max' Wunsch

A. Leseverstehen

ALTRUISMUS ODER EGOISMUS?

Kontext: *Auf die Bitte der Fee hin erklärt Max seinen Wunsch…*

B1 ▸ **Wie erklärt Max seinen Wunsch? Welche Ziele verfolgt er damit?** FICHE ÉLÈVE

B2 ▸ **Warum gerät er kurz in Panik? Können Sie diese Panik verstehen?** FICHE ÉLÈVE

„Ich muss gleich mit meinem Geschäftspartner – also, er ist mein Chef, aber auch mein Freund –, jedenfalls muss ich mit ihm über einiges reden, was in der Firma wegen ihm falsch läuft und was er einfach nicht verstehen will – oder eben nicht kann."

Die Fee nickte. „Bedenken Sie aber, dass Sie sich an meinen Besuch nicht erinnern werden. Sie sollten sich also einigermaßen sicher sein, dass Sie die Probleme mit Ihrem Geschäftspartner auf jeden Fall ansprechen."

„Ich vergesse das hier alles?"

„Was glauben Sie, warum Sie noch nie von uns gehört haben?“ Die Fee ließ Max einen Moment, um sich mit dem neuen Umstand abzufinden[1], dann fragte sie: „Bleibt es bei Ihrem Wunsch?“
Kurz überfiel Max ein Gefühl, als habe er im Gewinnregal einer Losbude[2] freie Auswahl und greife versehentlich[3] ausgerechnet in die Ecke mit den Kugelschreibern und Plastikschraubenziehern[4]. Doch sofort wurde ihm klar: Sein Wunsch rührte[5] ja nicht nur daher, dass er Ronni mal ordentlich die Meinung sagen wollte, sondern dass von Ronnis Einsicht abhing, ob *Good Reasons* noch mal den Umschwung[6] schaffte oder endgültig zusammenbrach[7] – samt[8] allen Arbeitsplätzen und Aktien. Darum machte Max sich auch keine Sorgen, er könne selbst wenn er den Besuch der Fee vergaß, im letzten Moment kneifen[9]. Um die eigene Existenz zu retten, blieb ihm gar nichts anderes übrig, als zu versuchen, Ronni zur Vernunft zu bringen. Und dann durchströmte Max auch schon eine nahezu heiße Welle der Vorfreude bei der Vorstellung[10], wie Ronni um Verzeihung für all seine Gemeinheiten[11] der letzten Jahre bitten und ihn für die wachrüttelnden Worte mit Dankbarkeit überhäufen[12] würde.
Max atmete tief ein, dann lächelte er und sagte feierlich:
„Es bleibt dabei.“
„Und Ihr Wunsch ist erfüllt.“

1 **sich mit einem Umstand ab/finden (a, u):** *s'arranger avec une situation* 2 **die Losbude (n):** *le stand de tombola* 3 **versehentlich:** *sans faire exprès* 4 **der Schraubenzieher (-):** *le tournevis* 5 **von etw. her/rühren:** *venir de, avoir pour origine* 6 **den Umschwung schaffen:** *redresser la situation* 7 ***zusammen/brechen (a, o; i):** *s'écrouler* 8 **samt:** *avec* 9 **kneifen (i, i) (umgs.):** *se dérober* 10 **bei der Vorstellung:** *(ici) à l'idée de* 11 **die Gemeinheit (en):** *la méchanceté* 12 **jn mit etw. überhäufen:** *couvrir qn de qc.*

B. Sprechen

EIN GESPRÄCH

Kontext: *Nach ihrer Begegnung mit Max ruft die Fee ihren Chef an, um ihm von Max zu berichten.*

B1 **Spielen Sie das Telefongespräch.** FICHE ÉLÈVE

Strategie mit Kick!

POUR VOUS AIDER

A. Leseverstehen aktiv

ALTRUISMUS ODER EGOISMUS?

■ **Savoir interpréter la ponctuation**

■ **Observez le passage suivant et déduisez la signification des tirets. Que révèlent-ils de Max et de sa vision des choses ?**
Ich muss gleich mit meinem Geschäftspartner – also, er ist mein Chef, aber auch mein Freund –, jedenfalls muss ich mit ihm über einiges reden, was in der Firma wegen ihm falsch läuft und was er einfach nicht verstehen will – oder eben nicht kann.

■ **Pour pouvoir comprendre les objectifs de Max, vérifiez que vous connaissez la signification des expressions suivantes :**
jm die Meinung sagen – jn zur Vernunft bringen (a, a) – jn wach/rütteln

Teil 7 Ein entscheidendes Gespräch

A. Leseverstehen

IM RESTAURANT

Kontext: *Ronni hat verstanden, dass Max unbedingt mit ihm sprechen möchte. So treffen sich die beiden doch noch am selben Abend in einem Restaurant.*

B1 ▸ **Wie verläuft das Gespräch zwischen den beiden? Über welche Punkte spricht Max, und wie reagiert Ronni?** FICHE ÉLÈVE

B2 ▸ **Ronni sieht seine Fehler ein. Nicht, weil er sich selbst weiterentwickelt hat, sondern weil die Fee ihn verändert hat. Wie wird dies im Text deutlich?** FICHE ÉLÈVE

Während der Vorspeise[1] passierte es dann zum ersten Mal, und Max kam es vor wie im Märchen. Zur Einleitung hatte er das Problem mit Nina und ihren Ferien angesprochen, und was Ronnis Machtworte[2] fürs ohnehin nicht blendende[3] Betriebsklima bedeuteten. Nachdem Ronni ihm überraschend still zugehört und immer appetitloser im Salat herumgestochert hatte, legte er die Gabel schließlich beiseite, nahm einen Schluck Weißwein, steckte sich eine Zigarette an, stützte den Kopf in die Hand und brütete[4] vor sich hin. Als sich die Zigarette bis zur Hälfte allein in Rauch[5] und Asche aufgelöst hatte, nahm Ronni den Kopf aus der Hand, schnippte[6] sich die Asche gedankenverloren auf die Hose und wandte Max ein zerknirschtes[7], beinahe trauriges Gesicht zu.

„Das ist ja zum Kotzen[8]!"

Fast wäre Max eine Cocktailtomate aus dem Mund gefallen. „… Bitte?"

„Was ich da gesagt habe." Ronni schüttelte den Kopf und stieß die Zigarette in den Aschenbecher. „Absolut zum Kotzen. Möchte mal wissen, was mich da wieder geritten hat[9]. Vielleicht Eifersucht[10] auf ihren neuen Freund. Is schon 'ne Weile, dass ich selber gerne mal mit ihr – aber gerade dann: Is doch Scheiße! Ihr die Ferien streichen…" Ronni tippte sich an die Stirn. „Und dabei ist Nina eine der Besten. Was denkst du? Soll ich mich einfach nur entschuldigen? Quatsch, wir geben ihr zwei Wochen Extraferien, und zwar von der Firma

1 **die Vorspeise (n):** *l'entrée* 2 **ein Machtwort sprechen (a, o; i):** *faire acte d'autorité* 3 **blendend sein:** *être brillant* 4 **vor sich hin/brüten:** *ruminer* 5 **sich in Rauch und Asche auf/lösen:** *partir en fumée* 6 **sich Asche auf die Hose schnippen:** *faire tomber de la cendre sur son pantalon* 7 **zerknirscht sein:** *être contrit* 8 **zum Kotzen (umgs.):** *à vomir* 9 **Was mich da wieder geritten hat!:** *Quelle mouche a bien pu me piquer!* 10 **die Eifersucht:** *la jalousie*

bezahlt. Soll sich irgendwas aussuchen, Karibik oder von mir aus Mount-Everest-Besteigung – is doch so 'ne Klettermaus[11]. Oder findest du das zu großspurig[12]?" [...]

Und dann passierte es zum zweiten Mal: Ronni sah seine Idiotie ein. Am liebsten hätte Max sich im Restaurant nach bekannten Gesichtern umgeschaut, ob irgendwer den Vorgang bezeugen[13] konnte. Denn es war kaum zu glauben: Keine überheblichen Rechtfertigungen[14] oder Belehrungen, wie man sich durchs Börsenbusiness zu tricksen[15] hatte, nicht mal ein bisschen Trotz[16] oder ein kleines Ausweichmanöver[17], von wegen, Barnes sei doch sowieso 'ne Flasche, der hätte froh sein sollen, dass *Good Reasons* ihm 'ne Chance geben wollte. Sondern Ronni entschuldigte sich, schaute unglücklich und schüttelte immer wieder den Kopf.

„So was Unprofessionelles! Ich muss wirklich nicht mehr alle Tassen[18] im Schrank gehabt haben. [...]

Und dann bestellten sie das weitere Essen ab, statt dessen eine zweite Flasche Wein, besprachen den Zustand[19] von *Good Reasons* und warum es soweit gekommen war. Sie erinnerten sich ihrer Anfänge, bereuten[20] während der dritten Flasche beide den Börsengang und schmiedeten schließlich Pläne[21], wie die Agentur von nun an besser zu führen sei. Das wichtigste, sah Ronni ein, waren zufriedene Mitarbeiter, denen die Arbeit Spaß machte, die sich mit *Good Reasons* identifizierten und sich darum über das Mindestmaß[22] hinaus engagierten und Ideen entwickelten. Kurz: Sie mussten wieder eine Mannschaft werden.

11 **eine Klettermaus sein:** *être une fan d'escalade* 12 **zu großspurig:** *(ici) exagéré* 13 **einen Vorgang bezeugen:** *être témoin d'une situation* 14 **keine überheblichen Rechtfertigungen:** *pas de justifications présomptueuses* 15 **tricksen:** *magouiller* 16 **der Trotz:** *l'obstination* 17 ← **jm *aus/weichen (i, i):** *éviter qn* 18 **nicht alle Tassen im Schrank haben (umgs.):** *être fou* 19 **der Zustand (¨e):** *l'état* 20 **etw. bereuen:** *regretter qc.* 21 **Pläne schmieden:** *faire des projets* 22 **das Mindestmaß:** *le minimum*

B. Schreiben

EINE DREHBUCHSZENE

Kontext: *Die Erzählung „Idioten" wird verfilmt.*

B1 **Schreiben Sie das Drehbuch für diese Szene.** FICHE ÉLÈVE

Strategie mit Kick!

A. Leseverstehen aktiv

IM RESTAURANT

Décrire une évolution passée

■ **Pour pouvoir retracer l'évolution de la discussion, remettez les éléments suivants dans l'ordre dans lequel ils apparaissent dans le texte et notez pour chaque terme les paroles et réactions des deux personnages.**

Schließlich...
Und dann bestellten sie das weitere Essen ab...
Während der dritten Flasche Wein...
Während der Vorspeise...
Und dann passierte es zum zweiten Mal...
Als sich die Zigarette allein in Asche und Rauch aufgelöst hatte...
Nachdem Ronni ihm still zugehört hatte...

■ **Afin de pouvoir repérer les traces de l'intervention du merveilleux dans le texte, vérifiez que vous comprenez les expressions suivantes :**

*einem wie im Märchen *vor/kommen (a, o)– überrascht sein – kaum zu glauben sein*

B. Schreiben ganz einfach

EINE DREHBUCHSZENE

■ **Rédiger des didascalies**

■ **En donnant des indications précises sur le comportement des personnages, vous rendez votre scénario vivant et facilitez la mise en scène. Dans le texte, repérez les passages qui décrivent les mimiques et gestes des personnages. Choisissez-en trois en transformez-les en didascalies.**

Exemple : *[Ronnie] wandte Max ein zerknirschtes, beinahe trauriges Gesicht zu.*
→ *Ronnie (schaut zerknirscht):*

Teil 8 Die zweite Begegnung mit Sophie

A. Leseverstehen

IN EINER BAR

Kontext: *Nach seinem Gespräch mit Ronni geht Max in eine Bar, um noch etwas zu trinken.*

B1 → B2 **Was ist das Ergebnis von Max' und Ronnis Gespräch? Wie stellt sich Max die Folgen vor? Wie reagiert Sophie?** FICHE ÉLÈVE

Es war kurz nach zwei, als Max die mit Sofas und Sesseln vollgestopfte[1] und von mattem, gelbem Licht beleuchtete Bar betrat. Zwei Pärchen drückten sich zu leisem Xylophon-Jazz in die Sofas, und hinter der Theke[2] stand eine rauchende Barfrau, die Max gelangweilt zunickte[3]. Er wollte schon enttäuscht kehrtmachen, als er sich doch noch dazu entschloss, wenigstens ein Gutenachtbier zu trinken. Er setzte sich an die Theke, bestellte das Bier, stützte[4] den Kopf in die Hände und sah der Barfrau beim Zapfen[5] zu. Dann eben morgen. Ronni plante, bei der wöchentlichen Konferenz den neuen Geist der Agentur zu verkünden, und am Abend, so malte[6] sich Max aus, würden alle zusammen hier im „Guevara-Club" feiern. Und er wäre der unumstrittene[7]...

„Na, Max."

Max wandte den Kopf, und für einen Augenblick erstarrte[8] er wie nach einem Schuss. Neben ihm stand Sophie. Sie zog ihre Jacke aus, warf sie über einen Sessel, setzte sich auf den nächsten Barhocker und machte der Barfrau ein Zeichen. Erst dann sah sie ihn an. Wie immer wirkte ihre Miene auf Max undurchdringlich.

„Was für eine Überraschung! Dich hab ich hier noch nie gesehen. [...] Willst du ein bisschen spionieren?"

Sophie hatte sich leicht zu ihm gebeugt[9], und trotz des eigenen Alkoholpegels und der verrauchten Luft roch Max ihre Fahne[10].

1 **vollgestopft:** *complètement rempli* 2 **die Theke (n):** *le bar* 3 **jm zu/nicken:** *saluer qn de la tête* 4 **den Kopf in die Hände stützen:** *prendre sa tête entre ses mains* 5 **zapfen:** *tirer (une bière)* 6 **sich etw. aus/malen:** *s'imaginer qc.* 7 **unumstritten:** *incontesté* 8 ***erstarren:** *se figer* 9 **sich zu jm beugen:** *se pencher vers qn* 10 **eine Fahne haben:** *empester l'alcool*

„Spionieren?“

„Was die Leute aus der Agentur so reden nach Feierabend.“

Ehe Max eine Erwiderung rausbrachte[11], stellte ihnen die Barfrau ein Bier und einen Gin tonic auf die Theke und wünschte: „Zum Wohl[12]“. Sophie hob ihr Glas, nickte Max zu und nahm einen großen Schluck.

„Du spinnst wohl“, sagte er schließlich, während sie ihr Glas zurück auf die Theke stellte.

11 **eine Erwiderung (he)raus/bringen (a, a):** *sortir une réponse* 12 **Zum Wohl:** *À la vôtre!*

B. Schreiben

DAS ENDE DER GESCHICHTE

Kontext: *Sie nehmen an einem Workshop zum Thema „Kreatives Schreiben“ teil.*

B1 → B2 **Und was denken Sie? Wie geht es weiter? Schreiben Sie das Ende der Geschichte!**

Strategie mit Kick!

A. Leseverstehen aktiv

IN EINER BAR

■ **Comprendre les intentions de l'auteur en analysant l'ambiance dans laquelle il fait évoluer son histoire**

■ **Le début de ce passage décrit l'ambiance qui règne dans le bar. Saisissez-la pour comprendre comment l'auteur prépare sa chute. Relevez tout ce que vous apprenez sur le bar et fixez-le sous forme de notes. Choisissez ensuite dans la liste des adjectifs ceux qui caractérisent le mieux l'ambiance :** *düster – trostlos – bedrückend – verzweifelt – enttäuscht*

■ **Quel est l'effet de cette ambiance sur Max et sur le lecteur ?**

Exemples :

Je relève :	Je note :
zwei Pärchen	*wenig Leute*
zu leisem Xylophon-Jazz	*leise Musik*

B. Schreiben ganz einfach

DAS ENDE DER GESCHICHTE

■ **Réussir son expression écrite en structurant son travail**

■ **Votre point de départ est la fin du texte.**

- 1re étape : Repérez-en les composantes : personnages, temps, lieu, action.
- 2e étape : Menez une réflexion sur la tournure que va prendre la situation. Interrogez-vous sur chaque composante : y aura-t-il changement ou non? Quel type de dénouement envisagez-vous? Veillez à rester plausible.

Teil 9 Die Idioten sind immer die anderen

A. *Leseverstehen*

DIE ENTTÄUSCHUNG

B1 → B2 ▸ **Was wirft Sophie Max vor?** FICHE ÉLÈVE

B2 ▸ **Wie erklärt sich Max Sophies Verhalten? Und was sagt diese Erklärung über ihn selbst aus?** FICHE ÉLÈVE

„Festgestellt haben wir jedenfalls, dass Ronni ohne dich zwar immer noch ein Arschloch wäre, aber ein angreifbares[1]. Denn dadurch, dass du Schleimbeutel[2] immer dazwischenhängst, seine Fehler ausbügelst[3] und die Dinge bei uns so arrangierst, dass sich jeder zähneknirschend[4] zufriedengeben muss, kommt es nie zu einem wirklichen Streit." Max hatte die Stirn gerunzelt[5] und den Kopf ein wenig zur Seite geneigt. Was redete sie da? Sie schien ja völlig verwirrt[6]. Außerdem spuckte sie beim Sprechen.
„Und mit Ronni könnte man streiten. Er ist nämlich alles mögliche, aber kein Feigling. Und manchmal hat er sogar Humor. Aber mit dir davor! Natürlich ist er froh, jemanden zu haben, der allen Ärger von ihm fernhält – notfalls mit Hilfe der eigenen Brieftasche[7]. Wieviel wolltest du Nina denn zahlen, damit sie ein anderes Mal in Urlaub fährt und schön die Klappe[8] hält?"
Fast hätte Max aufgelacht, so absurd kam ihm das nach dem Abend mit Ronni vor. [...]
„So ein Unsinn. Gerade eben habe ich Ronni davon überzeugt, dass wir wieder eine Mannschaft werden müssen."

1 **angreifbar sein:** *être attaquable* 2 **der Schleimbeutel (-) (umgs.):** *le lèche-bottes* 3 **Fehler aus/bügeln:** *réparer des erreurs* 4 ← **mit den Zähnen knirschen:** *grincer des dents* 5 **die Stirn runzeln:** *froncer les sourcils* 6 **verwirrt:** *confus* 7 **die Brieftasche (n):** *le portefeuille* 8 **die Klappe halten (ie, a; a):** *fermer sa bouche*

„Klar. Am besten alle mit Friedenstauben[9] auf'm Kopf. Wär ja perfekt für dich: *Good Reasons* versteht sich ab jetzt nicht mehr als Unternehmen mit hundert Angestellten, das an der Börse notiert ist, sondern als fröhliche Truppe mit gemeinsamen Zielen. Kann mir deine Worte genau vorstellen: entspannte Arbeitsatmosphäre, familiärer Umgang, dadurch Teamgeist und Identifikation mit der Agentur, Verantwortung auf allen Schultern, Kreativität und zwangsläufig[10] ganz ungeheurer[11] Erfolg." Sophie atmete tief ein, um Max dann samt Spucktröpfchen ins Gesicht zu schmettern[12]: „Na, da gäb's aber was unterm Deckel[13] zu halten! Und auszubügeln! Und zu arrangieren! Im Moment muss der Laden ja nur irgendwie laufen, aber wenn wir uns auch noch alle lieben sollen?!"

Max schlüpfte in seinen Mantel. Das war ja nicht zu ertragen!

„Dein ängstliches Scheißbemühen[14] um Ausgleich und Verständnis ist ja jetzt schon der größte Terror in der Agentur!"

Ohne Sophie noch einmal anzugucken, stand Max vom Barhocker auf, warf den erstbesten Geldschein, den er in der Hosentasche fand, auf die Theke und verließ die Bar.

Während er auf der Straße nach einem Taxi Ausschau hielt, überlegte er, worum es ihr eigentlich gegangen war. Wahrscheinlich nur darum, ihn anzumotzen[15]. Irgendwen anzumotzen. So was Idiotisches.

9 **die Taube (n):** *la colombe* 10 **zwangsläulig:** *forcément* 11 **ungeheurer:** *immense* 12 **ins Gesicht schmettern:** *cracher à la figure* 13 **etw. unterm Deckel halten (ie, a; ä):** *cacher qc.* 14 **das Bemühen:** *l'effort* 15 **jn an/motzen (umgs.):** *engueuler qn*

B. Sprechen

EINE DEBATTE

Kontext: *Am Ende Ihres Workshops „Kreatives Schreiben" organisieren Sie eine Debatte.*

B1/B2 **Vergleichen Sie das Ende mit Ihren verschiedenen persönlichen Schlüssen. Was gefällt Ihnen? Was gefällt Ihnen nicht? Argumentieren Sie.**

Strategie mit Kick!

A. Leseverstehen aktiv

DIE ENTTÄUSCHUNG

Comprendre un texte en reformulant

Pour comprendre ce que Sophie reproche à Max, listez tout d'abord toutes les formules qu'elle utilise pour le caractériser puis ajoutez les actes qu'elle critique. Reformulez-les ensuite pour mieux comprendre leur sens et l'importance que Sophie leur donne.

Exemple :

- À partir de…

die Fehler von jemandem ausbügeln
die Dinge arrangieren

- … arriver à formuler :

Max versucht immer, für alle Situationen allein Lösungen zu finden.

Sprachatelier

Voici une liste de mots et expressions en lien avec l'unité étudiée. Faites votre propre bilan lexical : quels mots connaissez-vous ? Lesquels devez-vous apprendre ? FICHE ÉLÈVE

Das Geschäft

A2 die Agentur (en) – die Modebranche – der Laden (¨) – das Geschäft (e)

B1 der Betrieb (e) – das Unternehmen (-) – die Werbeagentur (en) – der Konzern (e) – das Werk (e)

B2 an der Börse notiert sein – die Aktiengesellschaft (en) – die GmbH (Gesellschaft mit beschränkter Haftung)

Die Mitarbeiter

A2 der Mitarbeiter (-) – der Aktionär (e) – der Chef (s) – sich mit einer Firma identifizieren – die Mannschaft (en) – das Team (s) – sich engagieren – unprofessionell sein – der Job (s)

B1 der Angestellte (n) – in seinem Job absolute Spitze sein – der Geschäftspartner (-) – sich um die Firma Sorgen machen – Spaß machen – Ideen entwickeln

B2 der Hospitant (en) – Pläne schmieden – der Teamgeist

Die Firma

Die Personalverwaltung

A2 die Ferien – der Urlaub – die Pause (n) – die Arbeit (en) – der Arbeitsplatz (¨e)

B1 die Kündigung (en) – jm kündigen – der Lohn (¨e) – das Gehalt (¨er) – eine Agentur führen – die Abteilung (en) – der Arbeitsvertrag (¨e) – der Lebenslauf (¨e)

B2 die Spesenabrechnung (en) – die Ferien ab/blasen (umgs.) – die Mehrkosten übernehmen (a, o; i) – der Aufsichtsrat (¨e) – die Gewerkschaft (en) – die Geschäftsleitung

Das Geschäftsleben

A2 der Auftrag (¨e) – das Gespräch (e) – jm Extraferien geben (a, e; i) – von der Firma bezahlt werden – spionieren – die Arbeitsatmosphäre – die Zusammenarbeit

B1 der Feierabend – das Betriebsklima – Probleme mit jm besprechen (a, o; i) – die Besprechung (en) – die wöchentliche (n) Konferenz (en) – mit jm streiten (i, i) – die Werbekampagne (n) – der Vertrag (¨e)

B2 an die Börse gehen (i, a) → der Börsengang (¨xe) – konkurrenzfähig sein – sich gegen die Konkurrenz durch/setzen

1 Comprendre une expression imagée

Les passages de la nouvelle de Jakob Arjouni étudiés dans cette unité comportent un certain nombre d'expressions imagées qui ne sont pas toujours faciles à comprendre. En voici quelques-unes. Associez-les aux expressions de sens équivalent.

	Expression imagée		Sens équivalent
1	*jn als Feuerwehrmann los/schicken*	A	*etw. selbstständig schreiben (ie, ie)*
2	*etw. auf eigene Faust verfassen*	B	*jn beauftragen, eine Rettungsaktion zu machen*
3	*die Ferien ab/blasen (umgs.)*	C	*etw. verbergen (a, o)*
4	*etw. aus eigener Tasche bezahlen*	D	*auf seinen Urlaub verzichten*
5	*zum Kotzen sein (umgs.)*	E	*schweigen (ie, ie)*
6	*eine Klettermaus sein*	F	*furchtbar sein*
7	*nicht mehr alle Tassen im Schrank haben (umgs.)*	G	*etw. wiedergut/machen*
8	*einen Fehler aus/bügeln*	H	*den Verstand verloren haben*
9	*die Klappe halten (ie, a; ä) (umgs.)*	I	*etw. selber finanzieren*
10	*etw. unterm Deckel halten (ie, a; ä) (umgs.)*	j	*gern in den Bergen wandern*

2 Exprimer son enthousiasme grâce au superlatif

FICHE ÉLÈVE

Pour marquer votre enthousiasme, vous pouvez avoir recours au superlatif. Deux formations sont possibles :

1. Avec adjectif épithète : article + adjectif + ***-ste*** + déclinaison

→ *Bei unseren Produkten benutzen wir die innovativste Technik.*

2. Avec un adjectif attribut: ***am*** + adjectif + ***-sten***

→ *Von allen unseren Mitarbeitern arbeitet Nina am schnellsten.*

Remarque : Les adjectifs irréguliers tels que *gut*, *viel* et *gern* conservent leur irrégularité au superlatif :

gut → *best- (am besten), viel* → *meist- (am meisten), gern* → *lieb- (am liebsten)*

Après sa discussion avec Max, Ronni veut remobiliser ses troupes et donner une meilleure image de lui-même. Il convoque le personnel de l'entreprise et présente un plan d'action visant à améliorer les conditions de travail et les performances de chacun. En vous inspirant des groupes infinitifs ci-après, aidez-le à construire son argumentaire en utilisant des superlatifs.

konkurrenzfähig sein – gute Mitarbeiter haben – einen guten Ruf auf dem Markt haben – kreativ sein – eine erfolgreiche Werbekampagne machen – die Kunden zufrieden/stellen – ein angenehmes Arbeitsklima haben – wichtig sein – bekannte Fotografen engagieren – effizient sein – verblüffend sein – als wichtiger Bestandteil eines Unternehmens gelten

IHRE AUFGABE

Zeigen Sie, was Sie können

Ihre Aufgabe: *Erfinden Sie das Ende der Geschichte.*

SCHREIBEN

Die Geschichte soll verfilmt werden. Aber das Ende der Geschichte ist offen. Das Filmteam organisiert einen Wettbewerb, um einen passenden Schluss zu finden. Sie machen mit.

B1 → B2 **Schreiben Sie das Ende der Geschichte in Form eines Drehbuchs. Beachten Sie die Regeln des Wettbewerbs:**

Sind Sie Arjouni-Kenner? Schreiben Sie gerne? Dann ist das hier etwas für Sie:

KREATIVE KÖPFE gesucht!

Für die Verfilmung von Jakob Arjounis Erzählung „Idioten" suchen wir nach Leuten, die uns kreative Schlüsse der Geschichte anbieten. Die drei besten Schlüsse werden auf der DVD als interaktive Wahlmöglichkeiten angeboten.

Teilnahmebedingungen:

- Ihr Schluss muss in Form eines Drehbuchs abgefasst sein.
- Sie müssen die Szene integrieren, in der Ronni mit den Mitarbeitern darüber spricht, dass sie alle wieder eine Mannschaft werden müssen.
- Auftreten müssen folgende Personen: Max, Sophie, Ronni und…

… DIE FEE!

Ihre Originalität ist gefragt! Also, warten Sie nicht länger, schreiben Sie Ihren persönlichen Schluss und schicken Sie ihn uns.

Pour vous guider

Soyez cohérent

Vous inventez la suite d'une histoire existante. Tenez compte des éléments que l'histoire vous donne. Revoyez par exemple les caractéristiques des différents personnages ainsi que la vision qu'ils ont des événements pour élaborer les propos qu'ils vont pouvoir tenir dans la scène finale.

Adaptez votre façon d'écrire

Vous rédigez un scénario. Les paroles des personnages sont destinées à être prononcées et non pas à être lues.

EINHEIT 7

Ist heute noch gestern?

Schöne gute alte Zeit? Welche Rolle spielt die Vergangenheit in unserer Gegenwart? Welche Spuren hat sie hinterlassen?

NOTIONS du programme abordées :

- Lieux et formes du pouvoir
- L'idée de progrès

PRÉPARER → **le bac oral** p. 172

PRÉPARER → **le bac écrit** p. 180

L wie Literatur

Das Brandenburger Tor, 1970 und 2011.

Dans cette unité :

- → vous découvrirez l'attachement des Allemands à la nature
- → vous voyagerez dans les années 1970
- → vous constaterez que l'histoire peut fortement influencer notre présent

LESEN	HÖREN
SPRECHEN	SCHREIBEN

Composez votre parcours oral et/ou écrit.

1 Schöner deutscher Wald ▸▸ S. 164

et/ou

1 Von Natur aus grün? ▸▸ S. 174

2 Die Generation der 68er ▸▸ S. 167

et/ou

2 Was bleibt von der Studentenbewegung? ▸▸ S. 176

3 Die Vergangenheit in meiner Gegenwart ▸▸ S. 170

et/ou

3 Jüdische Jugend in Deutschland heute ▸▸ S. 178

Ihre Aufgabe:

Gestern oder heute?
Was gefällt Ihnen besser?
Nehmen Sie Stellung dazu.

1 Schöner deutscher Wald

A. Leseverstehen

FRÜHER GEDICHTE…

Kontext: *Im Deutschunterricht wird über das Thema Romantik diskutiert. Sie möchten mehr über deutsche Autoren wissen und stoßen auf folgende Gedichte.*

Lesen Sie beide Gedichte vor.

B1 **Welches Thema ist beiden Autoren gemeinsam? Warum ist dieses Thema so wichtig für sie?**

Wandrers[1] Nachtlied

Über allen Gipfeln[2]
Ist Ruh,
In allen Wipfeln[3]
Spürest du
Kaum einen Hauch[4];
Die Vögelein schweigen im Walde.
Warte nur, balde
Ruhest Du auch.

Johann Wolfgang von Goethe, 1780

1 **der Wanderer (-):** *le promeneur*
2 **der Gipfel (-):** *le sommet*
3 **der Wipfel (-):** *la cime*
4 **der Hauch:** *le souffle*

Bei einer Linde[1]

Seh ich dich wieder, du geliebter Baum,
In dessen junge Triebe[2]
Ich einst in jenes Frühlings schönstem Traum
Den Namen schnitt von meiner ersten Liebe?

Wie anders ist seitdem der Äste Bug[3],
Verwachsen und verschwunden
Im härtren Stamm der vielgeliebte Zug[4],
Wie ihre Liebe und die schönen Stunden!

Auch ich seitdem wuchs stille fort, wie du,
Und nichts an mir wollt weilen[5],
Doch meine Wunde wuchs – und wuchs nicht zu[6],
Und wird wohl niemals mehr hienieden[7] heilen[8].

Joseph von Eichendorff, 1841

1 **die Linde (n):** *le tilleul*
2 **der junge Trieb:** *la jeune pousse*
3 **der Äste Bug:** *le mouvement des branches*
4 **der (Gesichts)zug (¨e):** *le trait (du visage)*
5 **weilen** = bleiben
6 ***zu/wachsen (u, a; ä):** *se refermer*
7 **hienieden:** *ici-bas*
8 **heilen:** *guérir*

Beethoven beim Komponieren der *Pastorale*, Farblithografie, 1834.

... UND HEUTE FLYER!

Kontext: *In einer deutschen Stadt werden Flyer verteilt.*

Lesen Sie den folgenden Flyer.

B1 → B1+ Vergleichen Sie den Flyer mit den Gedichten ▸ S. 164.

- **Rettet den Wald – jetzt!**
- **Erholungswald[1] – statt Holzfabrik!**
- **Lebendige Mischwälder – statt Monokultur!**
- **Wald für Generationen – statt kurzfristigen Profits!**
- **EURE Unterschrift für unsere Wälder!**

Die Wälder sind die grüne Lunge[2] Deutschlands. Sie sind unersetzlich für den Klimaschutz, als Trinkwasserspeicher, für den Schutz gegen Hochwasser und Erosion. Die Regierung will nun das Waldgesetz aufgeben und die Forstwirtschaft[3] in eine am Gewinn orientierte Industrie umwandeln.

Bürgerinitiative zur Rettung des deutschen Waldes

1 ← **sich erholen:** *se reposer*
2 **die Lunge (n):** *le poumon*
3 **der Forst** = der Wald

B. Sprechen

GELIEBTER STADTPARK!

Kontext: *In Ihrer Stadt wird ein neues Einkaufszentrum gebaut. Dazu muss aber der alte Stadtpark weg! Eine Demo wird vor dem Rathaus organisiert. Sie sind ein Vertreter der Bürgerinitiative und verlangen, den Bürgermeister zu sprechen.*

Sammeln Sie Argumente für die Diskussion mit dem Bürgermeister.

B1 → B2 In einem Plädoyer erklären Sie dem Bürgermeister, warum Sie gegen das Projekt sind.

Strategie mit Kick!

A. Leseverstehen aktiv

FRÜHER GEDICHTE...

Réciter un poème

En poésie, le rythme naturel de la phrase allemande se transforme selon la règle suivante : toute syllabe accentuée (*Hebung*) est suivie d'une ou deux syllabes moins accentuées (*Senkung*).
Les syllabes accentuées sont en général celles qui le sont naturellement : la racine du mot, les mots qui portent l'intention.

Lisez cet extrait du poème *Lorelei* de Heinrich Heine.

Ich weiß nicht, was soll es bedeuten
Dass ich so traurig bin
Ein Märchen aus alten Zeiten,
Das kommt mir nicht aus dem Sinn.

La rime n'est pas obligatoire : il existe des rimes plates *(Reimpaare:* ***aabb****)*, des rimes croisées (*Kreuzreime*: ***abab***) et des rimes embrassées (*eingeschlossene Reime:* ***abba***).
L'allitération (répétition d'une même sonorité à l'initiale de plusieurs mots ou syllabes) était le trait distinctif de la poésie allemande ancienne. Mais on la retrouve dans la poésie moderne.

Lisez le poème de Joseph von Eichendorff. Repérez les *Hebungen* et *Senkungen* ainsi que le type de rime utilisé.

Im Walde

Es zog eine Hochzeit den Berg entlang,
Ich hörte die Vögel schlagen,
Da blitzten viel Reiter, das Waldhorn klang,
Das war ein lustiges Jagen!

Und eh ich's gedacht, war alles verhallt,
Die Nacht bedecket die Runde,
Nur von den Bergen noch rauschet der Wald
Und mich schauert im Herzensgrunde.

B. Sprechen ganz einfach

GELIEBTER STADTPARK!

Savoir exprimer son mécontentement et expliquer son point de vue

En tant que membre du comité de défense, vous allez manifester votre net désaccord face au projet de destruction du parc.
Vous devrez aussi fournir des arguments pour expliquer votre point de vue.

Exprimer le mécontentement	Expliquer son point de vue
Es empört mich, dass...	*S + V + nämlich*
Ich finde so etwas unsinnig/absurd!	*..., denn + S + V*
Es stört mich, dass...	*deshalb + V*
Ich finde das nicht normal!	*aus diesem Grund + V*
Was hier geschieht, ist eine Schande!	*übrigens + V*

2 Die Generation der 68er

A. Sprechen

WIE WAR'S FRÜHER?

Kontext: *Im Sozialkundeunterricht soll über die 70er Jahre gesprochen werden. Was fällt Ihnen dazu ein?*

Informieren Sie sich im Internet oder bei Ihrem Geschichtslehrer über die „Generation der 68er".

B1

- **Arbeiten Sie in Gruppen und finden Sie heraus, welche Themen dieser Generation wichtig waren.**
- **Gruppe A sucht, wie es in Deutschland war. Gruppe B sucht, wie es in Frankreich war.**

B. Leseverstehen

ERZIEHEN… ABER WIE?

Kontext: *Sie informieren sich jetzt näher über das Thema Generationskonflikte.*

Lesen Sie dazu die folgenden Aussagen.

B1

Welche Erziehungsmethoden werden hier vorgeschlagen? Was halten Sie persönlich davon?

1 *The function of a child is to live his/her own life, not the life that his/her anxious parents think he/she should live.*
Alexander Sutherland Neill, britischer Pädagoge (1883-1973)

2 *Il est interdit d'interdire.*
Ein Slogan der 68er Generation

3 *Zwei Dinge sollen Kinder von ihren Eltern bekommen: Wurzeln[1] und Flügel[2].*
Johann Wolfgang von Goethe, deutscher Dichter (1749-1832)

4 *Ein selbstreguliertes Kind ist kein sich selbst überlassenes[3] Kind im Sinne des 'Laissez-faire-Stils'.*
Monika Seifert, 1967

5 *Erziehung zum Ungehorsam[4]*
Ein Film von Gerhard Bott, 1969

6 *La nature veut que l'enfant soit enfant avant d'être adulte.*
Jean-Jacques Rousseau, französischer Schriftsteller, Pädagoge und Komponist (1712-1778)

1 **die Wurzel (n):** *la racine*
2 **der Flügel (-):** *l'aile*
3 **sich selbst überlassen sein:** *être livré à soi-même*
4 **der Gehorsam:** *l'obéissance*

RÜCKKEHR ZUR AUTORITÄT?

FICHE ÉLÈVE

Kontext: *„Schluss mit dem Laissez-faire-Stil", so denken viele Eltern.*

Lesen Sie den folgenden Artikel über Amy Chua.

A2+ ▸ **Zum Thema Erziehung hat Amy Chua eine besondere Theorie. Welche? Was charakterisiert ihre Methode?**

B1 ▸ **Sind Sie mit Amy (nicht) einverstanden? Begründen Sie Ihre Meinung.**

Amy Chua hat ihre Kinder rigide erzogen – und darüber ein provokantes Buch geschrieben. Wie hart ist die Frau, die sich „Tiger Mom" nennt, wirklich?

Die Frau, die in ihrem Buch der eigenen Tochter damit droht, deren Stofftiere[1] zu verbrennen, [...] gehört [...] zur amerikanischen Elite.
In westlichen Ländern eilt Chua der Ruf voraus, eine „Monster-Mom" zu sein – oder zumindest die strengste Mutter Amerikas, wenn nicht der ganzen Welt. Es ist schwer zu sagen, womit Amy Chua am meisten provoziert hat. Vielleicht ist es *Der kleine weiße Esel*. So heißt das Klavierstück, das Chua ihre siebenjährige Tochter Lulu über Stunden hinweg ohne Unterbrechung üben ließ, bis es endlich saß[2]. Seit solche aus ihrem Buch *Die Mutter des Erfolgs* zitierten Geschichten im Umlauf sind, wünschen zornige Leserinnen Chua wegen ihres drastischen Erziehungsstils schon mal den Tod. Ausgelöst wurde die Schockwelle vom *Wall Street Journal,* das unter dem herausfordernden Titel *Warum Chinesinnen die besseren Mütter sind* ein besonders krasses[3] Kapitel vorab druckte. [...]
„Es ist ein komisches Gefühl, plötzlich von so vielen Menschen gehasst zu werden. Ich bin eigentlich sehr gutmütig und gar nicht böse. [...] Wissen Sie, in diesem Haus wird viel gelacht! Meine Töchter finden mich sehr lustig, und auch das Buch ist lustig! [...] Niemals würde ich die Stofftiere meiner Kinder verbrennen – das war ein Stilmittel, eine Übertreibung." [...]
Auf der ersten Seite ihres Buches zählt Tiger Mom auf, wozu sie ihre Töchter verpflichtet hat – die berüchtigte[4] Liste. Keine Geburtstagspartys besuchen zum Beispiel. Immer die Bestnote bekommen. Nicht im Schultheater mitspielen, weil das Zeitverschwendung ist, und nicht bei Freundinnen übernachten. Chua sagt, ihre eigene Kindheit habe sie zu dieser Liste inspiriert. [...]
„Wenn meine Kinder leidenschaftlich gerne Theater spielen wollten, dürften sie das natürlich. Ab und zu übernachten sie auch bei Freunden. Aber sie sind nicht glücklich, wenn sie zurückkommen. Sie sind müde und gereizt." Nur bei den Schulnoten fährt die Tigermutter die harte Linie ihrer Eltern: „Das Ziel ist die Eins und nicht die Eins minus. Meine Kinder müssen nicht zwingend die Besten sein – aber sie sollen versuchen, zu den Besten zu gehören. Letztlich geht es nicht um Noten und Auszeichnungen – sondern darum, das eigene Potenzial zu erkennen."

www.zeit.de,
November 2011

1 **das Stofftier (e):** *la peluche*
2 **sitzen (a, e; i):** *aller, convenir*
3 **krass:** *(ici) explosif*
4 **berüchtigt:** *tristement célèbre*

C. Sprechen

MUTTI, DARF ICH...?

Kontext: *Ihre Klassenkameradin will bei einer Freundin übernachten. Aber ihre Mutter hat einen drastischen Erziehungsstil.*

Spielen Sie das Gespräch vor.

B1

- **Rolle A:** Sie sind die Klassenkameradin.
- **Rolle B:** Sie sind die Mutter.

Wer wird am besten argumentieren?

UNIFORM AN... ODER AUS?

Kontext: *In einigen Schulen tragen die SchülerInnen Uniformen. In Ihrem Gymnasium spricht sich der Schulleiter für die Wiedereinführung der Uniform aus.*

Sie reagieren auf diese Initiative.

B1 **Halten Sie diese Initiative für positiv? Warum (nicht)?**

Strategie mit Kick!

POUR VOUS AIDER

A.-C. Sprechen ganz einfach

WIE WAR'S FRÜHER?

Savoir évoquer le passé S. 42-43

Pour parler d'une période précise du passé, on peut utiliser certaines expressions qui s'y rapportent. Ainsi, pour les années 1960 et 1970 :

- *In den 60er / 70er Jahren + V ...*
- *Im Jahre 1968 + V ... / Ø 1968 + V ...*
- *Vor 40 Jahren + V ...*
- *Das Deutschland der 60er Jahre + V ...*
- *Im Frankreich der 70er Jahre + V ...*

MUTTI, DARF ICH...?

Demander une permission et exprimer l'interdiction / le refus / la désapprobation

- La fille d'Amy Chua va tenter de convaincre sa mère de la laisser dormir chez son amie :

Darf ich...?
Hast du etwas dagegen, wenn...?
Erlaubst du mir / Würdest du mir erlauben, ... zu + Inf.

- La mère, quant à elle, va essayer de l'en dissuader :

- *Ich verbiete dir, ... zu + Inf.*
- *Ich erlaube dir nicht, ... zu + Inf.*
- *Es kommt nicht in Frage, dass...*
- *Mir gefällt nicht, dass...*

3 Die Vergangenheit in meiner Gegenwart

A. Sprechen

EINE TRAGISCHE LIEBE

S. 250 FICHE ÉLÈVE

Kontext: *Sie möchten sich mit der Klasse den Film „Der Vorleser" ansehen. Vorher sammeln Sie Informationen.*

Lesen Sie die Infos zum Film und recherchieren Sie zum historischen Kontext.

A2+ **Tauschen Sie nun Ihre Informationen in der Klasse aus.**

Szene aus dem Film *Der Vorleser*, 2008.

Heute Abend im Kino: ***Der Vorleser***

EIN FILM VON STEPHEN DALDRY
MIT KATE WINSLET UND RALPH FIENNES
NACH DEM ROMAN VON BERNHARD SCHLINK

Er ist 15 und heißt Michael. Sie ist 36 und heißt Hanna. Im Deutschland der 50er Jahre entsteht ihre Liebesgeschichte. Er liebt sie leidenschaftlich… bis Hanna eines Tages verschwindet. Erst Jahre später treffen sie sich wieder. Diesmal sitzt Hanna auf der Anklagebank[1] eines Gerichtssaals. Als KZ-Aufseherin[2] in einem Lager bei Krakau hat sie nämlich mehrere hundert Frauen in einer brennenden Kirche sterben lassen…

1 **die Anklagebank:** *le banc des accusés*
2 **die Aufseherin (nen):** *la surveillante*

B. Leseverstehen

VERGANGENHEITSBEWÄLTIGUNG

FICHE ÉLÈVE

Kontext: *Sie haben sich den Film angesehen und wollen jetzt mehr über den Autor des Romans wissen. Sie blättern den Roman durch. Ein Auszug weckt Ihr Interesse.*

Lesen Sie den folgenden Text.

B1 → B2 **Inwieweit spielt die Vergangenheit eine große Rolle im Leben des Erzählers?**

Als ich das Studium beendet und das Referendariat begonnen hatte, kam der Sommer der Studentenbewegung. […] Hochschule und Hochschulreform waren mir letztlich ebenso gleichgültig wie Vietkong und Amerikaner. Was das dritte Thema der Studentenbewegung anging, die Auseinandersetzung mit der nationalsozialistischen Vergangenheit, spürte ich eine […] Distanz zu den anderen Studenten […].

Manchmal denke ich, dass die Auseinandersetzung mit der nationalsozialistischen Vergangenheit nicht der Grund, sondern nur der Ausdruck des Generationenkonflikts war, der als treibende Kraft[1] der Studentenbewegung zu spüren war. […]

Wie sollten die, die die nationalsozialistischen Verbrechen begangen oder bei ihnen zugesehen oder von ihnen weggesehen oder die nach 1945 die Verbrecher unter sich toleriert oder sogar akzeptiert hatten, ihren Kindern etwas zu sagen haben. Aber andererseits war die nationalsozialistische Vergangenheit auch ein Thema für Kinder, die ihren Eltern nichts vorwerfen konnten oder wollten. […]

Was immer es mit Kollektivschuld moralisch und juristisch auf sich haben oder nicht auf sich haben mag – für meine Studentengeneration war sie eine erlebte Realität. Sie galt[2] nicht nur dem, was im Dritten Reich geschehen war. Dass jüdische Grabsteine[3] mit Hakenkreuzen beschmiert wurden, dass so viele alte Nazis bei den Gerichten, in der Verwaltung und an den Universitäten Karriere gemacht hatten, dass die Bundesrepublik den Staat Israel nicht anerkannte, […] – das alles erfüllte uns mit Scham, selbst wenn wir mit dem Finger auf die Schuldigen zeigen konnten. […]

Ich konnte auf niemanden mit dem Finger zeigen. Auf meine Eltern schon darum nicht, weil ich ihnen nichts vorwerfen konnte.

Demonstration gegen die Notstandsgesetze, Bonn, 11.05.1968.

Bernhard Schlink, *Der Vorleser*, 1995

1 **die treibende Kraft:** *le moteur*
2 **etw. (Dat.) gelten (a, o; i):** *concerner qc.*
3 **der Grabstein (e):** *la pierre tombale*

C. Sprechen

WENN LIEBE ZUR SCHULD WIRD…

Kontext: *Erst Jahre später erfährt Michael, dass die Frau, die er geliebt hat, eine KZ-Aufseherin und Verbrecherin war. Nach dem Film entsteht eine Diskussion. „Ich würde mich schuldig fühlen", sagen die einen. „Er kann doch nichts dafür!", meinen die anderen.*

Sie nehmen an dem Gespräch teil.

B1 → B2 **Was halten Sie von Michaels Gefühlen zu Hanna? Erklären Sie Ihre Meinung.**

Zur Info

KZ-Aufseher

Mit der Ausdehnung des KZ-Systems herrschte bei Kriegsbeginn große Personalnot in den Lagern. Anfangs galten noch strenge Auswahlkriterien (arisches Aussehen, politische Überzeugung, Gesundheit…). Später konnte sich praktisch jeder bewerben und es wurden sogar Frauen direkt aus den Fabriken und durch das Arbeitsamt eingezogen. Für die Aufseher galten aber auch sehr strenge Regeln (kein Alkohol, keine Zigaretten). Ab 1942 mussten die Aufseher dann auch „selektieren", d. h. aussuchen, welche Gefangenen in die Todeslager im Osten geschickt werden sollten.
Im Rahmen der Entnazifizierung nach dem Krieg wurden dann viele Aufseher in Prozessen wegen „Beihilfe zum Mord" verurteilt.

Vers le bac oral

A Hörverstehen

Hören 1

Ein Kinotipp

Hilfen:
- **die TU:** *die Technische Universität*
- **ersticken:** *étouffer*
- **unterstützen:** *soutenir*
- ***entstehen (a, a):** *apparaître*

Hören 2

Die 68er Generation

Hilfen:
- **erschüttern:** *bouleverser*
- **an/kokeln (umgs.):** leicht an/brennen (a, a)
- **ab/fackeln (umgs.)** = total ab/brennen (a, a): *détruire totalement par le feu*
- **der Anschlag (¨-e)** = das Attentat
- **der Verdächtige (n):** *le suspect*
- **der Bulle (n) (umgs.):** *le flic*
- **an/greifen (i, i):** *attaquer*

B Sprechen

Ihr Thema: *„Generation 68"*

Sprechen 1

Zuspruch muss sein

Sprechen 2

Auf der Straße

Hilfe:
- **der Zuspruch:** *l'encouragement*

Pensez à utiliser

seinen eigenen Weg finden (a, u) • sich durch/setzen • sich von etw./jm distanzieren • überfordert sein • der Generationskonflikt • das Unverständnis • die (strenge /laxe) Erziehung • der Vorwurf (¨-e) • das Vorbild (er)

Strategie

POUR VOUS AIDER

Hören

Sachez profiter des trois écoutes qui vous sont proposées. La démarche suivante peut s'avérer efficace :
- 1re écoute : aucune prise de notes; concentrez-vous simplement sur la forme, les intervenants…
- 2e écoute : concentrez-vous sur la thématique et notez en allemand les mots ou idées essentiels que vous repérez. Essayez également de repérer les connecteurs logiques.
- 3e écoute : complétez cette prise de notes en tentant d'être le plus précis possible.

A Hörverstehen

HÖREN 1

Gut leben statt viel haben

Hilfen:
- **jn/ etw. schonen:** *ménager qn/qc.*
- **die Armut:** *la pauvreté*
- **zu etw. einen Beitrag leisten:** *contribuer à qc.*
- **aufgefordert werden:** *être sollicité*
- **aus/beuten:** *exploiter*
- **der Wohlstand:** *l'aisance matérielle*
- **die Verschwendung:** *le gaspillage*

HÖREN 2

Stolpersteine

Hilfen:
- **der Bürgersteig (e):** *le trottoir*
- **putzen** = reinigen: *nettoyer*

Pensez à utiliser

das Engagement • das Ideal (e) • die Hoffnung (en) • der Lebenszweck • die Überzeugung (en) • die Welt ändern / verbessern wollen • das Vorbild (er) • die Erziehung • die Toleranz • für etw. kämpfen ≠ etw. bekämpfen • sich für etw. engagieren / ein/setzen • generationsübergreifend sein

B Sprechen

Ihr Thema: *„Der Apfel fällt nicht weit vom Stamm[1]"*

1 **Der Apfel fällt nicht weit vom Stamm:** *Les chiens ne font pas des chats.*

SPRECHEN

Engagement früher und heute

Sprechen

Impliquez-vous au maximum dans l'échange.
Ne donnez pas le sentiment d'être sur la défensive, prenez l'initiative ! L'essentiel est de faire en sorte que l'interaction orale puisse fonctionner du mieux possible. N'hésitez pas, au besoin, à faire répéter ou reformuler une question.

Tipp

En cas de souci de lexique, efforcez-vous dans la mesure du possible de formuler votre idée différemment. Si vous décidez de demander de l'aide, pensez à varier là aussi les tournures :
- *Was heißt nochmal … auf Deutsch, bitte?*
- *Mir fällt das deutsche Wort für … nicht mehr ein. Könnten Sie mir helfen?*
- *Darf ich Sie um ein Wort bitten?*

1 Von Natur aus grün?

A. Sprechen

GRÜNE REPUBLIK DEUTSCHLAND?

Kontext: *Oft werden die Deutschen mit Natur und Ökologie assoziiert. Klischee oder Realität?*

Debattieren Sie über diese Frage mit Ihren Mitschülern.

B1 Was wissen Sie über das Verhältnis der Deutschen zur Natur? Ziehen Sie einen Vergleich mit den Franzosen.

B. Hörverstehen

WALDSTERBEN

FICHE ÉLÈVE

Kontext: *Sie wollen mehr wissen über das traditionelle Bild der umweltfreundlichen Deutschen. Im Internet finden Sie ein Video.*

VIDEO **Sehen Sie sich das Video an.**

B1 ▸ **Machen Sie sich Notizen über die Geschichte des Phänomens „Waldsterben". Warum ist dieses Phänomen entstanden?**

B2 ▸ **Inwieweit spielt das „Waldsterben" heute für die Deutschen noch eine Rolle?**

Hilfen:
- **der Klimawandel:** *le changement climatique*
- **nach etw. (+ Dat.) streben:** *aspirer à qc.*
- **der Fortschritt (e):** *le progrès*
- **der Tannenzweig (e):** *la branche de sapin*
- **die Herausforderung (en):** *le défi*

C. Schreiben

LIEBE POLITIKER

Kontext: *„Dein Spiegel" ist die Jugendausgabe des bekannten deutschen Nachrichtenmagazins. In der Leserecke äußern sich junge Leser zu aktuellen Themen. Diesmal geht es um Umweltfragen und um die Zukunft des Planeten, die den Jugendlichen in Frankreich große Sorgen machen.*

Verfassen Sie auch einen Leserbrief.

B1 → B2

▸ In diesem Brief erklären Sie, warum junge Franzosen so beunruhigt sind. Sie weisen auf die Gefahren hin, die unsere (Um)welt bedrohen, schlagen Lösungen vor und bitten die Politiker um Hilfe.

Protestaktion gegen Atommülltransporte, Greifswald, 23.10.2010.

Strategie mit Kick!

POUR VOUS AIDER

A. Sprechen ganz einfach

1 Avant de commencer : ciblez les thèmes que vous souhaitez aborder

Le thème de l'environnement est vaste. Vérifiez que vous connaissez les mots qui suivent avant de rédiger votre courrier. Choisissez ensuite les thèmes que vous souhaitez aborder : *die Umweltverschmutzung* → *etw. verschmutzen – die Atomkraft – die Wasserverseuchung* → *etw. verseuchen – die erneuerbaren Energien – der Klimawandel – die globale Erwärmung*

2 Savoir exprimer ses craintes / ses peurs

Vous prenez la parole au nom de la jeunesse française et faites part de vos craintes quant à l'avenir de la planète.

- *Wir haben Angst davor, dass…*
- *Schrecklich ist die Tatsache, dass…*
- *Unsere Generation fürchtet, dass…*
- *Mir wird angst und bange, wenn ich sehe, dass…*

2 Was bleibt von der Studentenbewegung?

A. Sprechen

DIE GENERATION DER 68ER STELLT SICH VOR

Kontext: *Im Sozialkundeunterricht wird das Thema Meinungsbildung und Politisierung im Laufe der Geschichte behandelt. Sie interessieren sich für die Bewegung von Mai 1968.*

Zur Info

68 – Brennpunkt Berlin: Eine Ausstellung im Berliner Amerikahaus vom 31. Januar bis 31. Mai 2008 mit Fotos von Günter Zint über die Studentenbewegung der 70er Jahre.

Lesen Sie die folgenden Slogans und sehen Sie sich einige Bilder der Ausstellung „'68 – Brennpunkt Berlin" an.

A2+ → B1

Mit welchen Themen beschäftigte sich die Generation der 68er?

„He, kommt runter vom Balkon, unterstützt den Vietcong!"

„Revolution ist machbar, Herr Nachbar!"

„Mein Bauch gehört mir!"

„Keine Gewalt!"

B. Hörverstehen

SO WAR BERLIN...

Kontext: *Eine Gruppe von Schülern hat die Ausstellung „'68 – Brennpunkt Berlin" besucht.*

Hilfen:
- **der Farbbeutel (-):** *le sachet rempli de peinture*
- **die Ungerechtigkeit (en):** *l'injustice*
- **jn verraten:** *trahir qn*
- **die Selbstverwirklichung:** *l'épanouissement personnel*
- **schwanger sein:** *être enceinte*
- **der Krieg (e):** *la guerre*

Hören Sie sich die Kommentare der Schüler darüber an und machen Sie sich Notizen. MP3

B1 ▸ Welche Themen der Studentenbewegung werden angesprochen?

B1 → B2 ▸ Was meinen Markus, Steffi und Benny dazu?

„RANDALIERER“ VON DAMALS

Kontext: *Einige Persönlichkeiten der damaligen Bewegung treten auch heute noch öffentlich auf. Dazu gehört Daniel Cohn-Bendit, dessen Leben einige Besonderheiten aufweist.*

Hören Sie das folgende Dokument. MP3

B1 **Stellen Sie Daniel Cohn-Bendit vor. Inwiefern ist seine Laufbahn interessant?**

Daniel Cohn-Bendit bei einer Rede vor Studenten an der Freien Universität Berlin, 27.06.1968.

C. Schreiben

EIN FLYER

Kontext: *1968. Sie sind ein Aktivist der Studentenbewegung und verfassen einen Flyer.*

B1 → B1+ **Was erwarten Sie vom Jahr 1968? Was muss geändert werden?**

Strategie mit Kick!

POUR VOUS AIDER

A. Schreiben ganz einfach

DIE GENERATION DER 68ER STELLT SICH VOR

■ **Exprimer la protestation ou l'engagement**

Formez des phrases en associant les verbes aux groupes nominaux.

gegen etw. protestieren *sich für etw. ein/setzen* *sich gegen etw. auf/lehnen* *sich für etw. engagieren*	*der Krieg* *die Atomkraft* *der legale Schwangerschaftsabbruch* *die Gleichberechtigung*

B. Hörverstehen aktiv

FICHE ÉLÈVE

SO WAR BERLIN…

■ **Savoir s'appuyer sur des indices entendus pour identifier une opinion, une attitude.**

Écoutez les phrases enregistrées et dites pour chacune d'elles si elle exprime un sentiment positif ou négatif :

Du Alleswisser! – Glaubst du wirklich? – Das war schon echt toll! – Wahnsinn! – Nicht so sehr… – Jaaa, das sicher auch, aber ich sehe das eher anders. – Du bist blöd! – Bringt das heute noch was? – Das ist beeindruckend! – Es war ja doch nur Schule! – Schade!

3 Jüdische Jugend in Deutschland heute

A. Sprechen

ANTISEMITISMUS S. 250

Kontext: *Sie informieren sich über Judenverfolgung und Antisemitismus in der Geschichte. Was wissen Sie über das Thema Judenfeindlichkeit und Antisemitismus im Mittelalter und im Dritten Reich?*

@ Mehr darüber im Internet
Judenfeindlichkeit – Wikipedia
http://www.wissen.de – Suche: Judenverfolgung

B1 ▸ **Weshalb wurden die Juden schon im Mittelalter diskriminiert und verfolgt? Welche Stereotypen und Klischees gab es?**

B2 ▸ **Wie wurden die Juden in der Ideologie des Nationalsozialismus dargestellt?**

B. Hörverstehen

DIE LEUTE SIND HEUTE NICHT MEHR SO

Kontext: *Wie leben junge Jüdinnen und Juden heute in Deutschland? Wie sieht ihr Alltag aus?*

Hören Sie den Anfang eines Radiointerviews mit Simon und Lea Berg, die eine besondere Familiengeschichte haben. MP3

B1 ▸ **Wie wichtig ist die Zugehörigkeit zur jüdischen Religion heute für Simon und Lea? Für die Mitschüler?**

B1+ ▸ **Wie kann man diese Einstellungen erklären?**

Hilfen:
- **etw. durch/setzen:** *imposer qc.*
- **Chanukka / Pessach:** jüdische Feste
- **der Vorfahr (en):** *l'ancêtre*
- **jm etw. schuldig sein:** *devoir qc. à qn*
- **die verletzende Bemerkung (en):** *la remarque blessante*
- **der Kumpel (-) (umgs.):** *le pote*
- **es ist ihm peinlich:** *il est gêné*

Chanukka-Leuchter vor dem Jüdischen Museum in Berlin.

LIEBE IST STÄRKER

Kontext: *Simon und Lea erzählen, wie sie zu ihrer Familiengeschichte stehen.*

Hören Sie den letzten Teil des Interviews. MP3

B1 ▸ **Inwiefern ist diese Familiengeschichte etwas Besonderes?**

B1+ ▸ **Welche Bedeutung hat sie für Lea? Für Simon?**

Hilfen:
- **jn in guter/ schlechter Erinnerung behalten (ie, a; ä):** *garder un bon/ mauvais souvenir de qn*
- **aufeinander *zu/gehen (i, a):** *se rapprocher*
- **das Altersheim (e):** *la maison de retraite*
- **sich für jn / etw. ein/setzen:** *s'engager pour qc.*

Zur Info

Die Aktion Sühnezeichen – Friedensdienste (ASF) ist eine deutsche Organisation der Friedensbewegung. Die ASF ist für ihr internationales Freiwilligenprogramm und die Organisation von Workcamps in Europa bekannt.

C. Schreiben

60 JAHRE SPÄTER

Kontext: *Nach langjähriger Vergangenheitsbewältigung kann man sich fragen, wie Juden heute in Deutschland leben.*

B1-B2 **Mit Hilfe Ihrer Notizen zum Interview schreiben Sie einen Aufsatz zu diesem Thema. Wie fühlen sich junge Juden heute in Deutschland? Welche Haltung haben sie zu ihrer Geschichte?**

EIN FREIWILLIGES JAHR

Kontext: *Sie sind Lea und wollen ein freiwilliges Jahr bei Aktion Sühnezeichen-Friedensdienste machen.*

B1-B2 **Schreiben Sie eine Bewerbung an ASF. Stellen Sie sich vor und erklären Sie, aus welchen Gründen Sie in Israel arbeiten möchten.**

Strategie mit Kick!

C. Schreiben ganz einfach

EIN FREIWILLIGES JAHR

Voici quelques formules pour une lettre formelle :
Sehr geehrte Damen und Herren, …
Ich wende mich an Sie, weil…
Selbstverständlich stehe ich für Fragen zu Ihrer Verfügung.
In der Hoffnung auf eine baldige Antwort verbleibe ich mit freundlichen Grüßen,
(+ Unterschrift)

Vers le bac écrit

TEXT 1

Der Ärger mit unserem Geschichtslehrer begann, als alle im Fernsehen zugeguckt haben, wie in Berlin auf einmal die Mauer offenstand und alle, auch meine Oma, die in Pankow wohnt, einfach so in den Westen rüber konnten. Dabei hat es Herr Studienrat Hösle bestimmt gut gemeint, als es nicht nur vom Mauerfall gesprochen, sondern uns alle gefragt hat: „Wisst ihr, was sonst noch alles in Deutschland an einem 9. November geschehen ist? Zum Beispiel vor einundfünfzig Jahren genau?"

Weil alle nur irgendwie etwas, aber keiner Genaues wusste, hat er uns dann die Reichskristallnacht[1] erklärt. [...]

Dabei haben wir Schüler uns irgendwie schon dafür interessiert, was damals in unserer Heimatstadt, zum Beispiel im israelitischen Waisenhaus[2] „Wilhelmspflege", passiert ist. [...] Sogar die Jungs in unserer Klasse haben diesmal beim Unterricht mitgemacht, auch die türkischen Jungs, und sowieso meine Freundin Shirin, deren Familie aus Persien kommt.

Und vor der Elternversammlung hat sich unser Geschichtslehrer, wie mein Vater zugegeben hat, ganz gut verteidigt. Er soll den Eltern erklärt haben: Kein Kind kann das Ende der Mauerzeit richtig begreifen, wenn es nicht weiß, wann und wo genau das Unrecht begonnen und was schließlich zur Teilung Deutschlands geführt hat. Da sollen fast alle Eltern genickt haben. Aber den weiteren Unterricht über die Reichskristallnacht hat Herr Hösle dann abbrechen[3] und auf später verschieben[4] müssen. Eigentlich schade.

Doch ein bisschen mehr wissen wir nun darüber; zum Beispiel, dass fast alle in Esslingen nur stumm zugeschaut, oder einfach weggeguckt haben, als das mit dem Waisenhaus passierte. Deshalb sind wir, als vor einigen Wochen Yasir, ein kurdischer Mitschüler, mit seinen Eltern in die Türkei abgeschoben[5] werden sollte, auf die Idee gekommen, einen Protestbrief an den Bürgermeister zu schreiben. Alle gaben ihre Unterschrift.

Günter Grass, *Mein Jahrhundert*, 2001

1 **die Reichskristallnacht:** *la Nuit de cristal* – 2 **das Waisenhaus (¨er):** *l'orphelinat* –
3 **etw. ab/brechen (a, o; i):** *interrompre qc.* – 4 **etw. verschieben (o, o):** *reporter qc.* –
5 **jn ab/schieben (o, o):** *reconduire qn à la frontière*

TEXT 2

Der Schrifsteller Joerg Waehner (geb. 1962) wurde 1982 zur Nationalen Volksarmee (NVA) eingezogen. Sein Buch Einstrich-Keinstrich *(2006) beschreibt seine Zeit bei der NVA.*

tagesschau.de: Sie haben in dieser Zeit Tagebuch geschrieben – auch das war nicht ungefährlich.

Joerg Waehner: Das war strengstens verboten und ich habe es auch versucht, zu verstecken. Trotzdem wurde es einmal bei einer Kontrolle entdeckt. Später habe ich es immer unter der Uniform getragen, damit es nicht gefunden wurde. Das war für mich die einzige Form, die Zeit für mich zu dokumentieren.

tagesschau.de: Haben Sie Verständnis für die derzeitige Ost- und NVA-Nostalgie?

Joerg Waehner: Natürlich nicht. Ich will niemandem absprechen[1], sich zu erinnern. Andererseits habe ich durch die Artikel und Filme der jüngsten Zeit fast schon an meinen Erinnerungen gezweifelt. Und weil ich andere Dinge erlebt habe, habe ich ja auch mein Buch geschrieben. Ich möchte niemandem vorschreiben[2], wie er sich zu erinnern hat. Aber ich will zumindest sagen, wie meine Erinnerung ist. Es gibt DDR-Symbole wie Fahnen, Hemden oder Uniformen, die einfach nicht unbelastet[3] sind. Es sind immer noch Zeichen von Unterdrückung und Zwang. Es ist nichts Entleertes, was man aus nostalgischen oder modischen Gründen tragen kann.

www.tagesschau.de

1 **jm etw. ab/sprechen (a, o; i) :** *dénier qc. à qn* – 2 **jm etw. vor/schreiben (ie, ie):** *dicter qc. à qn* – 3 **unbelastet:** *(ici) neutre*

DEN TEXT VERSTEHEN

1 Verbinden Sie! Was passt zusammen? (Text 1 und 2)

a. *eine Biografie schreiben*
b. *die Geschichte erklären*
c. *sich für die Geschichte interessieren*
d. *die Geschichte vergessen wollen*
e. *die Geschichte verschönen*

1. *die Schüler*
2 *die Ostalgie*
3. *Joerg Waehner*
4. *Herr Hösle*
5. *die Eltern*

2 Richtig oder falsch? Begründen Sie Ihre Antwort mit einem Zitat aus Text 1 oder 2.

a. *Herr Hösles Geschichtsunterricht hat das Ende der Mauerzeit zum Hauptthema.*
b. *Hösles Geschichtsunterricht gefällt den Eltern nicht.*
c. *Die Esslinger verteidigten in der Reichskristallnacht die Waisenkinder.*
d. *Joerg Waehner trägt aus modischen Gründen eine DDR-Uniform.*
e. *Viele Dokumente der letzten Jahre über die DDR illustrieren Waehners Erinnerungen.*

3 Wählen Sie für jeden Text den Titel, der am besten passt.

Schöne verstorbene DDR – Ein Protestbrief – Erinnerungen unter der Uniform – Das Ende der Mauer – Die Geschichte der NVA – Vom 9. November zum 9. November

4 Wer hätte das sagen können? (Text 1 und 2)

a. *„Wir müssen etwas tun!"*
b. *„Manchmal bin ich meiner Erinnerungen nicht so sicher."*
c. *„Was hat die Reichskristallnacht mit dem Geschichtsunterricht zu tun?"*
d. *„Zu dieser Zeit habe ich gar nichts gemacht."*
e. *„Aus der Vergangenheit haben wir immer etwas zu lernen."*

ein Esslinger • Herr Studienrat Hösle • Joerg Waehler • ein Schüler • der Vater eines Schülers

SCHREIBEN

Behandeln Sie die zwei folgenden Themen.

1. *„Deshalb sind wir […] auf die Idee gekommen, einen Protestbrief an den Bürgermeister zu schreiben." Schreiben Sie den Protestbrief und reagieren Sie auf Yasirs geplante Abschiebung.* (100 à 120 mots)

2. *Tagebücher, Biografien, Zeitungsartikel oder Filme sind verschiedene Mittel, Geschichte darzustellen. Welches dieser Mittel scheint Ihnen das Beste? Argumentieren Sie.* (140 à 160 mots)

Sprachatelier

Voici une liste de mots et expressions en lien avec l'unité étudiée. Faites votre propre bilan lexical : quels mots connaissez-vous ? Lesquels devez-vous apprendre ? FICHE ÉLÈVE

Sich mit der Geschichte auseinandersetzen

A2 die Schuld – der Krieg (e) – der Erste Weltkrieg – der Zweite Weltkrieg

B1 die Kollektivschuld – der Schuldige (n) – das Verbrechen (-) – der Verbrecher (-) – das Gericht (e) – das Hakenkreuz (e)

B2 die Auseinandersetzung mit der nationalsozialistischen Vergangenheit – die Anklagebank

Der Generationskonflikt

A2 der Generationskonflikt (e) – die Erziehung – die Erziehungsmethode (n) – die Eltern (Pl.) – die Kinder (Pl.) – streng sein – tolerieren – akzeptieren – die Tradition (en) – der Jugendliche (n)

B1 die Wurzel (n) – jn rigide erziehen (o, o) – der drastische Erziehungsstil (e) – gutmütig sein – jm etw. erlauben – jm etw. verbieten (o, o) – jn zu etw. zwingen (a, u) – die heutige Gesellschaft

B2 gehorsam sein – ungehorsam sein – sich selbst überlassen sein – das selbstregulierte Kind – jn zu etw. verpflichten – jm etw. vor/werfen (a, o; i)

Eine Generationenfrage?

Sich engagieren

A2 sich für etw. engagieren – gegen etw. protestieren – die Demonstration (en) – die Demo (s) – demonstrieren – die Toleranz

B1 die Wiedereinführung der Uniform (en) – die Studentenbewegung (en) – die Meinungsbildung (en) – sich für etw. ein/setzen – die Friedensbewegung (en)

B2 das Referendariat (e) – die Selbstverwirklichung – sich gegen etw. auf/lehnen – die Gleichberechtigung – das freiwillige Programm (e) – der Friedensdienst (e)

Ein neues Verhältnis zur Natur

A2 der Wanderer (-) – der Wald (¨er) – die Erosion – der Stadtpark (s) – die Ökologie – die Umwelt

B1 der Gipfel (-) – der Klimaschutz – das Waldgesetz (e) – das Hochwasser – das Waldsterben – die Zukunft des Planeten – etw. verschmutzen – die Atomkraft – die erneuerbaren Energien – der Klimawandel – die globale Erwärmung

B2 der Wipfel (-) – der Trinkwasserspeicher (-) – die Forstwirtschaft – die Wasserverseuchung – etw. verseuchen

1 Rund um das Verb „denken“

denken (dachte, gedacht)

sich etw. aus/denken
große Bedenken haben
denkbar sein
ein denkwürdiges Ereignis

jm einen Denkzettel geben (a, e; i)
Er dachte sich nichts Böses dabei.
Es war für dich gedacht!
Ich denke gar nicht daran!

die Denkart (en)
der Denker (-)
die Denkweise (n)
das Denkmal (-e *ou* ¨er)

Er denkt sich sein(en) Teil.
Das habe ich mir schon gedacht!
Wer hätte das gedacht!
Das kann ich mir denken!

Denkste!
Denken Sie mal!
Denk mal an!
Was denken Sie!

■ **Vous discutez avec un jeune Allemand. Que dites-vous…**

1. lorsque vous avez de gros doutes sur une question ?

2. pour préciser que vous avez donné une bonne leçon à quelqu'un ?

3. lorsque vous défendez un ami qui selon vous n'avait pas de mauvaises intentions ?

4. quand vous précisez que vous vous doutiez de quelque chose ?

5. pour ironiser sur les propos de quelqu'un ?

6. quand vous voulez dire qu'un écrivain était un grand penseur.

2 Donner une valeur commentative à un énoncé

Lorsque vous cherchez à convaincre quelqu'un, vous argumentez de manière logique en ponctuant vos idées d'explications visant à démontrer quelque chose. Vous pouvez avoir recours à des charnières de discours classifiées dans le tableau suivant :

Valeur	Charnières de discours
explicative	*besonders, das heißt, das ist, etwa, gar, hauptsächlich, namentlich, nämlich, so, zwar, vor allem, zumal, zum Beispiel*
récapitulative	*also, im Großen und Ganzen, kurz, kurzum, mit anderen Worten, zusammenfassend*
descriptive portant sur l'adéquation du terme choisi	*geradezu, gewissermaßen, gleichsam, oder besser gesagt, praktisch, sozusagen, quasi*

■ **Dans le cadre d'un échange franco-allemand, les élèves de votre classe doivent rédiger avec leurs correspondants un article visant à prendre des mesures en faveur de la protection des forêts en Europe. Cet article sera rédigé dans les deux langues et publié sur le blog de l'échange. À l'aide de ces groupes infinitifs, rédigez votre article en utilisant les charnières de discours qui vous ont été données dans le tableau (p. 177) :**

unseren Eltern Arbeit geben – wichtige Bestandteile unseres Lebens sein – nicht mehr atmen können – auf etw. verzichten – keinen Wohlstand haben können – jm gute Luft verdanken – wegen der Industrialisierung und des Verkehrs krank sein – zu einem Problem Stellung nehmen (a, o; i) – ein Appell an die Industrie sein – den Wald schützen – die Luft schützen

3 La relative

FICHE ÉLÈVE S. 261

Observez les phrases suivantes :

1. *Die Studenten, **die die Hochschulreform nicht akzeptieren**, haben gestern demonstriert.*

2. *Der Professor, **den die Studenten zu einer Debatte eingeladen hatten**, ist doch nicht gekommen.*

3. *Die junge Generation, **der man kaum das Wort gab**, musste auf die Straße gehen.*

4. *Die Professoren, **deren Studenten wegen der Demonstration nicht anwesend waren**, haben ihre Vorlesungen annulliert.*

Chacune de ses phrases comporte une **subordonnée relative** introduite par un **pronom relatif.** La relative apporte une information complémentaire à son antécédent qui pourra souvent justifier l'action.

Le **genre** du pronom relatif est toujours celui de son **antécédent** et sa fonction est **variable** : il peut être **sujet** (phrase 1), **C.O.D.** (phrase 2), **C.O.I.** (phrase 3) ou **C.D.N.** (phrase 4).

La relative peut également être enrichie d'une préposition. Le cas employé pour le pronom relatif est alors celui régi par ladite préposition.

– *Die Studenten, **mit denen der Professor Streit hatte**, konnten nicht in der Vorlesung bleiben.*

■ **Reliez les énoncés suivants et formez une phrase comportant obligatoirement une relative.**

1. *Tim hatte gerade sein Studium beendet.*
2. *Die junge Generation setzte sich mit der Frage des Nationalismus auseinander.*
3. *Das Thema Zweiter Weltkrieg führte zu heftigen Debatten.*
4. *Der Nachkriegsgeneration hatte man nichts vorzuwerfen.*
5. *Manche Naziverbrecher sind nach dem Krieg nach Südamerika geflohen.*

A. *(Ihre) Beziehung zur Judenverfolgung während der Nazizeit war problematisch.*
B. *(Es) war auch der Ausdruck eines Generationskonflikts.*
C. *(Er) entschied, ins Ausland zu gehen.*
D. *(Man) hatte ihre Verantwortung bewiesen.*
E. *(Sie) empfand trotzdem die Last der Geschichte.*

4 Comparer deux époques : l'expression de la comparaison

FICHE ÉLÈVE S. 265

Lorsque l'on se réfère à la vie de ses parents et/ou grands-parents, on compare inévitablement des époques différentes. Observez les phrases suivantes :

– *Heute sind die Erziehungsmethoden* ***nicht so streng wie früher.***

– *Die Kommunikation zwischen den Generationen ist manchmal* ***genauso schwer wie früher.***

– *Früher waren die Eltern* ***viel strenger mit den Kindern als heute.***

Chaque phrase exprime une comparaison. La première, une infériorité avec ***nicht so… wie…***, la deuxième une égalité avec ***genauso… wie…*** et la troisième une supériorité avec ***adj.*** + ***er*** + ***als…***

■ **Votre professeur d'allemand vous demande d'interviewer vos parents et vos grands-parents sur leur enfance et leur éducation. Vous devez lui faire un compte rendu dans lequel vous comparez les différentes époques. Voici quelques groupes infinitifs pour vous aider.**

nicht aus/gehen dürfen – streng sein – eine Schuluniform tragen (u, a; ä) – nicht erlaubt sein – am Tisch nicht reden dürfen – kein Taschengeld bekommen – getrennt sein – viel leichter sein – schwierig sein, mit den Eltern zu reden – sich mit einem Problem auseinander/setzen

5 Exprimer une autorisation ou une interdiction

Lorsque vous exprimez une autorisation, vous pouvez avoir recours à l'expression «*erlaubt sein*»; dans le cas d'une interdiction, vous pouvez employer «*verboten sein*». Observez les phrases suivantes :

– *Ich erlaube dir, heute Abend ins Kino* ***zu*** *gehen.*

– *Ich verbiete dir, heute Abend ins Kino* ***zu*** *gehen.*

Dans les deux cas, le fait autorisé ou interdit est formulé à l'aide d'un groupe infinitif comme en français. Le groupe infinitif se forme à l'aide de ***zu*** + infinitif.

On peut formuler une autorisation et une interdiction avec le verbe de modalité *dürfen* (*nicht dürfen*). Dans ce cas, le groupe infinitif se forme sans ***zu*** :

– *Heute Abend darfst du (nicht) ins Kino gehen.*

■ **Vous allez bientôt recevoir la visite de votre correspondant allemand dans votre établissement. Vous devez lui expliquer le règlement intérieur de votre lycée en listant ce qui est autorisé et interdit. Voici une liste de faits pouvant vous aider :**

rauchen – im Klassenraum essen oder trinken in der Bibliothek der Schule arbeiten – gewalttätig sein – respektlos sein – den Lehrer um Hilfe bitten – sein Schulmaterial vergessen – ohne Sportsachen in den Sportunterricht gehen

6 Se référer au passé : le parfait

FICHE ÉLÈVE S. 256

Lorsque l'on veut relater un fait passé, on peut avoir recours au parfait, qui est l'équivalent du passé composé en français. Il se forme de la manière suivante :

auxiliaire ***haben*** ou ***sein*** au présent + participe passé

Contrairement au français, le participe passé allemand est invariable. Cependant sa formation varie selon le type de verbe.

■ **Observez les participes passés des verbes suivants rencontrés dans l'unité. Donnez leur infinitif et précisez de quel type de verbe il s'agit :**

verstanden – provoziert – ausgelost – gehasst – mitgespielt – gezwungen – verboten – erlaubt – entstanden – gestorben – akzeptiert – vorgeworfen – eingetreten

Zeigen Sie, was Sie können

Ihre Aufgabe:

SPRECHEN

Gestern oder heute? Nehmen Sie Stellung.

Die 70er Jahre oder das 21. Jahrhundert? Welche Epoche gefällt Ihnen am besten? Würden Sie sich gerne in die Vergangenheit versetzen oder sind Sie mit Ihrer Gegenwart zufrieden?

Ein Teil Ihrer Klasse hätte gern in den 70er Jahre gelebt. Sie erklären Ihren Mitschülern, warum es für Sie früher besser war und werfen einen kritischen Blick auf die heutige Gesellschaft. Natürlich ist der andere Teil Ihrer Klasse gar nicht damit einverstanden. Sie denken nämlich, dass das 21. Jahrhundert viele positive Seiten bietet. Dabei kann über Themen wie Umwelt, Erziehung oder Toleranz diskutiert werden. Was hat sich verbessert oder verschlechtert? War früher besser als heute? Argumentieren Sie!

Pour vous guider

Vous défendez les années 1970 :
Décrivez ce qui vous frappe à notre époque. N'hésitez pas à interpeller vos interlocuteurs tout en émettant des critiques à propos de thèmes d'actualité tels que l'environnement, l'éducation ou le rapport au passé.
Ainsi, vous pouvez faire part de ce que vous trouvez choquant ou anormal : *Ich finde es unsinnig, dass… / Es ist nicht normal, dass… / Mir gefällt nicht, dass…*
Vous pouvez aussi dire ce que vous jugez positif en établissant une comparaison avec les années 1970 : *In den 70er Jahren… / Früher…*

Vous êtes un farouche partisan du XXIe siècle :
Vous répondez à vos détracteurs et leur expliquez en quoi notre société a évolué ces dernières décennies. Dites ce qui vous plaît dans votre vie d'adolescent(e), et montrez dans quelle mesure notre société a connu une évolution positive (écologie, méthodes d'éducation, etc.). Soyez toutefois à l'écoute des critiques de vos camarades et essayez de nuancer leurs propos : *Natürlich! Jedoch + V + S …*
Das ist verständlich. Aber…

Ihre Aufgabe:

SCHREIBEN

Schreiben Sie einen Artikel zum Thema.

Ihre Schule veranstaltet eine Ausstellung zum Thema „Das Erbe der 70er Jahre".
Als Redakteur Ihrer Schülerzeitung verfassen Sie einen Beitrag darüber.

In Ihrem Artikel beschreiben Sie, was in der Ausstellung zu sehen ist. Sie erklären, welche Themen der 70er Jahre Ihrer Meinung nach heute noch wichtig und aktuell sind. Welchen Einfluss haben die damaligen Bewegungen und Ideen auf Ihre Epoche? Vergessen Sie nicht zu erwähnen, was Ihre Mitschüler davon denken.

Pour vous guider

Décrire une exposition
Sous quelle forme se présente l'exposition de votre lycée (photos, affiches, films, slogans ...) ? Quels sont les sujets abordés ?

Opposer les thèmes et les époques
En quoi les préoccupations d'il y a 40 ans diffèrent-elles de celles de votre époque ?
Quels points communs existe-t-il entre les années 1970 et 2011 ?
Damals..., heute hingegen...
im Gegensatz zu den 70er Jahren...
einerseits..., andererseits...

Formuler une opinion
Pensez à évoquer les avis de vos camarades de classe quant à l'exposition...
ainsi que le vôtre. Vous considérez-vous comme le digne héritier des années 1970 ?

Mythisches Deutschland

Die Loreley, Siegfried und die Nibelungensage, Faust und der Pakt mit dem Teufel… das sind Mythen, die eng mit der deutschen Kultur verbunden sind. Welche Rolle spielen sie heute noch?

NOTION
du programme abordée :

- Mythes et héros

PRÉPARER
→ le bac oral
p. 196

PRÉPARER
→ le bac écrit
p. 206

L wie Literatur

✓ *Das Nibelungenlied*
Le personnage, ses figures et ses avatars S. 202

✓ *Die Nibelungen, Friedrich Hebbel*
Le personnage, ses figures et ses avatars S. 202

HÖREN / SPRECHEN | **LESEN / SCHREIBEN**

Composez votre parcours oral et/ou écrit.

① Die Blondine auf dem Felsen ▸▸ S. 190

et/ou

① Legende auf dem Rheinfelsen ▸▸ S. 198

② Sagenhafte Helden ▸▸ S. 192

et/ou

② Es waren einmal… die Nibelungen ▸▸ S. 201

③ Der Teufel ist los ▸▸ S. 194

et/ou

③ Der teuflische Pakt ▸▸ S. 204

Dans cette unité :

- vous allez voyager dans le temps et l'espace
- vous allez découvrir des mythes fondateurs allemands
- vous allez croiser des personnages de légende hauts en couleurs

Ihre Aufgabe:

Wählen Sie ein Reiseziel oder erstellen Sie eine Broschüre für Touristen.

1 Die Blondine auf dem Felsen

A. Sprechen

EIN GANZ NORMALES SCHIFFSUNGLÜCK? S. 252

Kontext: *Am 13. Januar 2011 fand am Rhein ein tragisches und bislang noch unerklärtes Schiffsunglück statt. Ihre Schülerzeitung berichtet. Helfen Sie dem Redaktionsteam bei der Auswahl eines Titels.*

Sehen Sie sich die Fotos an und lesen Sie den Auszug aus Heines Gedicht *Die Lorelei*.

A2+ ▸ **Arbeiten Sie in Kleingruppen und wählen Sie den Titel aus, der am besten passt.**

B1 ▸ **Begründen Sie Ihre Wahl.**

Hilfen:
- **der Kahn (¨e):** ein Schiff
- **verschlingen (a, u):** *engloutir*

Das gekenterte Tankschiff Waldhof zu Füßen der Loreley-Statue.

Ich glaube, die Wellen verschlingen
Am Ende Schiffer und Kahn;
Und das hat mit ihrem Singen
Die Loreley getan.

Heinrich Heine, *Die Loreley*, 1823

1. „Die Loreley hat wieder zugeschlagen."
2. „Schiffsunglück bei Sankt Goarshausen"
3. „Hat das mit ihrem Singen die Loreley getan?"

Zur Info

Die Loreley ist ein weltberühmter Felsen am Rhein bei Sankt Goarshausen. Loreley ist auch der Name einer Nixe, die der Legende nach auf diesem Felsen saß.
An der Loreley befindet sich eine der engsten und tiefsten Stellen des Rheins. In dieser Flusskurve passieren immer wieder Schiffsunglücke.

B. Hörverstehen

DIE LORELEY: MARKE UND MYTHOS

Kontext: *Immer mehr Deutsche interessieren sich für ihr Kulturerbe. Viele Reportagen über deutsche Sehenswürdigkeiten tragen dazu bei.*

Hilfen:
- **der Felsen (-):** *le rocher*
- **jn in seinen Bann ziehen (o, o):** *envoûter qn*

VIDEO **Sehen Sie sich die Reportage über einen berühmten Ausflugsort am Rhein an.**

B1 Notieren Sie alle wichtigen Informationen über die Loreley.
Warum hat dieser Ort seit Jahrhunderten so viele Menschen fasziniert?
Hätten Sie persönlich Lust, dorthin zu reisen? Warum (nicht)?

DIE GEBURT EINES MYTHOS

FICHE ÉLÈVE

Kontext: *Sie besichtigen die Loreley mit einem Audioguide, den Sie aus dem Internet auf Ihr Handy heruntergeladen haben.*

Hilfen:
- **die Entstehung:** *la création, l'origine*
- **der Ursprung (¨e):** *l'origine*
- **die Erkenntnis (se):** *la connaissance*
- **empor/ragen:** *s'élever*
- ***kentern:** *chavirer*
- **die Strömung (en):** *le courant*
- **unterirdisch:** *souterrain*

Hören Sie sich den Audioguide an. MP3

B1 ▸ **Welche Information hat Sie am meisten überrascht?**

B2 ▸ **Ein anderer Tourist fragt Sie, ob sich der Audioguide lohnt. Was meinen Sie?**

C. Sprechen

EINE SOMMERRODELBAHN FÜR DIE LORELEY?

FICHE ÉLÈVE

Kontext: *Der Bürgermeister von Sankt Goarshausen möchte die Meinung einiger „Touristen von morgen" über das umstrittene Projekt der Sommerrodelbahn hören. Ihre Klasse nimmt per Videokonferenz an einer Gemeinderatssitzung teil.*

Zur Info

Der Bürgermeister von Sankt Goarshausen unterstützt das Projekt, das die Loreley für Touristen noch attraktiver machen soll. Der Bund für Umwelt- und Naturschutz (BUND) fürchtet eine „Disneyisierung" des Weltkulturerbes.

Debattieren Sie über das umstrittene Projekt!

B1 ▸ **Nehmen Sie Stellung zu diesem Projekt und begründen Sie Ihren Standpunkt.**

B2 ▸ **Reagieren Sie auch auf die Meinung Ihrer Mitschüler.**

Das Projekt des Bürgermeisters

2 Sagenhafte Helden

A. Sprechen

WANN IST EIN HELD EIN HELD?

Kontext: *Heldensagen begeistern von jeher ein sehr breites Publikum. Sie fragen sich, woher dieses Interesse kommt.*

Unterhalten Sie sich mit Ihren Mitschülern. Lassen Sie sich von Heldengeschichten und Legenden, die Sie kennen, inspirieren.

B1
- **Wer repräsentiert für Sie den typischen Helden? Geben Sie konkrete Beispiele und begründen Sie Ihre Meinung.**
- **Erstellen Sie das Porträt des typischen Helden aus der Sagenwelt.**

Frodo Ballings, der Herr der Ringe

D'Artagnan

Robin Hood, der König der Diebe

B. Hörverstehen

UNS IST IN ALTEN MAEREN...

FICHE ÉLÈVE

Kontext: *Sie bereiten sich auf ein Mittelalter-Kulturfestival vor. Informieren Sie sich über mittelalterliche Sagen und Legenden.*

Hören Sie sich die Erzählung des Spielmanns an. CD

A2
- **Machen Sie sich Notizen über Siegfried.**

B1
- **Inwiefern entspricht Siegfried Ihrer Definition eines Helden?**

Hören Sie sich nun den zweiten Teil der Nibelungensage an. CD

B1
- **Gibt es für Sie einen wahren Helden im Nibelungenlied? Warum (nicht)?**

B2
- **Finden Sie die Bezeichnung „Heldenepos" richtig? Warum (nicht)?**

Zur Info

Das ***Nibelungenlied*** ist ein Heldenepos aus dem 13. Jahrhundert und wurde in der damaligen Sprache Mittelhochdeutsch geschrieben. Sein Verfasser ist jedoch unbekannt. Früher wurde die uralte Nibelungensage mündlich überliefert.

Hilfen:
- **der Spielmann (-leute):** *le troubadour*
- **die Tarnkappe (n):** *la cape d'invisibilité*
- **der Schatz (¨e):** *le trésor*
- **der Drache (n):** *le dragon*
- **jn erschlagen (u, a; ä):** *tuer qn*
- **etw. erbeuten:** *s'emparer de qc.*
- **jn nieder/ringen (a, u):** *vaincre qn*

10 JAHRE NIBELUNGEN-FESTSPIELE

Kontext: *Sie möchten als Statist bei den Nibelungen-Festspielen mitspielen.*

Hören Sie sich das Interview mit der PR-Managerin der Festspiele an. MP3

A2 **Machen Sie sich Notizen über die Nibelungen-Festspiele in Worms.**

B1 **Was macht diese Festspiele so einzigartig?**

Hören Sie sich nun die Meinungen der Zuschauer über die Festspiele an. MP3

A2 **Was gefällt den Zuschauern am besten?**

A2 **Würden Sie selbst die Nibelungen-Festspiele gerne sehen? Warum (nicht)?**

Hilfen:
- **der Statist (en):** *le figurant*
- **das Festspiel (e):** *le festival*
- **die Wirkung (en):** *l'effet*
- **die Botschaft (en):** *le message*

Dom mit Bühne der Nibelungen-Festspiele am Abend, 18.08.2005.

C. Sprechen

SPONSOREN GESUCHT!

Kontext: *Das Festspielkomitee der Stadt Worms sucht immer wieder neue Sponsoren für die Nibelungen-Festspiele und bereitet dazu eine Pressekonferenz vor.*

B2 **Bei der Pressekonferenz stellen Sie die Festspiele vor. Finden Sie gute Argumente, um neue Sponsoren zu überzeugen!**

Zur Info

Der Dom in Worms dient als Kulisse für die **Nibelungen-Festspiele**. Jeden Sommer werden eine Bühne und eine riesige Zuschauertribüne vor dem Dom aufgebaut. Über 180 000 Menschen haben seit der Premiere 2002 die Nibelungen-Festspiele besucht.

Strategie mit Kick!

A. Sprechen ganz einfach

WANN IST EIN HELD EIN HELD?

Avant de commencer : mobiliser ses connaissances lexicales

der Held (en) – die Heldentat (en) – das Abenteuer (-) – der Kampf (¨e) – gegen jn kämpfen – das Schwert (er) – die Waffe (n) – magische Kräfte besitzen (a, e) – jn töten – jn retten – die Rache – jn rächen – jn bezwingen (a, u) – die Ehre – der Ritter (-) – der König (e)

Distinguez les antonymes :

stark ≠ schwach – mutig ≠ ängstlich – tapfer ≠ feige

Exprimez la capacité à l'aide de ces expressions :

die Fähigkeit besitzen, … zu + Inf. – in der Lage sein, … zu + Inf. – im Stande sein, … zu + Inf. fähig sein, … zu + Inf. – können + Inf.

3 Der Teufel ist los

A. Sprechen

EINE THEATERAUFFÜHRUNG

Kontext: *In ein paar Tagen wird in Ihrer Schule ein Theaterstück in deutscher Sprache aufgeführt. Sie möchten sich über das Thema des Stückes informieren. Das folgende Plakat kann Ihnen dabei helfen.*

B1 ▸ **Stellen Sie Hypothesen über den Inhalt des Stückes auf. Erklären Sie Ihren Mitschülern Ihre Meinung.**

B1+ ▸ **Machen Sie dann eine Recherche und überprüfen Sie, ob Ihre Hypothesen richtig waren. Diskutieren Sie darüber.**

Charles Gounod, *Faust*, Postkarte, 1908.

B. Hörverstehen

MYTHOS ODER MENSCH?

FICHE ÉLÈVE

Kontext: *Sie haben erfahren, dass das Theaterstück* Faust *vor kurzem verfilmt wurde. Sie möchten mehr darüber wissen und stoßen auf folgende Reportage.*

VIDEO **Schauen Sie sich die Reportage an.**

A2+ ▸ **Welche Rolle spielen die verschiedenen Protagonisten im Film?**

B1 → B2 ▸ **Inwieweit ist die Figur Fausts immer noch so aktuell?**

Hilfen:
- **nach Erkenntnis süchtig sein:** *être avide de connaissances*
- **etw. aus/weiden:** *évider qc.*
- **zahm:** *docile*
- **jn erstechen (a, o; i):** *poignarder qn*
- **jn begehren:** *convoiter qn*
- **die Unschuld:** *l'innocence*
- **jn verführen:** *séduire qn*

C. Sprechen

EIN KINOPROGRAMM

Kontext: *Der Filmclub Ihrer Schule organisiert eine „Woche des deutschen Films". Welche Filme sollen vorgeführt werden?*
Die Meinungen sind geteilt. Sie setzen sich für Sokurovs Film ein.

B1 **Sie erklären Ihren Mitschülern, warum der Film *Faust* von Sokurov vorgeführt werden soll. Überzeugen Sie Ihre Zuhörer mit Argumenten.**

Zur Info

Faust ist keine erfundene, sondern eine historische Figur. Wir wissen wenig über diesen Gelehrten[1], der sich mit Zauberkünsten und Astrologie beschäftigte. Schon in Johann Spies' *Volksbuch* von 1587 wird die Historie von D. Johann Fausten beschrieben. Faust inspirierte Autoren wie Christopher Marlowe (1564-1593) oder Thomas Mann (1875-1955). Goethe verdankt er aber seinen Ruhm. In Goethes Werk will der wissensdurstige[2] Faust alle Geheimnisse der Welt erfassen. Er verspricht dem Teufel seine Seele, wenn dieser ihn von seiner Unzufriedenheit[3] befreit.

1 **der Gelehrte (n):** *le savant*
2 **wissensdurstig:** *avide de connaissances*
3 **die Unzufriedenheit:** *l'insatisfaction*

Strategie mit Kick!

POUR VOUS AIDER

A. Sprechen ganz einfach

EINE THEATERAUFFÜHRUNG

Savoir livrer ses premières impressions/ hypothèses et vérifier leur bien-fondé

Face à un document inconnu, il arrive parfois que vous ayez d'abord à formuler des hypothèses et à livrer vos premières impressions. Vous pouvez utiliser les formules suivantes :
- *Auf den ersten Blick würde ich sagen, dass...*
- *Ich habe den Eindruck, dass...*
- *Anscheinend + V + S*
- *Allem Anschein nach + V + S*
- *Vermutlich + V + S*

Après avoir vérifié le bien-fondé de vos hypothèses, vous pouvez être amené ensuite à dire si vous étiez dans le vrai ou non :
- *Mein erster Eindruck hat sich bestätigt. Tatsächlich meinte ich, dass...*
- *Meine Hypothesen haben sich als wahr/ richtig erwiesen. In der Tat war ich der Meinung, dass...*
- *Ich habe mich getäuscht/ geirrt. Ich dachte nämlich, dass...*
- *Meine Vermutungen haben sich als falsch herausgestellt. Zunächst glaubte ich, dass...*

Vers le bac oral

A Hörverstehen

Hören 1
Goethes *Faust* im Bilderbuch

Hilfen:
- **de Seele (n):** *l'âme*
- **zugänglich:** *accessible*

Hören 2
Die Bayreuther Festspiele

Hilfe:
- **die Einweihung (en):** *l'inauguration*

B Sprechen

Ihr Thema: *Legenden? Das ist doch was für Kinder – oder unmodern!*

Sprechen 1
Ein Bilderbuch für Kinder

Sprechen 2
Siegfrieds Tod

Fritz Lang, *Die Nibelungen*, 1924.

Pensez à utiliser

der Erwachsene (n) • die Generation (en) • der Traum • die Fantasie • das Kulturerbe • sich mit etw. befassen • weiter/geben (a, e; i) • überliefern • erfinden (a, u) • zugänglich machen / sein • beeindruckend • aktuell • der Künstler (-) • die Literatur (en) • das Bilderbuch (¨er) • der Stummfilm (e) • altmodisch

Strategie POUR VOUS AIDER

Hören

Sachez mettre à profit les pauses qui vous sont proposées entre les écoutes. Elles sont au nombre de deux et durent chacune une minute. Elles doivent vous permettre d'organiser ce que vous avez déjà compris afin de déterminer le passage ou le personnage sur lequel il faudra vous concentrer à la prochaine écoute.

A Hörverstehen

Hören 1
Das Museum Nibelungen(h)ort in Xanten

Hilfen:
- **der Hort (e):** *le trésor/ le refuge*
- **der Ursprung (¨-e):** *l'origine*
- **der Missbrauch:** *l'exploitation*
- **das Rätsel (e):** *l'énigme*

Hören 2
Der Rheinische Sagenweg

Hilfe:
- **das Angebot (e):** *l'offre*

B Sprechen

Ihr Thema: *Eine SAGENhafte Touristenattraktion?*

Sprechen 1
Ein Streik

Der „Grüne Hügel" ist der Ort, wo in Bayreuth die Richard-Wagner-Festspiele stattfinden.

Sprechen 2
Brot für Touristen

Pensez à utiliser

die Sehenswürdigkeit (en) • das Geschäft (e) • der Profit • die Tradition (en) • der Ausflug (¨-e) • das Reisebüro (s) • der Ausländer (-) • ausländisch • bekannt • berühmt • unumgänglich • sich lohnen • (un) interessant • die Touristenscharen (Pl.) • jährlich • das Publikum • die Oper (n) • kaufen • das Souvenir (s)

Sprechen

On attend de vous que vous soyez en mesure de produire un discours pertinent et argumenté par rapport au support. Vous accorderez donc un soin tout particulier à la cohérence de votre discours et à son articulation et vous penserez à structurer (*erstens, zweitens, drittens…*), à argumenter (*da, deshalb…*) et à nuancer (*jedoch…*).

Tipp

Ne négligez pas la première phrase de votre présentation. Vous utiliserez par exemple :
- *Aus diesem Dokument geht hervor, dass…*
- *Dieses Dokument befasst sich mit dem Thema…*

1 Legende auf dem Rheinfelsen

A. Leseverstehen

EIN AUSFLUG AN DEN RHEIN

FICHE ÉLÈVE

Kontext: *Sie wollen einen Ausflug an den Rhein machen. Informieren Sie sich über die Gegend und verschiedene Ausflugsziele.*

Lesen Sie dazu den folgenden Text und sehen Sie sich die Abbildungen an.

B1

- **Was erfahren Sie über die Sage der Loreley?**
- **Welche geografischen Besonderheiten können den Ursprung dieses Mythos erklären?**
- **Welche Ausflugsziele hat der Rhein noch zu bieten?**

„Ich weiß nicht, was soll es bedeuten, dass ich so traurig bin…." Wehmütig[1] klingt eines der berühmtesten deutschen Volkslieder in der Höhe von Sankt Goarshausen beim Rheinkilometer 554 aus den Lautsprechern der Ausflugsdampfer[2]. Sogar Japaner und Amerikaner können die Melodie mitsummen[3]. Die Blicke der Touristen gleiten den 132 Meter steil[4] emporragenden[5] Schieferfelsen[6] hinauf. Doch oben sitzt keine Jungfrau, die „mit goldenem Kamme ihr goldenes Haar kämmt", wie es das Lied verheißt – lediglich zwei Fahnen[7] flattern im Wind. Auch heute noch fasziniert die Geschichte von der jungen Schönen, die die Schiffer mit ihrem Gesang dermaßen betört[8] haben soll, dass sie in den Strudeln[9] der engsten und tiefsten Rheinpassage ihr Unheil[10] finden. Schon im Mittelalter hatte der Ort magische Anziehungskraft[11] aufgrund eines siebenfachen Echos, das hier zu hören war.

www.swr.de

1 **wehmütig:** *nostalgique*
2 **der Ausflugsdampfer (-):** *le bateau-mouche*
3 **summen:** *fredonner*
4 **steil:** *pentu, abrupt*
5 **empor/ragen:** *se dresser*
6 **der Schieferfelsen (-):** *le rocher en ardoise*
7 **die Fahne (n):** *le drapeau*
8 **betören:** *envoûter*
9 **der Strudel (-):** *le tourbillon*
10 **das Unheil:** *le malheur*
11 **die Anziehungskraft (¨e):** *l' attrait*

Zur Info

An der **Loreley** ist der Rhein bis zu 25 Meter tief und nur 113 Meter breit. Da diese Stelle so eng und tief ist, zählt sie noch heute zu den gefährlichsten im Rheintal.
Der Loreley-Felsen ist seit 2002 Teil des UNESCO Weltkulturerbes.

Die Burg Katz bei Sankt Goarshausen.

B. Schreiben

EINE ANSICHTSKARTE

Kontext: *Sie haben gerade einen Ausflug an den Rhein gemacht. Sie wollen Ihren Eltern eine Postkarte schicken.*

B1 **Schreiben Sie eine Postkarte von Ihrem Aufenthalt.**

C. Leseverstehen

DIE RHEINROMANTIK IM 19. JAHRHUNDERT

Kontext: *Sie machen ein Praktikum in einem Verlag, der ein Buch über mythische Flüsse herausgeben möchte. Informieren Sie sich über die Verarbeitung dieses Themas in der Literatur.*

Lesen Sie dazu folgende Texte.

B1
- **Welche Gattungen haben die verschiedenen Schriftsteller gewählt, um über die Loreley zu schreiben?**
- **Welcher Schriftsteller spielte Ihrer Meinung nach die wichtigste Rolle in der Popularisierung des Mythos der Loreley?**

Zur Info

Friedrich Silchers **Vertonung von Heines Gedicht** wurde so berühmt, dass die Nationalsozialisten, die damals viele Werke von jüdischen Autoren verboten, das Lied nicht verboten – obwohl Heine Jude war.

DOKUMENT 1

Die Loreley in der Literatur des 19. Jahrhunderts

1800 Geburt der Loreley: *Zu Bacharach am Rheine* (Clemens Brentano), Ballade

1810/12 Weiterentwicklung der Loreley zu einer Art Wasserfee: *Rheinmärchen* (Clemens Brentano)

1818 Metamorphose der Loreley zu einer Sirene und zur Tochter von „Vater Rhein“: *Handbuch für Reisende am Rhein* (Aloys Wilhelm Schreiber)

1824 Große Berühmtheit der Loreley: *Die Lore-Ley* (Heinrich Heine), Ballade

1837 Vertonung[1] von Heines Gedicht durch Friedrich Silcher: *Die Loreley* wurde zum Volkslied und durch den Rheintourismus und die deutsche Sängerbewegung sehr bekannt

1 ← **vertonen:** *mettre en musique*

Illustration zu dem Gedicht von Heinrich Heine, Farblithografie, 1924.

B2 Welche Besonderheiten des Rheins lösen bei den Dichtern des 19. Jahrhunderts Faszination und Inspiration aus?

DOKUMENT 2 Die Faszination des Rheins

1
Das ist eine Gegend wie ein Dichtertraum, und die üppigste[1] Phantasie kann nichts Schöneres erdenken als dieses Tal.
■ Heinrich von Kleist, 1777-1811

1 **üppig:** *exubérant*

2
Wie begrüßt ich so oft mit Staunen die Fluten des Rheinstroms. […] Immer schien er mir groß und erhob mir Sinn und Gemüte[1].
■ Johann Wolfgang von Goethe, 1749-1832

1 **das Gemüt:** *l'humeur*

3
Nirgends werden die Erinnerungen an das, was die Deutschen einst waren, und was sie sein könnten, so wach als am Rheine.
■ Friedrich Schlegel, 1772-1829

4
Je contemplai longtemps ce fier et noble fleuve, violent, mais sans fureur, sauvage, mais majestueux.
■ Victor Hugo, 1802-1885

Zur Info

Zu Beginn des 19. Jahrhunderts erlebte die **Rheinbegeisterung** einen Höhepunkt. Junge romantische Dichter berichteten von ihren Reiseerlebnissen in schwärmerischen[1] Briefen und Gedichten. Aus den Bildungsreisenden wurden später vergnügungssüchtige[2] Touristen.

1 **schwärmerisch:** *rêveur*
2 **vergnügungssüchtig:** *qui ne pense qu'à s'amuser*

Friedrich Perlberg (1848-1921), *Der Rhein mit der Loreley*, 1880.

D. Schreiben

EIN BEWERBUNGSSCHREIBEN

FICHE ÉLÈVE

Kontext: *Sie begeistern sich für das Rheintal und die Legende der Loreley. In den Sommerferien würden Sie gern als Reiseführer(in) auf einem Ausflugsdampfer arbeiten.*

B1 **Sie bewerben sich um eine Stelle als Reiseführer(in) an der Loreley und verfassen ein Bewerbungsschreiben.**

2 Es waren einmal... die Nibelungen

A. Leseverstehen

VON LIEBE, HASS UND MORD

FICHE ÉLÈVE

Brunhild

Kontext: *Sie wollen eine spannende Geschichte aus dem Mittelalter lesen. Ihr Deutschlehrer empfiehlt Ihnen die Nibelungensage.*

Lesen Sie eine Zusammenfassung der Nibelungensage.

A2 ▸ **Erstellen Sie für jede abgebildete Figur einen Steckbrief!**

B1 ▸ **Fertigen Sie ein Schema an, um die Beziehungen zwischen den Figuren darzustellen!**

B2 ▸ **Inwiefern ist das Nibelungenlied eine Geschichte über Liebe, Hass und Mord?**

Hagen

Siegfried von Xanten, der unverwundbare[1] Drachentöter und kühne Eroberer[2] des Nibelungenschatzes, beschließt nach Worms zu reiten, um Gunther zu besuchen, den mächtigen König der Burgunder. Dieser Besuch löst aber bei dem Berater der königlichen Familie, Hagen von Tronje, großes Missfallen[3] aus, da er um seine Position fürchtet. Am Hofe zu Worms bittet der tapfere[4] Siegfried um die Hand Kriemhilds, der schönen Schwester des Königs. Doch um sie zu bekommen, muss er zuerst König Gunther helfen, die stolze Königin Brünhild im Kampf zu besiegen, da diese nur bereit ist, einen Mann zu heiraten, der stärker ist als sie. Das gelingt Gunther und Siegfried mit Hilfe einer List[5] und der Tarnkappe[6], und so wird in Worms eine Doppelhochzeit gefeiert.
Jahre später gibt Kriemhild in einem Streit mit Brünhild preis[7], wieso Gunther Brünhild besiegen konnte, worauf die gedemütigte[8] Brünhild zur Vergeltung aufruft. Darauf folgt eine Racheaktion, die zuerst die Familie und schließlich zwei ganze Völker erfasst.

Gunther

1 **unverwundbar:** *invulnérable*
2 **erobern:** *conquérir qc.*
3 **das Missfallen:** *la réprobation*
4 **tapfer:** *courageux*
5 **die List (en):** *la ruse*
6 **die Tarnkappe (n):** *la cape d'invisibilité*
7 **etw. preis/geben (a, e; i):** *révéler qc.*
8 **gedemütigt sein:** *être humilié*

Siegfrieds Abschied von Kriemhild

Siegfried nach dem Erlegen des Drachens

DAS LINDENBLATT

S. 253

Kontext: *Sie wollen wissen, wie die spannende Geschichte des Helden Siegfried weitergeht.*

Lesen Sie einen Auszug aus dem Nibelungenlied.

B1

- **Auf welches Abenteuer Siegfrieds spielt dieser Auszug an? Welche Information ist neu für Sie?**
- **Für wen könnte diese Information nützlich sein? Stellen Sie Hypothesen über den weiteren Verlauf der Geschichte auf!**

Zur Info

Das *Nibelungenlied* wurde von einem unbekannten Autor im 13. Jahrhundert in Mittelhochdeutsch verfasst und zählt 2379 Strophen.

Kriemhild vertraut Hagen (Brünhilds Vasall) ein Geheimnis über ihren Ehemann an:
„Als aus den Wunden[1] des Drachen das heiße Blut herausfloss und der tapfere, gute Ritter sich darin badete, fiel ihm zwischen die Schulterblätter[2] ein ziemlich breites Lindenblatt[3]. An dieser Stelle kann man ihn verwunden, und deshalb mache ich mir große Sorgen."

Das Nibelungenlied (Neuhochdeutsch), 15. Aventiure / Strophe 902

1 **die Wunde (n):** *la plaie*
2 **das Schulterblatt (¨er):** *l'omoplate*
3 **das Lindenblatt (¨er):** *la feuille de tilleul*

DER TOD EINES HELDEN

Kontext: *In der Schulbibliothek finden Sie ein Theaterstück über die Sage der Nibelungen.*

Lesen Sie den Auszug aus dem Theaterstück *Die Nibelungen* von Friedrich Hebbel.

B1

- **Erklären Sie, wie Siegfried gestorben ist.**
- **Schlagen Sie eine Fortsetzung der Geschichte vor.**

Während eines Jagdausflugs mit Gunther, Hagen und ihren Männern legt Siegfried seine Waffen ab, um Wasser an einer Quelle zu trinken…

SIEGFRIED: *(schreit auf)* Ihr Freunde!
HAGEN: *(ruft)* Noch nicht still?
(zu den Anderen) Kein Wort mit ihm, was er auch sagen mag!
SIEGFRIED: *(kriecht herein)* Mord! Mord!
– Ihr selbst? Beim Trinken! Gunther, Gunther,
Verdient ich das um dich? Ich stand bei dir
In Not[1] und Tod.
HAGEN:
Haut Zweige von den Bäumen,
Wir brauchen eine Bahre[2]. Aber starke,
Ein toter Mann ist schwer. Rasch!
SIEGFRIED:
Ich bin hin[3]
Doch noch nicht ganz!
(er springt auf) Wo ist mein Schwert[4] geblieben?
Sie trugen's fort. Bei deiner Mannheit[5], Hagen,
Dem toten Mann ein Schwert! Ich fordre dich
Noch jetzt zum Kampf heraus[6]!
HAGEN:
Der hat den Feind
Im Mund und sucht ihn noch.
SIEGFRIED:
Ich tropfe[7] weg,
Wie eine Kerze, die ins Laufen kam,
Und dieser Mörder weigert mir die Waffe,
Die ihn ein wenig adeln[8] könnte.
Pfui, pfui, wie feig!

Die Nibelungen, Friedrich Hebbel (1861), 5. Akt, 2. Szene

1 **in Not:** *(ici) face au danger*
2 **die Bahre (n):** *la civière*
3 **hin sein** = tot sein
4 **das Schwert (er):** *l'épée*
5 **die Mannheit:** *(ici) le courage, l'honneur*
6 **jn heraus/fordern:** *provoquer qn*
7 **tropfen:** *goutter*
8 **jn adeln:** *anoblir qn*

Hagen zielt mit der Lanze auf Siegfried,
Aquarell von Carl Wilhelm Müller (1839-1904).

B. Schreiben

EIN KLAPPENTEXT

Kontext: *Ein Buch über die Nibelungensage soll neu gedruckt werden. Interessierte Leser können dem Verlag ihre Vorschläge für den Klappentext schicken.*

Hilfe: ■ **der Klappentext (e):** *la 4^e^ de couverture*

B2 **Schreiben Sie einen Klappentext für dieses Buch.**

Strategie mit Kick!

POUR VOUS AIDER

A. Leseverstehen aktiv

VON LIEBE, HASS UND MORD

■ **Mobiliser ses connaissances lexicales : les relations entre les personnages**

der Hass – die Liebe – die Eifersucht – die Rache = die Vergeltung – der Verrat – die Ehre – der Mord – die Freundschaft

B. Schreiben ganz einfach

EIN KLAPPENTEXT

La 4e **de couverture** doit proposer, d'une part, un **résumé succinct et accrocheur de l'ouvrage** afin de permettre au lecteur ou à l'acheteur potentiel de vérifier si l'ouvrage répond à ses critères et de faire son choix au moment de l'achat. D'autre part, il faut **éveiller la curiosité du lecteur et susciter son intérêt**, par exemple grâce à l'emploi de mots-clés. Une 4e de couverture ne doit pas être trop longue pour **éviter de lasser le lecteur**.
Une brève biographie de l'auteur ainsi peut également figurer sur la 4e de couverture.

3 Der teuflische Pakt

A. Leseverstehen

GESCHICHTE EINES KARRIERISTEN

FICHE ÉLÈVE

Kontext: *In Ihrer deutschen Partnerschule wird eine Projektwoche organisiert zum Thema „Kunst und Geschichte im Dritten Reich". Sie machen mit und suchen Infos. Im Internet stoßen Sie auf die folgenden Texte.*

Lesen Sie Text 1 und Text 2.

B1 **Inwieweit hängen beide Texte zusammen?**

TEXT 1

In seinem Roman *Mephisto* erzählt Klaus Mann die Geschichte des ehrgeizigen[1] Hendrik Höfgen. Höfgen ist Theaterschauspieler und in den 20er Jahren am Hamburger Theater engagiert. Dieser linksgerichtete Karrierist, der nach seiner Heirat Beziehungen bis in die höchsten Kreise[2] hat, bekommt die Rolle des Mephisto in Goethes *Faust*. Dieser Rolle verdankt er Erfolg, Ruhm und Popularität. Als Hitler an die Macht kommt, hat Höfgen die Möglichkeit, ins Exil zu gehen. Da das Regime und seine guten Kontakte ihm versprechen, es werde ihm nichts geschehen, beschließt Höfgen stattdessen, nach Berlin zurückzukommen. Indem er diese Entscheidung trifft, schließt er einen Pakt mit dem Teufel und wird zum Spielzeug der Macht[3]...

1 **ehrgeizig:** *ambitieux*
2 **die höchsten Kreise:** *les sphères de la haute société*
3 **das Spielzeug der Macht:** *le jouet du pouvoir*

TEXT 2

In der Doppelbiografie „Auf den Wassern des Lebens" beschreibt die Publizistin Carola Stern, wie Gustaf Gründgens und Marianne Hoppe von hochbezahlten Günstlingen[1] des NS-Regimes zu Publikumslieblingen auch im Nachkriegsdeutschland wurden.

Als Adolf Hitler am 30. Januar 1933 in Berlin die Macht ergreift, spielt Gustaf Gründgens abends im Schauspielhaus am Gendarmenmarkt[2] den Mephisto. Draußen marschieren SA und SS mit Fahnen, Fackeln und Kampfliedern durch die Innenstadt. Drinnen verfolgen die festlich gekleideten Theaterbesucher gebannt, wie Faust den Pakt mit dem Teufel schließt. […]

1934 wird der brillante Schauspieler und Regisseur Intendant der renommierten Bühne am Gendarmenmarkt. Zusammen mit seiner späteren Frau, der Schauspielerin Marianne Hoppe, ist er fortan Aushängeschild[3] der nationalsozialistischen Machthaber. Hoppe repräsentiert in zahlreichen Filmen den Prototyp der Nazi-Traumfrau: blond, fügsam[4], opferbereit. […]

Die Nazis belohnten den Einsatz des Künstlerpaares mit fürstlichen Gagen. Bis zu 280.000 Mark kassierte Gründgens jährlich, Marianne Hoppe brachte es auf Tagessätze von 1.500 Mark. […]

Illusionen darüber, was die Nazi-Herrschaft bedeutet, konnte sich das Paar von Anbeginn an nicht machen. Schon gleich nach der Machtergreifung werden viele, die sie geliebt oder mit denen sie zusammengearbeitet haben, außer Landes gejagt. [...]

Carola Stern [...] weiß um die Verführbarkeit[5] von Menschen in Diktaturen. Sie zeigt Verständnis dafür, dass Gründgens und Hoppe in Deutschland weiterhin auftraten [...].

Stern würdigt, wie sehr sich Gründgens und Hoppe für bedrängte Freunde und Kollegen einsetzten. Aber sie beschönigt[6] auch nicht, wie schamlos[7] das Paar mit dem NS-Regime kollaborierte – bis zuletzt. [...] Die Deutschen, nach dem Ende des Nationalsozialismus von kollektiver Amnesie befallen, jubelten[8] ihnen ungebrochen zu. 1953 erhält Gründgens das Bundesverdienstkreuz[9]. „Der einstige Göring-Günstling", so Stern, „repräsentiert nun im Ausland den Adenauer-Staat."

Spiegel Special, 6/2005.

1 **der Günstling (e):** *le favori, le protégé*
2 **Gendarmenmarkt:** Platz in der historischen Mitte von Berlin
3 **das Aushängeschild:** *la vitrine*
4 **fügsam:** *obéissant*
5 **verführbar:** *corruptible*
6 **etw. beschönigen:** *minimiser qc.*
7 **schamlos:** *sans gêne*
8 **jm zu/jubeln:** *acclamer qn*
9 **das Bundesverdienstkreuz:** *la Croix fédérale du Mérite*

Zur Info

Die Publizistin und Journalistin **Carola Stern**, die 1925 als Erika Assmus geboren wurde, war im Dritten Reich Jungmädel-Gruppenführerin im Bund Deutscher Mädel (BDM), dem weiblichen Zweig der Hitlerjugend. Nach dem Krieg begann sie eine erfolgreiche Karriere als kritische Journalistin. Aufgrund ihres politischen Engagements, z. B. für die Menschenrechte und die Gleichberechtigung der Frauen, genießt sie heute große Anerkennung.

B. Schreiben

EINE UNTADELIGE HALTUNG?

Kontext: *1953. Gustav Gründgens hat vor kurzem das Bundesverdienstkreuz bekommen. Sie sind Journalist und schreiben einem Artikel über den ehemaligen Günstling des NS-Regimes.*

B1 → B2

In ihrem Artikel beurteilen Sie Gründgens Haltung während der Nazi-Herrschaft. Was halten Sie von diesem Mann? Finden Sie, dass er richtig gehandelt hat?

Strategie mit Kick!

B. Schreiben ganz einfach

EINE UNTADELIGE HALTUNG?

Savoir nuancer un jugement en faisant preuve d'esprit critique

Les structures qui suivent peuvent vous aider à exprimer vos regrets quant à l'attitude de Gründgens :

– *Ich finde bedauerlich, dass... / Ich bedauere, dass... – Es tut mir Leid, dass... – Leider + V + S*
– *Persönlich wünschte ich, er hätte anders gehandelt, denn + S + V*
– *Wenn er doch nur nicht* + participe passé + *hätte/ wäre (Wenn er doch nur nicht so gehandelt hätte!)*
– *Hätte / Wäre er doch bloß nicht* + participe passé *(Hätte er doch bloß nicht so gehandelt!)*

Vous pouvez être amené à trouver des circonstances atténantes à ses actes et nuancer votre critique :

– *Dagegen lässt sich einwenden, dass...*
– *Manche werden sagen, er konnte nicht anders handeln. In der Tat + V + S*
– *Er hatte keine andere Wahl. Zu dieser Zeit + V + S*
– *Was hätte er tun sollen? Er war ein Günstling der Macht. Aus diesem Grund + V + S*

Vers le bac écrit

TEXT 1 • Mythos Deutschland

Abschied des Kaisers Barbarossa in Regensburg.

Den nationalen Erzählungen und Geschichten Deutschlands, ihrem Einfluss auf politisches Handeln und ihrer Entwicklung im Laufe der Zeit widmet sich Prof. Dr. Herfried Münkler in seinem neuen Buch „Die Deutschen und ihre Mythen" […].

Herr Münkler, welche Bedeutung haben Mythen für Deutschland?
Die Deutschen hatten einst sehr viele Mythen. Ich denke da an literarische Projekte wie Faust, historische Ereignisse oder Personen wie die Schlacht[1] im Teutoburger Wald oder Barbarossa. […]

Was verstehen Sie unter einem Mythos?
Mythos ist nicht ganz einfach zu definieren. Er grenzt zur einen Seite zur Ideologie und auf der anderen Seite zur Utopie an. Manchmal ist er eher so etwas wie eine Sage oder eine Erzählung. […]

Haben die Menschen heutzutage überhaupt noch das Bedürfnis, sich einem Mythos anzuvertrauen?
Oh ja, unbedingt! Sonst wären sie ja nicht zu Hunderttausenden zum Auftritt von Barack Obama an der Siegessäule gekommen. In seiner Person spiegelt sich ja im Prinzip der amerikanische Gründungsmythos […] wider. […]

Fehlt Deutschland heute ein verbindlicher[2] Gründungsmythos?
Das denke ich in der Tat. In wirklich schwierigen und prekären Situationen, wie in der aktuellen Wirtschaftskrise, da braucht man eine Brücke zwischen Vergangenheit und Gegenwart. […]

Könnte der Mauerfall vor zwanzig Jahren nicht als neuer Mythos dienen?
Die friedliche Revolution ist eigentlich eine Erzählung, die nur die Ostdeutschen betrifft. Der Westen hat das Ganze ja nur an der Glotze[3] verfolgt. Das ist im Grunde kein Problem. Wenn eine Schlacht zum Mythos erklärt wurde, hat auch nur eine bestimmte Generation von Kriegern daran teilgenommen. […] Aber ich glaube schon, dass die vielen Bilder zur Wende, die in diesem Jahr wieder erscheinen, die Bevölkerung daran erinnern, welche unbeschreibliche und ungebändigte Freude in Deutschland geherrscht hat.

Welchen Mythos der deutschen Geschichte würden sie gern wiederbeleben?
Heutzutage bräuchten wir einerseits eine Wirtschaftswundererzählung, in der es um Leistungsfähigkeit[4] und die Bereitschaft der Menschen geht […]. Auf der anderen Seite brauchen wir eine Erzählung von preußischer Disziplin […]. Eine Gegenerzählung zu bestechlichen[5] Beamten und gierigen[6] Managern.

Andrea Hahn, *Berliner Zeitung*, 25.03.2009

1 **die Schlacht (en):** *la bataille* 2 **verbindlich:** *sérieux* 3 **die Glotze (umgs.):** *la télévision*
4 **die Leistungsfähigkeit:** *l'efficacité* 5 **bestechlich:** *corruptible* 6 **gierig:** *avide*

TEXT 2 • Friedrich I. Barbarossa, Kaiser des Heiligen Römischen Reiches

Er soll einen rötlich schimmernden Bart gehabt haben, was ihm den Beinamen Barbarossa [...] einbrachte. Und seine Konstitution scheint für einen mittelalterlichen Menschen außergewöhnlich gewesen zu sein. Sonst hätte er sicher nicht mit weit über sechzig Saladin von Ägypten zum Zweikampf aufgefordert. Dazu kam es aber nicht mehr, weil Barbarossa im Jahre 1190 im Fluss Saleph in Anatolien ertrank. Damit ist bereits angedeutet, welche riesenhaften geografischen Räume der Kaiser während seines Lebens durchquerte. Eine Begabung[1] hat ihm geholfen, sich bei seinen Militär- und Verwaltungsaktionen von der Nordsee bis zur Südspitze Italiens immer wieder durchzusetzen[2]: Seine Diplomatie.

www.swr.de

1 **die Begabung (en):** *le don, le talent* 2 **sich durch/setzen:** *s'imposer*

DEN TEXT VERSTEHEN

FICHE ÉLÈVE

TEXT 1:

1 **Ergänzen Sie!**

1. *Die Deutschen besaßen früher viele … .*

2. *Aber das Problem eines Mythos ist seine genaue … .*

3. *Man könnte ihn mit einer … vergleichen.*

4. *Doch heute erlauben die Mythen, eine … zwischen der Welt von heute und von gestern herzustellen.*

a. *Sage* **b.** *Mythen*
c. *Definition* **d.** *Verbindung*

2 **Richtig oder falsch? Finden Sie für jede Aussage einen Beleg im Text.**

1. *Der Staatsbesuch des amerikanischen Präsidenten hat in München stattgefunden.*

2. *Der amerikanische Staatsmann wurde heftig bejubelt.*

3. *Die Westdeutschen waren bei den friedlichen Demonstrationen in der DDR nicht anwesend.*

4. *Die ganze Bevölkerung muss an einem Ereignis teilgenommen haben, damit es zum Mythos werden kann.*

5. *Die Wende war für die Deutschen ein außerordentlich positives Erlebnis.*

3 **Was bedeutet folgender Ausdruck? Wählen Sie die richtige Antwort.**

Eine „Wirtschaftswundererzählung" bezeichnet eine Erzählung aus einer Zeit…

1. *…in der es Wunder wirklich gab.*

2. *…in der es eine Wirtschaftskrise gab.*

3. *…in der die wirtschaftliche Lage sehr gut war.*

TEXT 2:

4 **Füllen Sie Barbarossas Steckbrief aus:**

1. *Vorname:* **2.** *Spitzname:*
3. *Haarfarbe:* **4.** *Beruf:*
5. *Heimatland:* **6.** *Todesdatum:*

5 **Notieren Sie die richtige(n) Antwort(en) und begründen Sie Ihre Wahl mit einem Zitat aus dem Text.**

Friedrich I. Barbarossa war:

1. *reiselustig* **2.** *unverwundbar*
3. *kämpferisch* **4.** *stark*
5. *kompromissbereit* **6.** *hartnäckig*

SCHREIBEN

FICHE ÉLÈVE

1. *Kennen Sie einen typisch deutschen Mythos? Erzählen Sie!* (100 à 120 mots)

2. *Behandeln Sie eines der beiden Themen:*

– *Gibt es einen historischen Helden oder einen Helden des Alltags, den Sie als Modell betrachten?*

Oder:

– *Waren Sie schon einmal in einer Situation, in der Sie heldenhaft reagiert haben? Erzählen Sie!* (140 à 160 mots)

Sprachatelier

Voici une liste de mots et expressions en lien avec l'unité étudiée. Faites votre propre bilan lexical : quels mots connaissez-vous ? Lesquels devez-vous apprendre ? FICHE ÉLÈVE

Ursprung und Verbreitung von Legenden

A2 die Legende (n) – die Sage (n) – der Roman (e) – das Theaterstück (e) – die Utopie (n) – die Ideologie (n) – die Biografie (n) – der Autor (en) / die Autorin (nen) – der Mythos (Mythen)

B1 die Entstehung – der Ursprung – das Festspiel (e) – die Gattung (en) – das Gedicht (e) – der Dichter (-) / die Dichterin (nen) – die Erzählung (en) – der Erzähler (-) / die Erzählerin (nen) – das historische Ereignis (se) – der Verfasser (-) – der Schriftsteller (-)

B2 der Spielmann (Spielleute) – die Vergangenheit – die Gegenwart – die Botschaft (en) – das Mittelalter – im Zeitalter der Romantik – der Klappentext (e)

Einen Ort besichtigen

A2 die Rundfahrt (en) – der Ausflug (¨-e) – das Gebirge – die Burg (en) – der Ort (e) – der Tourismus

B1 der Fels (en) – das Tal (¨-er) – der Aufenthalt (e) – die Sehenswürdigkeit (en) – etw. besichtigen

B2 das Kulturerbe – der Ausflugsdampfer (-)

Legenden und Mythen

Legenden

A2 das Schiff (e) – der Schatz (¨-e) – jn töten – der Drache (n) – der Kampf (¨-e) – die Macht (¨-e)

B1 jn erschlagen (u, a; ä) – jn verführen – jn begehren – das Schiffsunglück (e) – das Abenteuer – die Rache – sich rächen – der Wettkampf (¨-e) – jn retten

B2 verschlingen (a, u) – die Sagenwelt – jn bezwingen (a, u) – jn erschlagen (u, a; ä) – jn nieder/ringen (a, u) – die List (en) – jn betören – das Unheil

Einen Helden charakterisieren

A2 das Porträt (s) – der König (e) – der Vasall (en) – der Herr (en) – die Herrin (nen) – stark sein – schwach sein – ängstlich sein – mutig sein

B1 der Held (en) – das Heldenepos (Heldenepen) – der Ritter (-) – magische Kräfte besitzen (a, e) – die Ehre – das Schwert (er) – die Unschuld – die Begabung (en)

B2 die Nixe (n) – tapfer sein – feige sein – unverwundbar sein – nach Erkenntnis süchtig sein – die Anziehungskraft

1 Rund um das Verb „reisen“

reisen

der Reisende (n)
das Reiseziel (e)
das Reisebüro (s)

sich auf die Reise machen
sich auf die Reise begeben (a, e; i)
Wo geht die Reise hin?

reiselustig sein
eine Reise machen / unternehmen
Reisefieber haben

nach… reisen
ins Ausland reisen
durch… reisen
auf der Durchreise sein
mit der Bahn reisen

über Nacht ab/reisen
vor der Abreise stehen
fertig zur Abreise sein

die Weltreise (n)
um die Welt reisen

ab/reisen
die Abreise (n)
verreisen
dienstlich verreist (unterwegs) sein

■ **Vous discutez avec un jeune Allemand. Que dites-vous…**

1. quand vous lui expliquez que vous êtes excité(e) à l'idée de partir ?

2. lorsque vous lui racontez qu'un de vos amis fait le tour du monde ?

3. pour préciser que votre ami est parti dans la nuit ?

4. pour préciser que votre mère est partie toute la semaine pour son travail ?

5. lorsque vous lui dites que vous allez bientôt partir à l'étranger ?

6. lorsque vous voulez savoir où il va partir ?

2 Parler d'une ville ou d'une région

D'un point de vue lexical, il faut savoir que les villes et les régions ne portent pas forcément le même nom d'une langue à l'autre :
Munich → ***München***

D'un point de vue grammatical, on peut noter que de nombreuses villes et régions sont neutres et ne prennent pas d'article.
***Brandenburg** gehört zu den neuen Bundesländern Deutschlands.*
*Nach der Wende hat sich **Berlin** sehr geändert.*

Toutefois, si le nom de la ville ou de la région est précédé d'un adjectif épithète, celui-ci prend l'article neutre :
***Das alte Nürnberg** ist wunderschön!*

Pour former le nom des habitants de ces villes ou de ces régions, il suffit d'ajouter le suffixe *-er* au nom :
*die Berlin**er**, die Hamburg**er**, die München**er***

Les termes ainsi formés peuvent avoir valeur d'adjectifs :
***Frankfurter Würstchen** sind einfach lecker!*

■ **Trouvez les équivalents en allemand des villes et des régions suivantes.**
Aix-la-Chapelle – la Thuringe – Ratisbonne – Dunkerque – Nice – la Basse-Saxe – Londres – la Bavière – Cologne – la Sarre – Rome – Lisbonne

3 Faire un portrait : l'adjectif épithète

Pour décrire et qualifier les héros dont il est question dans cette unité, vous aurez besoin d'utiliser des adjectifs.
Lorsque l'adjectif est **attribut**, il reste **invariable**. En revanche, lorsqu'il est **épithète**, il se **décline** :
*Die Stadt Berlin ist **wunderschön**.* (adjectif attribut)
*Berlin ist eine **wunderschöne** Stadt.* (adjectif épithète)

Voici quelques aides pour bien décliner les adjectifs épithètes :
Il existe deux types de marques, les **marques fortes**, qui sont celles des articles définis (***der, die, das...***), et les **marques faibles** (*-e* et ***-en***).

a. Adjectif épithète dans un groupe nominal sans article :
Les marques sont toujours fortes, sauf au génitif masculin et neutre :

	Masculin	**Neutre**
Génitif	*tapfer**en** Helden*	*unschuldig**en** Mädchens*

b. Adjectif épithète dans un groupe nominal avec article défini :
C'est l'article qui porte la marque forte. L'adjectif reçoit la marque *-e* ou *-en*. C'est majoritairement la marque ***-en*** qui l'emporte sauf au nominatif singulier et à l'accusatif neutre et féminin qui prennent la marque ***-e***.

	Masculin	**Neutre**	**Féminin**
Nominatif	*der tapfer**e** Held*	*das unschuldig**e** Mädchen*	*die bös**e** Nixe*
Accusatif	*den tapfer**en** Helden*	*das unschuldig**e** Mädchen*	*die bös**e** Nixe*

(Les démonstratifs ont le même fonctionnement que les articles définis.)

c. Adjectif épithète dans un groupe nominal avec article indéfini *(ein-)*
Les marques de l'adjectif épithète sont identiques à celles du groupe nominal avec article défini, sauf au nominatif masculin et neutre ainsi qu'à l'accusatif neutre. Ici, les marques sont fortes en raison de l'absence de marque sur l'article *ein-*.

	Masculin	**Neutre**
Nominatif	*ein tapfer**er** Held*	*ein unschuldig**es** Mädchen*
Accusatif	*einen tapfer**en** Helden*	*ein unschuldig**es** Mädchen*

(Les possessifs ont le même fonctionnement que les articles indéfinis.)

■ **Voici un court résumé de la légende de Siegfried. Complétez-le à l'aide des adjectifs fournis en faisant attention à leur déclinaison.**

germanisch – tapfer – berühmt – gut – groß – böse – stark – breit – viel

Siegfried ist eine Figur der Mythologie. Er ist ein Held geworden, weil er einen Drachen getötet hat. Nach seinem Sieg hat er im Blut des Drachen gebadet und ist daraufhin bis auf eine Stelle unverwundbar geworden. In der Tat war ihm ein Lindenblatt zwischen die Schulterblätter gefallen. An dieser Stelle war es möglich, ihn zu verwunden. Das wusste Siegfried und machte ihm Sorgen.

4 Formuler des hypothèses

Pour formuler des hypothèses, vous pouvez avoir recours à différentes structures. Observez le tableau suivant :

Expression de l'hypothèse	**Sens**
Es kann sein, dass...	Il se peut que...
Es ist möglich, dass...	Il est possible que...
Wahrscheinlich + V + S	Probablement...

Expression de l'hypothèse	Sens
möglicherweise (Adv.)	peut-être
Anscheinend + V + S	Apparemment…
Vermutlich + V + S	Selon toute probabilité…
Vielleicht + V + S	Peut-être…
Allem Anschein nach + V + S	Selon toute vraisemblance…
Ich vermute, dass…	J'imagine que…
Ich würde sagen, dass…	Je dirais que…
Wenn ich mich recht entsinne + V + S	Si je ne m'abuse…
Wenn ich mich nicht täusche + V + S	Si je ne me trompe pas…
Eventuell + V + S	Éventuellement…

■ **Le comité organisateur des *Festspiele* de Worms a, malgré sa campagne d'information, bien du mal à trouver des sponsors. Vous êtes chargé de faire une note aux organisateurs dans laquelle vous cherchez à expliquer cet échec en formulant des hypothèses. Rédigez cette note en vous aidant des groupes infinitifs suivants ainsi que du tableau.**

zu gering sein – die möglichen Sponsoren überzeugen – nicht überzeugend genug sein – detaillierte Zahlen an/geben (a, e; i) – unseren Katalog bekommen – eine neue Präsentation organisieren – nicht anwesend sein – nicht offensiv genug sein – neue Sponsoren gewinnen

5 Exprimer des regrets

Différentes expressions sont à votre disposition pour exprimer un regret. Observez le tableau suivant :

Expression du regret	Sens
Das habe ich nie gewollt, aber…	Je ne l'ai jamais voulu, mais…
Ich bedauere sehr zu sagen, dass…	J'ai le regret de dire que…
Es tut mir Leid, dass…	Je suis désolé(e) que…
Hätte ich bloß anders gehandelt, dann…	Si j'avais fait autrement, alors…
Wenn ich nur daran gedacht hätte, dann…	Si j'y avais pensé, alors…
Leider + V + S	Malheureusement…
Schade, dass…	Dommage que…
Ich muss Ihnen leider mitteilen, dass…	Je dois malheureusement vous informer que…
Wenn ich doch nur… (+ participe passé) + *hätte*	Si seulement j'avais…
Ich muss zugestehen, dass…	Je dois reconnaître que…

■ **Un ami allemand vous a invité à venir assister aux *Festspiele* de Worms que vous connaissez pour y être allé l'année dernière. Malheureusement, vous n'êtes pas libre durant cette période et vous devez lui envoyer un mail dans lequel vous déclinez son invitation avec beaucoup de regrets. Rédigez ce message en vous aidant du tableau et des groupes infinitifs proposés.**

nicht kommen können – nicht damit rechnen – nicht wissen, ob… – sich anders organisieren – jm nicht böse sein – zusammen zu den Festspielen gehen (i, a) – bei Freunden eingeladen sein – interessiert sein – nicht mehr absagen können – jm etwas sagen müssen – mit jm früher sprechen (a, o; i)

Zeigen Sie, was Sie können

Ihre Aufgabe: Wählen Sie ein Reiseziel.

SPRECHEN

Ihre Klasse organisiert eine Reise nach Deutschland mit dem Thema: „Das Deutschland der Mythen". Es stehen drei Reiseziele zur Wahl:
- der Mittelrhein und der Loreleyfelsen,
- die Stadt Worms, wo die Nibelungenfestspiele stattfinden,
- die Stadt Frankfurt-am-Main mit dem Goethe-Haus.

Die Meinungen in der Klasse sind geteilt. Bevor eine Entscheidung getroffen wird, organisieren Sie eine Debatte.

Lichtinstallation am Loreley-Felsen von Ingo Bracke.

Wählen Sie ein Reiseziel und nehmen Sie an der Debatte teil. Erklären Sie Ihren Mitschülern, welches Ziel Sie gewählt haben.
Warum symbolisiert es die deutschen Mythen am besten? Finden Sie Argumente und versuchen Sie, Ihre Kameraden zu überzeugen.
Nach der Debatte wird innerhalb der Klasse gewählt. Wohin wird die Klasse fahren?

Pour vous guider

Faire son choix…
Choisissez la destination pour laquelle vous allez prendre fait et cause lors du débat. L'aspect touristique des lieux ainsi que les légendes et mythes qui les habitent doivent orienter votre choix. Quel lieu vous plairait-il de voir ? Quelle légende ou mythe vous inspire le plus ?

… et le justifier !
Le vote de la classe dépendra de votre force de conviction et de vos arguments. Expliquez en quoi le lieu que vous souhaitez visiter vous attire. N'hésitez pas à le comparer aux deux autres destinations proposées et à dire pourquoi votre choix est selon vous le meilleur.
La mise en valeur de la dimension mythique du lieu pèsera sur le choix final de la classe. Qui mettrez-vous en avant ? La belle Loreley, le vaillant Siegfried ou le diabolique Faust ?

Voter
Après le débat, votez. Peut-être aurez-vous changé d'avis ou, pour les indécis, fini par arrêter votre choix. Comptabilisez ensuite les voix et voyez qui l'emporte.

Ihre Aufgabe: Verfassen Sie einen Prospekt.

SCHREIBEN

In den Sommerferien machen Sie in einem deutschen Reisebüro ein Praktikum.
Das Reisebüro organisiert eine Rundreise, die die deutschen Mythen zum Thema hat.
Drei Reiseziele stehen auf dem Programm:
- Sankt Goarshausen, wo das Loreley-Plateau liegt,
- Worms, die Stadt der Nibelungensage,
- Frankfurt am Main, Goethes Geburtsstadt, wo sich das Goethe-Haus befindet.

Als Praktikant haben Sie den Auftrag, einen Prospekt zu verfassen, der für diese Rundreise wirbt.
– Sie sollen zuerst einen Slogan erfinden.
– In ihrem Prospekt sollen Sie auch das Programm vorstellen.
– Versuchen Sie dank der Mythen, die mit den Städten Worms, Frankfurt am Main und Sankt Goarshausen verbunden sind, die Rundreise für die Touristen attraktiv zu machen.

Pour vous guider

Soigner la présentation de la brochure
Outre le choix d'un slogan accrocheur, pensez à soigner la forme et la conception de votre brochure. Des illustrations ou photos des lieux et/ou des mythes qui leur sont associés peuvent vous aider à convaincre des touristes potentiels.

Organiser le programme…
Présentez votre programme. Le choix des villes visitées, l'organisation, la nature des visites et/ou manifestations proposées durant le circuit sont autant d'arguments susceptibles de séduire les clients de l'agence.

… tout en mettant en valeur la magie des lieux !
Les différentes étapes de votre circuit sont tout autant touristiques que mythiques. N'hésitez pas à mettre en valeur la magie des lieux. Faites revivre les légendes qui leur sont associées, faites contraster mythes et réalité afin d'attirer les futurs touristes.

Spaß am Lesen

Kunst im Blick

Einblick mit einem Klick

Wege durch die deutschsprachige Literatur

Wie wäre es mit einer Reise durch die deutschsprachige Literatur? Wählen Sie einen thematischen Weg aus und fahren Sie durch verschiedene Stationen. Viel Spaß!

Weg \ Station	A	B	C	D	E	F	G	H	I	J	K	L	M	N	O	P	Q
1										●				●		●	
2	●		●	●	●												
3		●						●	●			●					
4		●	●			●						●					●
5		●							●				●				●
6				●					●		●		●		●		
7		●					●							●			

- **Weg 1:** Treffen
- **Weg 2:** Figuren, Traditionen und Mythen
- **Weg 3:** Der Schriftsteller und die Gesellschaft
- **Weg 4:** Traum und Wirklichkeit
- **Weg 5:** Anders denken: die letzte Freiheit
- **Weg 6:** Rückblicke und Schicksal
- **Weg 7:** Kommunizieren

Station A Lore Lay

Karl Begas (1794-1854), *Die Loreley*, 1835 (124 × 136 cm). Öl auf Leinwand.

Zu Bacharach am Rheine
Wohnt' eine Zauberin,
Sie war so schön und feine
Und riss viel Herzen hin.

Und brachte viel zu Schanden[1]
Der Männer ringsumher;
Aus ihren Liebesbanden
War keine Rettung mehr.

Der Bischof[2] ließ sie laden
Vor geistliche Gewalt[3] –
Und musste sie begnaden[4],
So schön war ihr' Gestalt.

Er sprach zu ihr gerühret:
„Du arme Lore Lay!
Wer hat dich denn verführet[5]
Zu böser Zauberei?" –

„Herr Bischof, lasst mich sterben!
Ich bin des Lebens müd,
Weil jeder muss verderben,
Der meine Augen sieht!

Die Augen sind zwei Flammen,
Mein Arm ein Zauberstab –
O legt mich in die Flammen,
O brechet mir den Stab!" –

„Ich kann dich nicht verdammen[6],
Bis du mir erst bekennt[7],
Warum in deinen Flammen
Mein eignes Herz schon brennt."
[...]

„Herr Bischof, mit mir Armen
Treibt nicht so bösen Spott
Und bittet um Erbarmen[8],
Für mich den lieben Gott!

Ich darf nicht länger leben,
Ich liebe keinen mehr. –
Den Tod sollt Ihr mir geben,
Drum kam ich zu Euch her!

Mein Schatz hat mich betrogen[9],
Hat sich von mir gewandt,
Ist fort von hier gezogen,
Fort in ein fremdes Land." [...]

„Du sollst ein Nönnchen werden,
Ein Nönnchen schwarz und weiß,
Bereite dich auf Erden
Zu deines Todes Reis'!"

Zum Kloster sie nun ritten,
Die Ritter alle drei,
Und traurig in der Mitten
Die schöne Lore Lay.

„O Ritter, lasst mich gehen
Auf diesen Felsen groß,
Ich will noch einmal sehen
Nach meines Lieben Schloss.

Ich will noch einmal sehen
Wohl in den tiefen Rhein
Und dann ins Kloster gehen
Und Gottes Jungfrau sein."

Der Felsen ist so jähe[10],
So steil ist seine Wand,
Doch klimmt[11] sie in die Höhe,
Bis dass sie oben stand.

Es binden die drei Reiter,
Die Rosse unten an
Und klettern immer weiter
Zum Felsen auch hinan.

Die Jungfrau sprach: „Da gehet
Ein Schifflein auf dem Rhein;
Der in dem Schifflein stehet,
Der soll mein Liebster sein!

Mein Herz wird mir so munter,
Er muss mein Liebster sein!" –
Da lehnt sie sich hinunter[12]
Und stürzet in den Rhein. [...]

Clemens Brentano, *Godwi oder Das steinerne Bild der Mutter*, 1801

1 **die Schande:** *le déshonneur*
2 **der Bischof (¨e):** *l'évêque*
3 **die geistliche Gewalt:** *les autorités écclésiastiques*
4 **begnaden** = begnadigen: *gracier*
5 **verführen:** *entraîner, inciter*
6 **verdammen:** *condamner*
7 **bekennen (a, a)** = *ein/gestehen (a, a): *reconnaître, confesser*
8 **das Erbarmen** = das Mitleid
9 ***betrügen (o, o):** *tromper*
10 **jäh** = steil: *abrupt*
11 **klimmen** = klettern
12 **sich hinunter/lehnen:** *se pencher*

» Machen Sie Recherchen über andere Lorelei-Gedichte: www.jhelbach.de (▸Lorelay ▸Gedichte). Achten Sie dabei auf die verschiedenen Darstellungen dieser mythischen Figur. Welche gefällt Ihnen am besten? Warum?

Station B Briefe von Karoline von Günderrode

Warum ward ich kein Mann!

Den 29. August 1801

An Gunda

Schon oft hatte ich den unweiblichen Wunsch mich in ein wildes Schlachtgetümmel[1] zu werfen, zu sterben. Warum ward ich kein Mann! Ich habe keinen Sinn für weibliche Tugenden[2], für Weiberglückseligkeit. Nur das Wilde, Große, Glänzende gefällt mir. Es ist ein unseliges[3], aber unverbesserliches Missverständnis in meiner Seele; und es wird und muss so bleiben, denn ich bin ein Weib und habe Begierden[4] wie ein Mann, ohne Männerkraft. Darum bin ich so wechselnd und uneins mit mir.

Karoline von Günderrode,
Brief an Gunda Brentano

1 **das Schlachtgetümmel:** *la cohue de la bataille*
2 **die Tugend (en):** *la vertu*
3 **unselig:** *funeste*
4 **die Begierde (n):** *le désir*

Ein Liebesbrief

Den 26. Juni 1805

Ich fasse die Änderung deiner Gesinnung[1] nicht. Wie oft hast du mir gesagt, meine Liebe erhelle, erhebe dein ganzes Leben, und nun findest du unser Verhältnis schädlich[2]. Wie viel hättest du ehmals gegeben, dir dies Schädliche zu erringen. Aber so seid Ihr, das Errungene[3] hat Euch immer Mängel[4]... Mir ist, du seist ein Schiffer, dem ich mein ganzes Leben anvertraut, nun brausen[5] aber die Stürme, die Wogen heben sich. Die Winde führen mir verwehte Töne zu, ich lausche[6] und höre, wie der Schiffer Rat hält mit seinem Freunde, ob er mich nicht über Bord werfen soll oder aussetzen[7] am öden[8] Ufer?

Karoline von Günderrode,
Brief an ihren Geliebten, Friedrich Creuzer

1 **die Gesinnung:** *l'état d'esprit*
2 **schädlich:** *préjudiciable*
3 ***erringen (a, u)** = erkämpfen
4 *Mais vous êtes comme ça, vous savez d'avance que ce que vous avez conquis vous laissera insatisfait.*
5 **brausen:** *mugir*
6 **lauschen** = zu/hören
7 **aus/setzen** = verlassen (ie, a; ä)
8 **öde:** *désert*

Karoline von Günderrode wurde 1780 als Tochter eines Hofrats in Karlsruhe geboren. Nach dem Tod des Vaters verbringt sie ihre Jugend in einer religösen Einrichtung für Frauen in Frankfurt, studiert Philosophie, Geschichte, Literatur und Mythologie. Ihre erste Liebe, Carl von Savigny, führt sie 1799 in den Kreis der Frühromantiker ein. Sie lernt Bettina, Gunda und Clemens Brentano kennen und steht in Briefwechsel mit ihnen. Einige ihrer Gedichte gehören zu den schönsten der Romantik. Ihre dramatische Liebesbeziehung zu dem Altphilologen Friedrich Creuzer führt 1806 zum Selbstmord.

Ferdinand Hodler (1853-1918), *Die mutige Frau*, 1868 (98 × 170 cm). Öl auf Leinwand.

Station C — Faust – Der Tragödie erster Teil

MP3 FICHE ÉLÈVE

Nacht

*In einem hochgewölbten, engen gotischen Zimmer, **Faust** unruhig auf seinem Sessel am Pulte.*

FAUST – Habe nun, ach! Philosophie,
Juristerei und Medizin,
Und leider auch Theologie
Durchaus studiert, mit heißem Bemühn.
Da steh' ich nun, ich armer Tor[1]!
Und bin so klug als wie zuvor;
Heiße Magister, heiße Doktor gar,
Und ziehe schon an die zehn Jahr
Herauf, herab und quer und krumm
Meine Schüler an der Nase herum –
Und sehe, dass wir nichts wissen können!
Das will mir schier[2] das Herz verbrennen.
Zwar bin ich gescheiter[3] als alle die Laffen[4],
Doktoren, Magister, Schreiber und Pfaffen[5];
Mich plagen keine Skrupel noch Zweifel,
Fürchte mich weder vor Hölle noch Teufel –
Dafür ist mir auch alle Freud' entrissen,
Bilde mir nicht ein, was Rechts zu wissen,
Bilde mir nicht ein, ich könnte was lehren,
Die Menschen zu bessern und zu bekehren[6].
Auch hab' ich weder Gut noch Geld,
Noch Ehr' und Herrlichkeit der Welt.
Es möchte kein Hund so länger leben!
Drum hab' ich mich der Magie ergeben[7],
Ob mir durch Geistes Kraft und Mund
Nicht manch Geheimnis würde kund[8];
Dass ich nicht mehr mit saurem Schweiß
Zu sagen brauche, was ich nicht weiß;
Dass ich erkenne, was die Welt
Im Innersten zusammenhält. [...]
Ich fühl's, du schwebst um mich, erflehter Geist[9].
Enthülle dich[10]!
Ha! Wie's in meinem Herzen reißt!
Zu neuen Gefühlen
All' meine Sinnen sich erwühlen[11]!
Ich fühle ganz mein Herz dir hingegeben!
Du musst! Du musst! Und kostet' es mein Leben!

Er fasst das Buch und spricht das Zeichen des Geistes geheimnisvoll aus. Es zuckt eine rötliche Flamme, der Geist erscheint in der Flamme.

GEIST – Wer ruft mir?

FAUST *abgewendet* – Schreckliches Gesicht!

GEIST – Du hast mich mächtig angezogen,
An meiner Sphäre lang gesogen[12],
Und nun –

FAUST – Weh! Ich ertrag' dich nicht!

Johann Wolfgang von Goethe, *Faust*, *Erster Teil*, 1808 (Der erste Faust-Monolog entstand um 1774.)

1 **der Tor (en)** = naiver Mensch
2 **schier** = fast
3 **gescheit** = klug
4 **der Laffe (n):** *le jeune vaniteux*
5 **der Pfaffe (n)** *(péj.)* = der Pfarrer, der Priester: *le cureton*
6 **(sich) bekehren:** *(se) convertir*
7 **sich etw. (+ Dat.) ergeben (a, e; i):** *s'adonner à qc.*
8 **kund *werden (u, o; i):** *être révélé*
9 **der erflehte Geist (er):** *l'esprit imploré*
10 **sich enthüllen:** *(ici) se dévoiler*
11 **sich erwühlen:** *(ici) s'éveiller*
12 **saugen (o, o):** *(ici) se nourrir*

Johann Peter Krafft (1780-1856), *Faust am Ostermorgen*, 1856 (134 × 112 cm). Öl auf Leinwand.

**» Warum ist Faust unzufrieden?
Könnte dieser Gelehrte der Renaissance einen „modernen Intellektuellen" darstellen?**

Station D — Der Lindenbaum[1]

Am Brunnen[2] vor dem Tore
Da steht ein Lindenbaum;
Ich träumt in seinem Schatten
So manchen süßen Traum.

Ich schnitt in seine Rinde[3]
So manches liebe Wort;
Es zog in Freud und Leide
Zu ihm mich immer fort[4].

Ich musst auch heute wandern
Vorbei in tiefer Nacht,
Da hab ich noch im Dunkeln
Die Augen zugemacht.

Und seine Zweige[5] rauschten[6],
Als riefen sie mir zu:
„Komm her zu mir, Geselle[7],
Hier findst du deine Ruh!“

Die kalten Winde bliesen[8]
Mir grad ins Angesicht,
Der Hut flog mir von Kopfe,
Ich wendete mich nicht.

Nun bin ich manche Stunde
Entfernt von jenem Ort,
Und immer hör ich's rauschen:
„Du fändest Ruhe dort!“

Wilhelm Müller, 1823

Zur Info

Dieses Gedicht gehört zum Gedichtzyklus „Die Winterreise“, der von Franz Schubert vertont und verbreitet wurde. Der Lindenbaum nimmt seit dem 13. Jahrhundert einen besonderen Platz in der deutschen Volkstradition und Literatur ein. Er symbolisiert vor allem die Liebe und das Zusammensein.

1 **der Lindenbaum (¨-e):** *le tilleul*
2 **der Brunnen (-):** *la fontaine*
3 **die Rinde (n):** *l'écorce*
4 **fort/ziehen (o, o):** *(ici) attirer*
5 **der Zweig (-e):** *la branche*
6 **rauschen:** *chanter (le vent)*
7 **der Geselle (n):** *le compagnon*
8 **blasen (ie, a; ä):** *souffler*

Station E — Ich steh auf des Berges Spitze

Ich steh auf des Berges Spitze,
Und werde sentimental.
„Wenn ich ein Vöglein wäre!“
Seufz[1] ich viel tausendmal.

Wenn ich eine Schwalbe[2] wäre,
So flög[3] ich zu dir, mein Kind,
Und baute mir mein Nestchen,
Wo deine Fenster sind.

Wenn ich eine Nachtigall[4] wäre,
So flög ich zu dir, mein Kind,
Und sänge dir nachts meine Lieder
Herab von der grünen Lind[5].

Wenn ich ein Gimpel[6] wäre,
So flög ich gleich an dein Herz;
Du bist ja hold den Gimpeln,
Und heilest Gimpelschmerz.

Heinrich Heine, 1827

1 **seufzen:** *soupirer*
2 **die Schwalbe (n):** *l'hirondelle*
3 **fliegen (o, o):** *voler*
(flög = Form des Konjunktivs 2)
4 **die Nachtigall (en):** *le rossignol*
5 **die Linde (n):** *le tilleul*
6 **der Gimpel (-):** *le bouvreuil*

Moritz von Schwind (1804-1871), *Auf der Wanderschaft*, um 1860 (37 × 22 cm). Öl auf Leinwand.

Station F — Wünschelrute

Schläft ein Lied in allen Dingen,
Die da träumen fort und fort;
Und die Welt hebt an[1] zu singen,
Triffst du nur das Zauberwort.

Joseph von Eichendorff, 1835

Zur Info

Viele Gedichte von Joseph von Eichendorff wurden vertont, z. B. von Robert Schumann, Felix Mendelssohn, Hugo Wolf und Johannes Brahms.

1 **an/heben (o, o)**
= an/fangen (i, a; ä)

Station G Die beiden Freundinnen

MP3

Ein Briefwechsel zwischen Bettina von Arnim und Karoline von Günderrode.

An Karoline

Sonntag

Gestern ging ich noch allein in der Dunkelheit durchs Feld. Da fiel mir wieder ein, alles, was wir am Sonntag von Frankfurt bis Hanau im Wagen zusammen geredet haben; – wer von uns beiden zuerst sterben wird. Jetzt bin ich schon acht Tag hier, unser Gespräch klingt noch immer nach in mir. „Es gibt ja noch Raum außer dieser kleinen Tags- und Weltgeschichte, in dem die Seel ihren Durst, selbst etwas zu sein, löschen[1] dürfe", sagtest Du. – Da hab ich aber gefühlt und fühl's eben wieder und immer: wenn Du nicht wärst, was wär mir die ganze Welt? – kein Urteil[2], kein Mensch vermag über mich, aber Du! – auch bin ich gestorben schon jetzt, wenn Du mich nicht auferstehen heißest[3] und willst mit mir leben immerfort; ich fühl's recht, mein Leben ist bloß aufgewacht, weil Du mir riefst, und wird sterben müssen, wenn es nicht in Dir kann fortgedeihen[4]. – Frei sein willst du, hast du gesagt? – ich will nicht frei sein, ich will Wurzel fassen[5] in Dir – eine Waldrose, die im eignen Duft sich erquicke[6], will die der Sonne sich schon öffnen, und der Boden löst sich von ihrer Wurzel, dann ist's aus. – Ja, mein Leben ist unsicher; ohne Deine Liebe, in die es eingepflanzt ist, wird's gewiss nicht aufblühen, und mir ist's eben so durch den Kopf gefahren, als ob Du mich vergessen könntest; es ist aber vielleicht nur, weil's Wetter leuchtet so blass und kalt, und wenn ich denk an die feurigen Strahlen[7], mit denen Du oft meine Seele durchleuchtest! – bleib mir doch.

Bettine

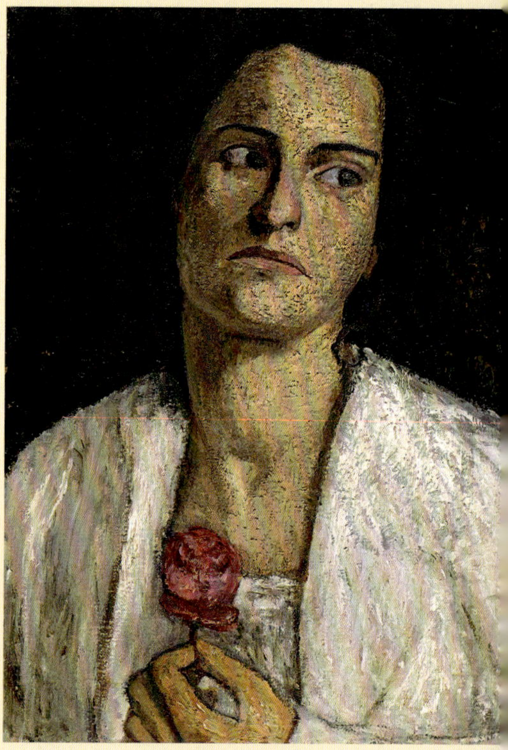

Paula Modersohn-Becker (1876-1907)
Deutsche Bildhauerin Clara Westhoff (1878-1954)
1905 (52 × 36,8 cm)

1 **seinen Durst löschen:** *étancher sa soif*
2 **das Urteil (e):** *le jugement*
3 **auferstehen heißen (ie, ei):** *ramener à la vie*
4 ***gedeihen (ie, ie):** *prospérer*
5 **Wurzel fassen:** *prendre racine*
6 **sich erquicken:** *se revigorer*
7 **der Strahl (en):** *le rayon de lumière*

Bettina von Arnim (1785 in Frankfurt geboren, 1859 in Berlin gestorben) wird von ihrer Großmutter, der Schriftstellerin Sophie von La Roche, erzogen. Die enge Beziehung zu ihrem Bruder Clemens Brentano und ab 1799 zu der Freundin Karoline von Günderrode führt zu einem intensiven Briefwechsel, den sie später veröffentlicht. 1840 schreibt sie zum Andenken an Karoline einen Briefroman. Nach dem Tod ihres Mannes, Achim von Arnim, beginnt für sie eine Zeit lebhafter Kontakte zu vielen bedeutenden Zeitgenossen. Sie engagiert sich politisch für die Demokratie und tritt für die Rechte der Frauen ein.

An die Bettine

Ich habe die Zeit über recht oft an Dich gedacht, liebe Bettine. Vor einigen Nächten träumte mir, Du seist gestorben, ich weinte sehr darüber und hatte den ganzen Tag einen traurigen Nachklang davon in meiner Seele. Als ich den Abend nach Hause kam, fand ich Deinen Brief; ich freute mich und wunderte mich, weil ich glaubte, einen gewissen Zusammenhang zu meinen Träumen und Deinen Gedanken zu finden.
Wenn Du noch nicht bald wieder zu uns kommst, so schreibe mir wieder, denn ich habe Dich lieb...

Karoline

Bettina von Arnim,
Die Günderode, Briefroman, 1840

Station H Das entsetzliche[1] Warten

MP3 FICHE ÉLÈVE

Arnold Schönberg (1874-1951), *Porträt vom österreichischen Komponisten Alban Berg (1885-1935)*, um 1900. Öl auf Leinwand.

Eine Stunde wartete er schon. Das Herz klopfte ihm, und zuweilen war ihm, als hätte er vergessen zu atmen; dann zog er die Luft in tiefen Zügen ein, aber es wurde ihm nicht wohler. Er hätte eigentlich schon daran gewöhnt sein können, es war ja immer dasselbe; immer musste er warten, eine Stunde, zwei, drei, und wie oft vergebens[2]. Und er konnte es ihr nicht einmal zum Vorwurf machen[3], denn wenn ihr Mann länger zu Hause blieb, wagte sie sich nicht fort[4]; und erst wenn der weggegangen war, kam sie hereingestürzt, ganz verzweifelt, ihm rasch einen Kuss auf die Lippen drückend, und gleich wieder davon, die Treppen hinunterfliegend, und ließ ihn wieder allein. [...] Das ging nun schon ein viertel Jahr lang so, seit dem Ende des Frühlings. Jeden Nachmittag von drei Uhr an war er in seinem Zimmer bei heruntergelassenen Rouleaus[5] und konnte nichts beginnen; [...] und wenn dann plötzlich die Klingel schrillte, fuhr er immer erschreckt zusammen. Aber wenn nur *sie* es war, wenn sie es nur endlich wirklich war, da war es ja schon gut! Da war ihm, als löste sich ein Bann[6], als wäre er wieder ein Mensch geworden, und er weinte manchmal vor lauter Glück, dass sie nur endlich einmal da war, und dass er nicht mehr warten musste. [...]

Es war verabredet, dass er täglich bis punkt sieben zu Hause zu bleiben hatte; denn nachher *durfte* sie gar nicht mehr kommen [...]. Und doch blieb er immer länger zu Hause, und erst um acht pflegte[7] er auf die Straße hinunterzugehen. [...]

Gestern war sie gar nicht gekommen, und er hatte auch keinerlei Nachricht von ihr erhalten. – Es war bald sieben; aber er wurde heute nicht ruhiger. Er wusste nicht, was er beginnen sollte. Das Entsetzliche war, dass er keinen Weg zu ihr hatte. Er konnte nichts anderes tun, als vor ihr Haus gehen und ein paarmal vor den Fenstern auf und ab spazieren; aber er durfte nicht zu ihr, durfte niemand zu ihr schicken, konnte sich bei niemandem nach ihr erkundigen. Denn kein Mensch ahnte nur, dass sie einander kannten. Sie lebten in einer ruhelosen, angstvollen und glühenden Zärtlichkeit hin und hätten gefürchtet, sich vor anderen jeden Augenblick zu verraten.

Arthur Schnitzler, *Ein Abschied*, 1896

1 **entsetzlich:** *épouvantable*
2 **vergebens:** *en vain*
3 **jm etw. zum Vorwurf machen:** *reprocher qc. à qn*
4 **sich fort wagen:** *oser partir*
5 **das Rouleau (s):** *le volet*
6 **ein Bann löst sich:** *le sort est rompu*
7 **pflegen:** *avoir l'habitude*

» **Erzählen Sie diese Geschichte aus der Perspektive der untreuen Frau oder ihres Mannes.**

Station I

Effi Briest

MP3 FICHE ÉLÈVE

(Erster Teil)

Effi, eine junge Frau, ist mit einem mehr als doppelt so alten Mann verheiratet, vom dem sie ein Kind hat. Nach einer Liebesaffäre wird sie von ihrem Mann verstoßen[1] und muss ihm ihr Kind lassen. Nach drei Jahren akzeptiert der Vater den Wunsch der Mutter, ihre nun zehnjährige Tochter, Annie, wiederzusehen.

Nun war Mittag. Endlich wurde geklingelt, schüchtern, und Roswitha ging, um durch das Guckloch[2] zu sehen. Richtig, es war Annie. Roswitha gab dem Kinde einen Kuss, sprach aber sonst kein Wort, und ganz leise, wie wenn ein Kranker im Hause wäre, führte sie das Kind vom Korridor her erst in die Hinterstube und dann bis an die nach vorn führende Tür.

„Da geh hinein, Annie." Und unter diesen Worten, sie wollte nicht stören, ließ sie das Kind allein und ging wieder auf die Küche zu.

Effi stand am anderen Ende des Zimmers, den Rücken gegen den Spiegelpfeiler, als das Kind eintrat. „Annie!" Aber Annie blieb an der nur angelehnten[3] Tür stehen, halb verlegen[4], aber halb auch mit Vorbedacht[5], und so eilte denn Effi auf das Kind zu, hob es in die Höhe und küsste es.

„Annie, mein süßes Kind, wie freue ich mich. Komm, erzähle mir", und dabei nahm sie Annie bei der Hand und ging auf das Sofa zu, um sich da zu setzen. Annie stand aufrecht und griff, während sie die Mutter immer noch scheu ansah, mit der Linken nach dem Zipfel[6] der herabhängenden Tischdecke. „Weißt du wohl, Annie, dass ich dich einmal gesehen habe?"

„Ja, mir war es auch so."

„Und nun erzähle mir recht viel. Wie groß du geworden bist! Und das ist die Narbe[7] da; Roswitha hat mir davon erzählt. Du warst immer so wild und ausgelassen[8] beim Spielen. Das hast du von deiner Mama, die war auch so. Und in der Schule? Ich denke mir, du bist immer die Erste, du siehst mir so aus, als müsstest du eine Musterschülerin[9] sein und immer die besten Zensuren nach Hause bringen. Ich habe auch gehört, dass dich das Fräulein von Wedelstädt so gelobt[10] haben soll. Das ist recht; ich war auch so ehrgeizig[11], aber ich hatte nicht solche gute Schule. Mythologie war immer mein Bestes. Worin bist du denn am besten?"

„Ich weiß es nicht."

„Oh, du wirst es schon wissen. Das weiß man. Worin hast du denn die beste Zensur?"

„In der Religion."

„Nun, siehst du, da weiß ich es doch. Ja, das ist sehr schön; ich war nicht so gut darin, aber es wird wohl auch an dem Unterricht gelegen haben. [...] Und was macht Johanna?"

„Johanna hat mich bis vor das Haus begleitet..."

„Und warum hast du sie nicht mit heraufgebracht?"

„Sie sagte, sie wolle lieber unten bleiben und an der Kirche drüben warten."

„Und da sollst du sie wohl abholen?"

„Ja."

„Nun, sie wird da hoffentlich nicht ungeduldig werden. Es ist ein kleiner Vorgarten da, und die Fenster sind schon halb von Efeu[12] überwachsen, als ob es eine alte Kirche wäre."

„Ich möchte sie aber doch nicht gerne warten lassen."

„Ach, ich sehe, du bist sehr rücksichtsvoll[13], und darüber werde ich mich wohl freuen müssen. Man muss es nur richtig einteilen... Und nun sage mir noch, was macht Rollo*?"

„Rollo ist sehr gut. Aber Papa sagt, er würde so faul; er liegt immer in der Sonne."

„Das glaub' ich. So war er schon, als du noch ganz klein warst... Und nun sage mir, Annie – denn heute haben wir uns ja bloß so mal wiedergesehen –, wirst du mich öfter besuchen?"

„O gewiss, wenn ich darf."

„Wir können dann in dem Prinz-Albrechtschen Garten spazierengehen."

„O gewiss, wenn ich darf."

„Oder wir gehen zu Schilling und essen Eis, Ananas- oder Vanilleeis, das aß ich immer am liebsten."

„O gewiss, wenn ich darf."

Und bei diesem dritten „wenn ich darf" war das Maß voll[14]; Effi sprang auf, und ein Blick, in dem es wie Empörung aufflammte, traf das Kind. „Ich glaube, es ist die höchste Zeit, Annie; Johanna wird sonst ungeduldig." Und sie zog die Klingel. Roswitha, die schon im Nebenzimmer war, trat gleich ein. „Roswitha, gib Annie das Geleit[15] bis drüben zur Kirche. Johanna wartet da. Hoffentlich hat sie sich nicht erkältet. Es sollte mir Leid tun. Grüße Johanna."

Und nun gingen beide.

* Rollo ist der Hund.

1 **jn verstoßen (ie, o):** *répudier qn*
2 **das Guckloch:** *le judas*
3 **nur angelehnt:** *entrouvert*
4 **verlegen:** *gêné*
5 **mit Vorbedacht:** *délibérément*
6 **der Zipfel (-):** *la pointe, l'angle*
7 **die Narbe (n):** *la cicatrice*
8 **ausgelassen:** *plein d'entrain*
9 **das Muster (-):** *le modèle*
10 **loben:** *faire des compliments*
11 **ehrgeizig:** *ambitieux*
12 **der Efeu:** *le lierre*
13 **rücksichtsvoll:** *prévenant*
14 **das Maß war voll:** *c'en était trop*
15 **das Geleit geben (a, e; i)** = begleiten

» Stellen Sie Sich die Reaktion der Mutter vor, nachdem das Kind gegangen ist.

(Zweiter Teil)

Kaum aber, dass Roswitha draußen die Tür ins Schloss gezogen hatte, so riss Effi, weil sie zu ersticken[1] drohte, ihr Kleid auf und verfiel in ein krampfhaftes[2] Lachen. „So also sieht ein Wiedersehen aus [...]. O, du Gott im Himmel, vergib[3] mir, was ich getan; ich war ein Kind... Aber nein, nein, ich war kein Kind, ich war alt genug, um zu wissen, was ich tat. Ich *hab'* es auch gewusst, und ich will meine Schuld nicht kleiner machen... aber *das* ist zu viel. Denn das hier, mit dem Kind, das bist nicht *du*, Gott, der mich strafen will, das ist *er*, bloß er! Ich habe geglaubt, dass er ein edles[4] Herz habe, und habe mich immer klein neben ihm gefühlt; aber jetzt weiß ich, dass *er* es ist, er ist klein. Und weil er klein ist, ist er grausam. Alles, was klein ist, ist grausam. Das hat *er* dem Kinde beigebracht[5], ein Schulmeister war er immer, Crampas* hat ihn so genannt, spöttisch[6] damals, aber er hat Recht gehabt. ‚O gewiss, wenn ich darf.' Du *brauchst* nicht zu dürfen; ich will euch nicht mehr, ich hass euch, auch mein eigen Kind. Was zu viel ist, ist zu viel. Ein Streber[7] war er, weiter nichts."

* Crampas: Effis ehemaliger Geliebter

Theodor Fontane, *Effi Briest*, 1895

1 **ersticken:** *suffoquer*
2 **krampfhaft:** *convulsif*
3 ***vergeben (a, e; i):** *pardonner*
4 **edel:** *noble*
5 **bei/bringen (a, a):** *enseigner*
6 **spöttisch:** *ironiquement*
7 **der Streber (-):** *l'arriviste*

Effi Briest, Film von Hermine Huntgeburth, 2009, mit Julia Jentsch.

» Vergleichen Sie Ihre Hypothesen mit der Reaktion der Mutter, als sie wieder allein ist. Was versteht Effi?

Station J Der Buchsammler[1]

FICHE ÉLÈVE

„Was tust du hier, mein Junge?“

„Nichts.“

„Warum stehst du dann da?“

„So.“

„Kannst du schon lesen?“

„O ja.“

„Wie alt bist du?“

„Neun vorüber[2].“

„Was hast du lieber: eine Schokolade oder ein Buch?“

„Ein Buch.“

„Wirklich? Das ist schön von dir. Deshalb stehst du also da.“

„Ja.“

„Warum hast du das nicht gleich gesagt?“

„Der Vater schimpft.“

„So. Wie heißt dein Vater?“

„Franz Metzger.“

„Möchtest du in ein fremdes Land fahren?“

„Ja. Nach Indien. Da gibt es Tiger.“

„Wohin noch?“

„Nach China. Da ist eine riesige Mauer.“

„Du möchtest wohl gern hinüberklettern?“

„Die ist viel zu dick und zu groß. Da kann keiner hinüber. Drum[3] hat man sie gebaut.“

„Was du alles weißt! Du hast schon viel gelesen.“

„Ja, ich lese immer. Der Vater nimmt mir die Bücher weg. Ich möchte in eine chinesische Schule. Da lernt man vierzigtausend Buchstaben. Die gehen gar nicht in ein Buch.“

„Das stellst du dir nur so vor.“

„Ich hab's ausgerechnet.“

„Es stimmt aber doch nicht. Lass die Bücher in der Auslage[4]. Das sind lauter schlechte Sachen. In meiner Tasche hab ich was Schönes. Wart, ich zeig's Dir. Weißt du, was das für eine Schrift ist?“

„Chinesisch! Chinesisch!“

„Du bist aber ein aufgeweckter Junge. Hast du schon früher ein chinesisches Buch gesehen?“

„Nein, ich hab's erraten.“

„Diese beiden Zeichen bedeuten Mong tse, der Philosoph Mong. Das war ein großer Mann in China. Vor 2250 Jahren hat er gelebt und man liest ihn noch immer. Wirst du dir das merken?“

„Ja, jetzt muss ich in die Schule.“

„Aha, da siehst du dir auf dem Schulweg die Buchhandlungen an? Wie heißt du denn selbst?“

„Franz Metzger. Wie mein Vater.“

„Und wo wohnst du?“

„Ehrlichstraße vierundzwanzig.“

„Da wohn ich ja auch. Ich kann mich gar nicht an dich erinnern.“

„Sie sehen immer weg, wenn jemand über die Stiege[5] geht. Ich kenne Sie schon lange. Sie sind der Herr Professor Kien, aber ohne Schule. Die Mutter sagt, Sie sind kein Professor. Ich glaube schon, weil Sie eine Bibliothek haben. So was kann man sich gar nicht vorstellen, sagt die Marie. Das ist unser Mädchen[6]. Bis ich groß bin, will ich eine Bibliothek. Da müssen alle Bücher drin sein, in allen Sprachen, so ein chinesisches auch.“

Elias Canetti, *Die Blendung*, 1935

1 **der Buchsammler (-):** *le collectionneur de livres*
2 **vorüber:** *passé*
3 **drum** = darum: *pour cette raison*
4 **die Auslage (n):** *la devanture*
5 **die Stiege (n)** (süddt.): *l'escalier*
6 **das Mädchen (-)** = das Dienstmädchen

August Macke (1887-1914), *Junge mit Buch und Spielzeugen*, um 1900. Öl auf Leinwand.

» **Spielen Sie das Gespräch zwischen dem Kind und Professor Peter Kien.**

Station K Reklame

Wohin aber gehen wir
ohne sorge sei ohne sorge
wenn es dunkel und wenn es kalt wird
sei ohne sorge
aber
mit Musik
was sollen wir tun
heiter[1] *und mit Musik*
und denken
heiter
angesichts[2] eines Endes
mit Musik
und wohin tragen wir
am besten
unsre Fragen und den Schauer[3] aller Jahre
in die Traumwäscherei ohne sorge sei ohne sorge
was aber geschieht[4]
am besten
wenn Totenstille
eintritt

Ingeborg Bachmann,
Anrufung des großen Bären, 1957

Paul Klee (1879-1940), *Physiognomischer Blitz*, 1927 (25,5 × 25,5 cm). Aquarell auf Papier.

1 **heiter:** *enjoué*
2 **angesichts (+ Gen.):** *face à*
3 **der Schauer (-):** *le frisson*
4 ***geschehen (a, e; ie):** *se passer*

» Lesen Sie das Gedicht zu zweit; jeder übernimmt eine Stimme. Wählen Sie dabei zwei unterschiedliche Sprecharten.

Station L Der geteilte Himmel

(Erster Teil)

Rita, Studentin, und ihr Freund Manfred, Chemiker, leben in der DDR. Ihre Liebesbeziehung ist für beide sehr beglückend. Aber Manfred kehrt von einem Chemikerkongress in Westberlin im Mai 1961 nicht zurück. Eine Woche vor dem 13. August desselben Jahres fährt Rita zu ihm. Sie muss sich entscheiden, ob sie im Westen bleiben will oder nicht.

Da keine Anrede kam, drehte er schließlich langsam den Kopf. [...] Dann sah er sie.

Er schloss die Augen und öffnete sie wieder mit einem ganz neuen Blick: Unglauben, Bestürzung[1], auch unsinnige Hoffnung. Er trat auf sie zu, hob die Arme, als wollte er sie ihr auf die Schulter legen, und sagte leise ihren Namen. Die ungeheure Erleichterung auf seinem Gesicht tat ihr weh. Aber sie lächelte und strich ihm leicht über das Haar.

Sie hatte Recht getan, dass sie zu ihm gegangen war. Aber was nun folgen würde, wusste sie bis in Einzelheiten voraus. Es quälte[2] sie, dass die Schritte doch noch getan, die Worte noch gesagt, dieser Tag noch verbracht werden mussten. Er wusste es auch, und so ließ es sich leichter ertragen.

Christa Wolf (1929-2011) studierte in Jena und Leipzig Germanistik und lebte als SED-Mitglied bis 1989 in der DDR. Deswegen wurde sie sehr kritisiert. Sie zählt aber zu den bedeutendsten deutschen Schriftstellern ihrer Zeit. Sie erhielt zahlreiche Literaturpreise: 1963 zum Beispiel den Heinrich-Mann-Preis für *Der geteilte Himmel*, und 1980 den Georg-Büchner-Preis, den renommiertesten Literaturpreis für deutschsprachige Autoren. Ihre literarische Laufbahn ist eng mit Entwicklung und Ende der DDR verbunden.

Das dauerte sehr kurze Zeit: Solange sie sich ansahen. Dann vergaßen sie, was sie eben noch fest und sicher gewusst hatten. Noch einmal war alles möglich. [...]
Er ergriff ihre Hand und zog sie hinter sich her die Treppen hinunter. [...] Dann liefen sie durch den kühlen, hallenden Steinflur und standen endlich draußen: Im Straßenlärm, in der Hitze und im grellen[3] Mittagslicht.
„Na", sagte Manfred spöttisch[4]. „Nun sieh dich um. Die freie Welt liegt dir zu Füßen."
Von allen Türmen schlugen die Uhren zwölf.

» „Noch einmal war alles möglich": Was schien ihnen noch möglich?

Otto Morach (1887-1973), *Selbstbildnis mit Blumen*, um 1916 (60 × 80 cm). Öl auf Leinwand.

(Zweiter Teil)

Am selben Tag, etwas später. Sie verlassen das Café, wo sie Eis gegessen und Wein getrunken haben.

Es war die Stunde zwischen Hund und Wolf. [...] Früher suchten sich Liebespaare vor der Trennung einen Stern, an dem sich abends ihre Blicke treffen konnten. Was wollen wir uns suchen?
„Den Himmel wenigstens können sie nicht zerteilen", sagte Manfred spöttisch.
Den Himmel? Dieses ganze Gewölbe[5] von Hoffnung und Sehnsucht, von Liebe und Trauer? „Doch", sagte sie leise. „Der Himmel teilt sich zuallererst."
Der Bahnhof war nahe. Sie gingen durch eine schmale Seitenstraße und hatten ihn vor sich. Manfred blieb stehen. „Dein Koffer!". Er sah, dass sie nicht mehr zurückgehen würde. „Ich schick ihn dir." Alles, was sie brauchte, hatte sie in der Handtasche.
Sie kamen in den dicksten Abendverkehr. Sie wurden gestoßen, gedrängt, auseinandergetrieben. Er musste sie festhalten, um sie nicht jetzt schon zu verlieren. [...]
Was jetzt nicht beschlossen war, konnten sie nicht mehr beschließen. Was jetzt nicht gesagt war, konnten sie nicht mehr sagen. Was sie jetzt nicht voneinander wussten, würden sie nicht mehr erfahren. [...]
Manfred sah auf die Uhr. Ihre Zeit war genau bemessen. „Geh jetzt", sagte er. Er ging mit ihr bis zur Sperre[6]. Da blieben sie wieder stehen. Rechts zog der Strom[7] zum Bahnsteig hoch an ihnen vorbei, links der Strom zurück in die Stadt. Sie konnten sich auf ihrem Inselchen nicht lange halten. „Geh", sagte Manfred.
Sie sah ihn weiter an.
Er lächelte (sie soll ihn lächeln sehen, wenn sie an ihn denkt). „Leb wohl, braunes Fräulein", sagte er zärtlich[8]. Rita legte ihren Kopf eine Sekunde lang an seine Brust. Noch Wochen später fühlte er den federleichten Druck, wenn er die Augen schloss.
Sie musste dann wohl durch die Sperre und die Treppe hinauf gegangen sein. Sie muss mit einer Bahn gefahren sein, die sie zum richtigen Bahnhof brachte. Sie wunderte sich nicht, dass nun alles leicht und schnell ineinandergriff. Ihr Zug stand schon da, wenig besetzt. Ohne Hast stieg sie ein, nahm Platz, und da fuhren sie schon. So musste es sein.

Christa Wolf, *Der geteilte Himmel*, 1963

1 **die Bestürzung:** *la consternation*
2 **quälen** = weh/tun (a, a)
3 **grell:** *(lumière) vive, crue*
4 **spöttisch:** *d'un ton moqueur*
5 **das Gewölbe (-):** *la voûte*
6 **die Sperre (n):** *le portillon*
7 **der Strom (¨e):** *(ici) le flot de gens*
8 **zärtlich:** *tendrement*

Station M Meine Schwester Henriette

Egon Schiele (1890-1918), *Stehendes Mädchen vom Rücken mit langem rostroten Haar, blauem Kleid und Kappe,* 1908. Aquarell Bleistift.

Seit dem Tod meiner Schwester Henriette existieren meine Eltern für mich nicht mehr als solche. Henriette ist schon siebzehn Jahre tot. Sie war sechzehn, als der Krieg zu Ende ging, ein schönes Mädchen, blond, die beste Tennisspielerin zwischen Bonn und Remagen. Damals hieß es, die jungen Mädchen sollten sich freiwillig[1] zur Flak melden, und Henriette meldete sich, im Februar 1945. Es ging alles so rasch und reibungslos[2], dass ichs gar nicht begriff. Ich kam aus der Schule, überquerte die Kölner Straße und sah Henriette in der Straßenbahn sitzen, die gerade in Richtung Bonn abfuhr. Sie winkte mir zu und lachte, und ich lachte auch. Sie hatte einen kleinen Rucksack auf dem Rücken, einen hübschen dunkelblauen Hut auf und den dicken blauen Wintermantel mit dem Pelzkragen an. Ich hatte sie noch nie mit Hut gesehen, sie hatte sich immer geweigert[3], einen aufzusetzen[4]. Der Hut veränderte sie sehr. Sie sah wie eine junge Frau aus. Ich dachte, sie mache einen Ausflug, obwohl es eine merkwürdige Zeit für Ausflüge war. […]
Ich winkte noch einmal hinter der Straßenbahn her, in der Henriette davonfuhr, ging durch unseren Park nach Hause, wo meine Eltern mit Leo schon bei Tisch saßen. Es gab Brennsuppe, als Hauptgericht Kartoffeln mit Soße und zum Nachtisch einen Apfel. Erst beim Nachtisch fragte ich meine Mutter, wohin denn Henriettes Schulausflug führe. Sie lachte ein bisschen und sagte: „Ausflug. Unsinn. Sie ist nach Bonn gefahren, um sich bei der Flak zu melden." […] Ich sah Vater an. Er blickte auf seinen Teller und sagte nichts. Auch Leo schwieg, aber als ich meine Mutter noch einmal ansah, sagte sie mit ihrer sanften Stimme: „Du wirst doch einsehen[5], dass jeder das Seinige tun muss, die jüdischen Yankees von unserer heiligen deutschen Erde wieder zu vertreiben." Sie warf mir einen Blick zu, mir wurde unheimlich[6], sie sah dann Leo mit dem gleichen Blick an, und es schien mir, als sei sie drauf und dran[7], auch uns beide gegen die jüdischen Yankees zu Felde zu schicken[8]. „Unsere heilige deutsche Erde", sagte sie, „und sie sind schon tief in der Eifel drin." Mir war zum Lachen zu Mute, aber ich brach in Tränen aus, warf mein Obstmesser hin und lief auf mein Zimmer. […] Ich trat gegen den Stuhl, der vor meinem Bett stand, und als er nicht umfiel, trat ich noch einmal dagegen. Er kippte[9] endlich und schlug die Glasplatte auf meinem Nachttisch in Stücke. Henriette mit blauem Hut und Rucksack. Sie kam nie mehr zurück, und wir wissen bis heute nicht, wo sie beerdigt ist. Irgendjemand kam nach Kriegsende zu uns und meldete, dass sie „bei Leverkusen gefallen" sei.

Heinrich Böll, *Ansichten eines Clowns*, 1963

Zur Info

die Flak = **Fl**ugzeug**a**bwehr**k**anone *(en français, la DCA : défense antiaérienne)*

die Eifel: Gebirge zwischen Aachen im Norden und Trier im Süden

Leverkusen ist eine Stadt im Ruhrgebiet zwischen Köln und Düsseldorf.

1 **freiwillig:** *comme volontaire*
2 **reibungslos:** *sans histoire*
3 **sich weigern:** *refuser*
4 **einen Hut auf/setzen:** *mettre un chapeau*
5 **ein/sehen (a, e; ie)** = verstehen (a, a)
6 **mir wurde unheimlich:** *une inquiétude m'envahit*
7 **drauf und dran sein:** *être sur le point de*
8 **zu Felde schicken** = in den Krieg schicken
9 **kippen** = *um/fallen (ie, a; ä)

» Was passiert im Leben Bölls im Jahre 1967? Und 1972?
Recherchieren Sie im Internet und stellen Sie den Mitschülern Ihre Ergebnisse vor.

Station N Vorsicht, Humor!

FICHE ÉLÈVE

Leo Leike und Emmi Rothner kennen sich nicht. Sie sind aber per E-Mail in Kontakt getreten, weil Frau Rothner eine falsche Adresse eingegeben hat und immer wieder E-Mails an Herrn Leike geschickt hat. Sie wollte eigentlich ihr Abonnement der Zeitschrift „Like“ kündigen.

Zwei Stunden später

AW:

Liebe Frau Rothner, schön, dass Sie mir schreiben, ich habe Sie schon vermisst. Ich war bereits knapp dran, mir ein Like-Abonnement zuzulegen[1]. (Vorsicht, aufkeimender[2] Humor!) Und Sie haben mich tatsächlich per „Google“ gesucht? Das finde ich überaus schmeichelhaft[3]. Dass ich für Sie ein „Professor“ sein könnte, gefällt mir, ehrlich gestanden, eher weniger. Sie halten mich für einen alten Sack, stimmt's? Steif[4], pedantisch, besserwisserisch. Nun, ich werde mich nicht krampfhaft bemühen, Ihnen das Gegenteil zu beweisen, sonst wird es peinlich. Vermutlich schreibe ich derzeit einfach älter, als ich bin. Und, mein Verdacht[5]: Sie schreiben jünger, als Sie sind. Ich bin übrigens Kommunikationsberater und Uni-Assistent für Sprachpsychologie. Wir arbeiten gerade an einer Studie [...] über die E-Mail als Transportmittel von Emotionen. Deshalb neige ich ein wenig zum Fachsimpeln[6], ich werde mich aber künftig zurückhalten[7], das verspreche ich Ihnen.
Dann überstehen Sie einmal die Faschingsfeierlichkeiten[8] gut! Wie ich Sie einschätze, haben Sie sich bestimmt ein schönes Kontingent an Pappnasen und Tröten[9] zugelegt. ☺
Alles Liebe, Leo Leike.

22 Minuten später

RE:

Lieber Herr Sprachpsychologe, jetzt teste ich Sie einmal: Was glauben Sie wohl, welcher Ihrer soeben erhaltenen Sätze für mich der interessanteste war, so interessant, dass ich Ihnen gleich eine Frage dazu stellen müsste (würde ich Sie nicht vorher testen)?
Und hier noch ein guter Tipp, Ihren Humor betreffend: Ihren Satz „Ich war bereits knapp dran, mir ein Like-Abonnement zuzulegen“ habe ich als zur Hoffnung Anlass gebend[10] empfunden! Mit Ihrer Zusatzbemerkung „(Vorsicht, aufkeimender Humor)“ haben Sie leider wieder alles verpatzt[11]: Einfach weglassen! Und auch die Sache mit den Pappnasen und Tröten fand ich lustig. Wir haben offenbar den gleichen Nicht-Humor. Trauen Sie mir aber ruhig zu, Ihre Ironie zu erkennen und verzichten Sie auf den Smiley! Alles Liebe, ich find es echt angenehm, mit Ihnen zu plaudern[12]. Emmi Rothner.

Zehn Minuten später

AW:

Liebe Emmi Rothner, danke für Ihre Humortipps. Sie werden am Ende noch einen lustigen Mann aus mir machen. Noch mehr danke ich für den Test! Er gibt mir Gelegenheit Ihnen zu zeigen, dass ich doch (noch) nicht der Typ „alter selbstherrlicher Professor“ bin. Wäre ich es, dann hätte ich vermutet: Der interessanteste Satz müsste für Sie „Wir arbeiten gerade an einer Studie ... über die E-Mail als Transportmittel von Emotionen“ gewesen sein. So aber bin ich sicher. Am meisten interessiert Sie: „Und, mein Verdacht: Sie schreiben jünger als Sie sind.“ Daraus ergibt sich für Sie zwingend die Frage: Woran glaubt der das zu erkennen? Und in weiterer Folge: Für wie alt hält er mich eigentlich? Liege ich richtig?

Daniel Glattauer, *Gut gegen Nordwind*, 2006

1 **sich etw. zu/legen:** *s'acheter qc.*
2 **aufkeimend:** *naissant*
3 **schmeichelhaft:** *flatteur*
4 **steif:** *guindé*
5 **der Verdacht:** *le soupçon*
6 **fachsimpeln** (umgs.): *parler boutique*
7 **sich zurück/halten (ie, a; ä):** *se réfréner, se retenir*
8 **der Fasching (-s)** = der Karneval
9 **Pappnasen und Tröten:** *nez rouges et trompettes (attributs typiques du carnaval)*
10 **zu etw. Anlass geben (a, e; i):** *prêter à qc.*
11 **etw. verpatzen:** *rater qc.*
12 **plaudern:** *bavarder*

» Sehen Sie sich die Grußformel in diesen drei E-Mails an. Wie wird sich das Verhältnis der beiden Figuren Ihrer Meinung nach weiterentwickeln?

Station O Der Blaupunkt

FICHE ÉLÈVE

Leo Auberg, ein junger Rumäniendeutscher, der nach dem Zweiten Weltkrieg in ein russisches Arbeitslager deportiert worden ist, erinnert sich an das Elternhaus, als er eines Tages Musik hört. Da sagt er sich berührt: „Das kannte ich von zu Hause aus dem Radio, Liszt mit den Sondermeldungen vom Krieg."

Mein Vater hatte sich schon 1936 für die Olympischen Spiele in Berlin den Blaupunkt mit dem grünen Katzenaugen gekauft. In diesen aufregenden Zeiten, sagte er. Der Blaupunkt hatte sich ausgezahlt, später wurden die Zeiten noch aufregender. Es war drei Jahre später, Anfang September und wieder die Zeit des kalten Gurkensalats im Schatten auf der Veranda. Auf dem Ecktischchen stand der Blaupunkt, an der Wand daneben hing die große Europakarte. Aus dem Blaupunkt schallte das Taatatatataaa, Sondermeldung. Der Vater kippte den Stuhl, bis sein Arm zum Radioknopf reichte, und stellte den Ton laut. Alle hörten auf zu reden und mit dem Besteck zu klappern. Sogar der Wind horchte durchs Verandafenster. Was am 1. September begonnen hatte, nannte mein Vater Blitzkrieg. Die Mutter sagte Polenfeldzug[1]. Mein Großvater hatte, von Pula aus, als Schiffsjunge eine Weltumsegelung[2] hinter sich und war ein Skeptiker. Den interessierte immer, was die Engländer zu der Sache sagen. Zu Polen nahm er lieber noch einen Löffel Gurkensalat und schwieg[3]. Meine Großmutter sagte, dass Essen eine Familiensache ist und mit der Politik im Radio nicht zusammenpasst.
Im Aschenbecher neben dem Blaupunkt hatte mein Vater, er war Zeichenlehrer, auf Stecknadeln[4] mit bunten Köpfen dreieckige rote Siegesfähnchen montiert. 18 Tage rückte der Vater seine Fähnchen[5] auf der Karte ostwärts. Dann wars, sagte Großvater, mit Polen vorbei. Und mit den Fähnchen. Und mit dem Sommer. Die Großmutter zupfte die Fähnchen von der Europakarte und von den Stecknadeln und räumte die Stecknadeln in ihre Nähschachtel[6] zurück. Und der Blaupunkt wanderte ins Schlafzimmer zu meinen Eltern. Durch drei Wände hörte ich in aller Früh das Wecksignal von Radio München. Die Sendung hieß Morgenturnen[7], und der Fußboden begann rhythmisch zu vibrieren. Die Eltern turnten dirigiert vom Turnlehrer im Blaupunkt. Und mich schickten die Eltern, weil ich zu pummelig war und soldatischer werden sollte, einmal pro Woche zum privaten Turnunterricht.

Herta Müller, *Atemschaukel*, 2009

1 **der Feldzug (¨e):** *la campagne militaire*
2 **die Weltumsegelung (en):** *le tour du monde à la voile*
3 **schweigen (ie, ie):** *se taire*
4 **die Stecknadel (n):** *l'épingle*
5 **das Fähnchen (-):** *le petit drapeau*
6 **die Nähschachtel (n):** *la boîte à couture*
7 **turnen:** *faire de la gymnastique*

Zur Info

- **Blaupunkt:** das 1923 gegründete Berliner Unternehmen „Radiotelefon- und Apparatefabrik Ideal" wurde ein Jahr später nach einem seiner Produkte „Blaupunkt" benannt. 1932 stellte das Unternehmen das erste Autoradio in Europa her.
- **Pula** ist eine Stadt in Kroatien.

Herta Müller, 1953 in Rumänien geboren, wurde 2009 für ihr Werk mit dem Literaturnobelpreis ausgezeichnet. Sie ist seit der ersten Verleihung des Preises im Jahre 1901 eine der 13 deutschsprachigen Autoren, die mit dem Nobelpreis ausgezeichnet wurden.

›› Machen Sie im Internet Recherchen über den „Volksempfänger".
Wie haben die Deutschen zu Hitlers Zeit diesen Radioapparat genannt? Warum?

Station P Das Rätsel des Ausdrucks „interessant“

FICHE ÉLÈVE

1 **eingelegt:** *mariné*
2 **selbstgebacken:** *fait maison*
3 **der Nudelsalat (e):** *la salade de pâtes*
4 **ihm steht eine Prüfung bevor:** *une épreuve l'attend*
5 **köstlich:** *délicieux*
6 **verdrücken:** *engloutir*
7 **verlegen:** *embarrassé*
8 **die Naturerscheinung (en):** *le phénomène naturel*
9 **verschlüsselt:** *codé*
10 **der Verriss (e):** *la critique violente*
11 **scheußlich:** *infect*

In Damaskus fühlt sich ein Gastgeber beleidigt, wenn seine Gäste etwas zu essen mitbringen. Und kein Araber käme auf die Idee, selber zu kochen oder zu backen, wenn er eingeladen ist. Die Deutschen sind anders. Wenn man sie einlädt, bringen sie stets etwas mit: Eingekochtes vielleicht oder Eingelegtes[1], manchmal auch selbstgebackenen[2] Kuchen und in der Regel Nudelsalat[3]. Man sagt, wenn man zehn Deutsche einlädt, sollte man mit drei Nudelsalaten rechnen. […]

Auch nach dreißig Jahren in Deutschland finde ich Nudelsalat noch immer schrecklich.

In Damaskus hungert ein Gast am Tag der Einladung, weil er weiß, dass ihm eine Prüfung bevorsteht[4]. Er kann nicht bloß einfach behaupten, dass er das Essen köstlich[5] findet, er muss es beweisen, indem er eine Unmenge davon verdrückt[6]. Das grenzt oft an Körperverletzung, denn keine Ausrede hilft. […]

Den Ruf eines großzügigen Gastgebers zu haben freut einen Araber wie sonst nichts auf der Welt.

Deutsche einzuladen ist angenehm. Sie kommen pünktlich. Sagen sie um vier, dann kommen sie um vier, manchmal sogar Viertel vor. „Wir haben mit Stau gerechnet“, erklären sie dem verlegenen[7] Gastgeber.

Im Gegensatz zu Italienern, Arabern, Spaniern und Griechen, deren mediterrane üppige Küche sie zu hochnäsig und zu feige macht, um sich auf andere Speisen einzulassen, sind die Deutschen sehr mutig, ihre eher bescheidene Küche zu verlassen und andere, exotische Gerichte zu probieren. […]

Gudrun Petersdorff (1955-), *Angeschnittene Torte mit Erdbeeren*, 2007 (80,5 × 80,5 cm).

Auch wenn den Deutschen das Essen gar nicht schmeckt, bleiben sie sehr höflich. Sie lächeln und sagen knapp: „Interessant.“ Ich habe mich jahrelang gefragt, warum die Deutschen, Enkel der Dichter und Philosophen, ein Essen interessant finden. Ein Essen kann nicht interessant sein. Es ist weder eine mathematische Gleichung noch eine Naturerscheinung[8]. Es schmeckt oder es schmeckt nicht. Ich hielt den Ausdruck für unpräzise, unbeholfen. Erst vor kurzem konnte ich diese höchst verschlüsselte[9] Aussage dechiffrieren. Meine Güte! Die heutigen Deutschen machen ihren Vorfahren alle Ehre. Interessant – das ist eine geballte, auf ein Wort verdichtete Kritik, die die Verrisse[10] des unbarmherzigsten Literaturkritikers wie süße Limonade wirken lässt. Sie meinen: Interessant, wie man aus wunderbaren Produkten und Ingredienzen so ein scheußliches[11] Gericht kochen kann. Das alles steckt in diesem Wort.

Rafik Shami,
Eine deutsche Leidenschaft namens Nudelsalat, 2011

» Stellen Sie sich vor, dass ein Deutscher zu Besuch bei dem Autor ist. Wie würde der Gastgeber reagieren ? Was könnte er dabei sagen?

Station Q Ein Mick-Jagger-Fan

FICHE ÉLÈVE

Die Geschichte spielt 1973 in der DDR. Alexander Umnitzer, 20 Jahre alt, ist zum Militärdienst einberufen worden und muss bei der Volksarmee zwei Jahre dienen. Er befindet sich jetzt an der deutsch-deutschen Grenze in der Nähe von Halberstadt.

Am siebenten Tag standen sie im Gelände. […] Der Stahlhelm[1] drückte, […] die Gasmaskentasche um den Hals, die Kalaschnikow über der Schulter. Die Ohren, noch immer ungewohnt nackt, begannen zu zwicken[2] im scharfen Wind. […] Alexander sah auf den Nacken des Vordermanns, auf seine Ohren […] – und musste auf einmal an *Mick Jagger* denken; fragte sich, was wohl jetzt, während er hier stand, auf diesem Übungsgelände, das *Katzenkopf* hieß, und auf die roten Ohren seines Vordermanns starrte, ein Mensch wie Mick Jagger tat. Undeutlich erinnerte er sich an ein Foto aus irgendeiner Westzeitschrift: Mick Jagger in seinem Schlafzimmer, in einem flauschigen[3] Pullover und Leggins, ein bisschen weiblich, verschlafen, offenbar war er gerade aufgestanden, vielleicht, so stellte sich Alexander vor, würde er im nächsten Augenblick in eine sonnige, große Küche gehen, sich einen Kaffee brühen, […] würde ein frisches Käsebrötchen und Weintrauben essen (oder wer weiß, was die da drüben[4] aßen) und würde dann, während Alexander über den Katzenkopf robbte[5] oder Trockenschießübungen[6] machte […], ein bisschen auf der Gitarre klimpern und ein paar Einfälle notieren, oder sich in einer bizarren Limousine zum Studio kutschieren lassen, um einen neuen Song aufzunehmen, den er dann auf der nächsten Tournee der Weltöffentlichkeit präsentierte, einer Tournee, bei der er, Alexander, nicht dabei sein würde, so wie er auf keiner Rolling-Stones-Tournee je dabei gewesen war, […] niemals, dachte Alexander, während er mit Stahlhelm […] auf dem Katzenkopf stand und auf die roten Ohren seines Vordermanns starrte, niemals würde er die Rolling Stones *live* erleben, niemals würde er Paris oder Rom oder Mexiko sehen, niemals Woodstock, noch nicht einmal Westberlin mit seinen Nacktdemos und seinen Studentenrevolten, seiner freien Liebe und seiner Außerparlamentarischen Opposition, nichts davon, dachte Alexander, während jetzt irgendein Unterfeldwebel[7] […] erläuterte, welche Position vom Schützen[8] beim Liegendschießen einzunehmen sei, […] nichts davon würde er je sehen, nichts davon würde er miterleben, weil zwischen hier und dort, […] zwischen der kleinen, engen Welt, in der er sein Leben würde verbringen müssen, und der anderen, der großen, weiten Welt, in der das große, das wahre Leben stattfand – weil zwischen diesen Welten eine Grenze verlief, die er, Alexander Umnitzer, demnächst auch noch *bewachen*[9] sollte.
Das war am siebenten Tag.

Eugen Ruge,
In Zeiten des abnehmenden Lichts,
2011

Eugen Ruge, 1954 in Soswa im Ural geboren, hat bis 1988 in der DDR gelebt und dort Mathematik studiert. 2011 gewann er den Deutschen Buchpreis für seinen Roman *In Zeiten des abnehmenden Lichts*.

1 **der Stahlhelm (e):** *le casque*
2 **zwicken:** *pincer*
3 **flauschig:** *doux, moelleux*
4 **„drüben"**: *de l'autre côté*, ein Ausdruck für „das andere Deutschland"
5 **robben:** *ramper*
6 **die Trockenschießübung:** *l'exercice de tir à blanc*
7 **der Unterfeldwebel (-):** *le sergent-chef*
8 **der Schütze (n, n):** *le tireur*
9 **die Grenze bewachen:** *garder, surveiller la frontière*

Zur Info

Halberstadt: Kreisstadt des Landeskreises Harz in Sachsen-Anhalt, eine Garnisonsstadt seit dem 17. Jahrhundert (bis 1994). Zu DDR-Zeiten war das Kasernengelände Sitz der DDR-Grenztruppen.

die Außerparlamentarische Opposition = die APO: eine Studentenbewegung der 60er Jahre, keine Partei, sondern eine Opposition, die im Parlament nicht vertreten war.

Der Weg zum Ziel

Weg 1 Treffen

Ihre Aufgabe:

Spielen Sie das Treffen zweier Figuren aus diesen Texten. Stellen Sie sich vor, dass sie sich zum ersten Mal sehen, aber schon vorher per E-Mail oder Brief in Kontakt waren.

›› Frage zur Station J

Beschreiben Sie den Charakter des Buchsammlers.

›› Fragen zur Station N

1. Welches Porträt würden sie von diesen zwei Figuren anhand ihrer E-Mails machen?
2. Glauben Sie, dass sie sich treffen werden? Welche Textstellen können Ihre Meinung belegen?

›› Frage zur Station P

Was ist dem Erzähler nach die Reaktion eines arabischen Gastgebers, wenn er Deutsche einlädt?

Weg 2 Figuren, Traditionen und Mythen

Ihre Aufgabe:

Schreiben Sie für einen der vier Texte die Bühnenanweisungen (Handlungsort, Kostüme, Charakter der Figuren). Ihre Inszenierung können Sie dann spielen.

›› Fragen zur Station A

1. Lore Lay wird „Zauberin" genannt, was an die „Hexe" im Mittelalter erinnert. Finden Sie im Text Elemente, die diese Epoche erwähnen.
2. Was hat der Liebste der Lore Lay angetan? Was ist ihre letzte Hoffnung oben auf dem Felsen?

›› Fragen zur Station C

1. Was empfindet Faust, als er an sein Leben zurückdenkt?
2. Wer ist die Figur, die ihm erscheint?

›› Frage zur Station D

Woran erinnert sich der Erzähler? Warum ist für ihn der Lindenbaum so wichtig?

›› Frage zur Station E

Welche Eigenschaft wird jedem Vogel zugeteilt?

Weg 3 Der Schriftsteller und die Gesellschaft

Ihre Aufgabe:

Wählen Sie ein bekanntes Frauenbild als Identifikationsfigur der Frauenbewegung und erklären Sie Ihre Wahl. Benutzen Sie Ihre Argumente, um eine Wahlrede zur Verteidigung der Frauenrechte zu schreiben.

›› Frage zu Stationen B und I (2. Teil)

Inwiefern ähnelt die Romanfigur Effi der Schriftstellerin Karoline von Günderrode?

›› Frage zur Station I

Wie steht Theodor Fontane zu der Moral und den Ansprüchen der Gesellschaft?

›› Frage zu Stationen H und L (1. Teil)

Inwiefern kann man beide Situationen vergleichen? Argumentieren Sie mit Elementen aus den Texten.

›› Frage zur Station L (2. Teil)

Was ahnt Manfred wohl im folgenden Satz: „Er musste sie festhalten, um sie nicht jetzt schon zu verlieren" ▸ Z. 15?

Weg 4 Traum und Wirklichkeit

Ihre Aufgabe:

Erzählen Sie von einem Traum oder einem Projekt. Warum ist es so schwer, seine Träume zu verwirklichen?

›› Frage zur Station B

Inwiefern ist die junge Schriftstellerin zwischen Traum und Wirklichkeit „zerrissen"?

›› Frage zur Station C

Was erwartet Faust von der Magie?

›› Frage zur Station F

Wozu dient eine Wünschelrute? Ein Zauberwort? Wozu soll das Zauberwort dem Dichter dienen?

» Fragen zu Stationen L und Q

1. In beiden Auszügen ist die Rede von zwei Welten, einer „freien", „weiten" Welt und einer „kleinen", „engen" Welt. Um welche Welten handelt es sich? Was meinen die Protagonisten mit diesen Adjektiven? Wovon träumt jeder?

2. Worin liegt das Absurde in Alexanders Situation? Was ist tragisch an Manfreds Situation?

Weg 5 Anders denken: die letzte Freiheit

Ihre Aufgabe:

Wieder allein in seinem Zimmer, schreibt der Junge in „Ansichten eines Clowns" in seinem Tagebuch, wie ihn die Diskussion mit seiner Mutter berührt hat.

» Frage zu Stationen B (1. Brief) und I (2. Teil)

Diese Frauen sehnen sich nach Freiheit und Anerkennung. Stellen Sie Sich vor, was die „weiblichen Tugenden" um 1800 waren.

» Frage zur Station I (1. Teil)

Was fällt Effi beim Besuch ihrer Tochter auf?

» Fragen zur Station M

1. Wie verstehen Sie: „Die jungen Mädchen sollten sich freiwillig zur Flak melden" ▸ Z. 6? Erklären Sie, wie ein sechzehnjähriges Mädchen wie Henriette sich darauf freuen kann.

2. Warum ist der Erzähler siebzehn Jahre später seinen Eltern immer noch böse?

» Fragen zur Station Q

1. Alexander befindet sich auf dem Übungsgelände. Warum fällt ihm plötzlich gerade da das Foto von Mick Jagger ein?

2. Welche Bilder sind für ihn mit Westberlin verbunden? Was haben diese Bilder gemeinsam?

Weg 6 Rückblicke und Schicksal

Ihre Aufgabe:

In fünf der Texte geschieht etwas, was die Hauptfigur an ihre Vergangenheit erinnert. Übernehmen Sie die Rolle einer der Figuren und erfinden Sie zu zweit ein Gespräch: der eine erzählt von dieser Vergangenheit und beschreibt seine Emotionen, der andere spielt den Gesprächspartner.

» Frage zu Stationen D und K

Wer spricht Ihrer Meinung nach in jedem Gedicht?

» Frage zu Station D

Mit welchem Wort aus der Romantik wird das Ende des Lebens gekennzeichnet? Das Wort hat hier eine Doppelbedeutung: Welche? Schlagen Sie Ihre eigene Interpretation des Gedichts vor.

» Frage zur Station I

Wie versucht Effi, mit ihrer Tochter wieder Kontakt aufzunehmen?

» Frage zur Station M

Beschreiben Sie Henriette, wie der kleine Bruder sie in der Straßenbahn sieht. Was macht ihn unruhig?

» Fragen zur Station O

1. Der Blaupunkt spielt in diesem Text die Hauptrolle: Warum ist dieser Gegenstand in Leos Erinnerungen aus dem Lager wohl so wichtig?

2. Wie reagiert die Familie bei den Sondermeldungen an diesem 1. September 1939? Was halten Sie davon?

Weg 7 Kommunizieren

Ihre Aufgabe:

Schreiben sie die Antwort auf einen der Briefe. Versuchen Sie, entweder in dem gleichen Stil zu antworten oder wählen Sie eine andere Ausdrucksform. Es kann also eine E-Mail, eine SMS, ein Brief oder ein Chat sein.

» Fragen zur Station B

1. Mit wem spricht Karoline von Günderrode in ihrem ersten Brief? Erwartet sie eine Antwort?

2. Im zweiten Brief spricht sie von Stürmen. Was ist in ihrem Leben wohl passiert? Welche Gefühle empfindet sie beim Schreiben?

» Fragen zur Station G

1. Welche Bilder kennzeichnen die Freundschaft zwischen den beiden Frauen?

2. Über welche Themen tauschen sie sich aus?

» Fragen zur Station N

1. Vergleichen Sie diese E-Mails mit dem Briefwechsel zwischen Bettina und Karoline ▸ S. 220. Was fällt Ihnen auf?

2. Wie würden Sie das Verhältnis zwischen Emmi und Leo beschreiben?

Wim Wenders

1. Mit Blick auf... Wenders' Generation

Wim Wenders gehört einer Generation von Regisseuren an, die sich von der Last der Vergangenheit befreien mussten, um als deutsche Künstler einen neuen Weg zu finden.

Infosuche

1 **Suchen Sie nach biografischen Informationen über Rainer Werner Fassbinder, Volker Schlöndorff, Werner Herzog, Margarethe von Trotta und Wim Wenders. Wann sind sie geboren?**

Rainer Werner Fassbinder

Volker Schlöndorff

Werner Herzog

Margarethe von Trotta

2 **Lesen Sie den ersten Teil des Interviews mit Wim Wenders über das amerikanische Kino.**

SÜDDEUTSCHE ZEITUNG: In Ihren frühen Filmtexten priesen Sie das amerikanische Kino als eines, das die physische Realität in besonderer Weise wahrnimmt und zur Geltung bringt[1].

WIM WENDERS: Schon weil mir das europäische Kino damals so kopflastig[2] vorkam, und das amerikanische Kino von Anthony Mann und Howard Hawks zum Beispiel diese Lust hatte am Gehen, Laufen, Reiten, Handeln. Das war für mich, der ich damals ja auch noch Philosophiestudent war, die Offenbarung[3]: diese Lust an physischen Bewegungsabläufen, an der physischen Präsenz der Dinge.

Süddeutsche Zeitung, 06.10.2004

1 **zur Geltung bringen (a, a):** *mettre en évidence* – 2 **kopflastig:** *(trop) intellectuel* – 3 **die Offenbarung:** *la révélation*

➤ **Wie sieht Wim Wenders das amerikanische Kino, bzw. die Vereinigten Staaten?**

Infosuche

3 **Welches Bild gibt Rainer Werner Fassbinder von den Amerikanern in seinem Film *Die Ehe der Maria Braun*? Warum lernt Maria Braun nach dem Krieg englisch?**

2. Mit Blick auf... Wenders' Ästhetik

In Wim Wenders' Film *Der Himmel über Berlin* (1987) begleitet der Engel Cassiel (Otto Sander) einen alten Mann (Elmar Wilms) auf seiner Suche.

- **Wo wurden diese Bilder Ihrer Meinung nach gemacht?**
- **Welchen Eindruck machen sie auf Sie?**

1 Lesen Sie nun den Monolog des alten Mannes aus *Der Himmel über Berlin*.

Ich kann den Potsdamer Platz nicht finden. Hier? Das kann er doch nicht sein. Denn am Potsdamer Platz, da war doch das *Café Josty*. Nachmittags hab' ich mich da unterhalten und einen Kaffee getrunken, das Publikum beobachtet, vorher meine Zigarre geraucht. Bei *Loese und Wolf*, ein renommiertes Tabakgeschäft, gleich hier gegenüber. Also, das kann er ja nicht sein, der Potsdamer Platz, nein. Man trifft keinen, den man fragen kann. Nein. Es war ein... ein belebter Platz: Straßenbahnen, Omnibusse mit Pferden und zwei Autos, meines und das vom Schokoladen Hamann. Das Kaufhaus *Wertheim* war auch hier. Und dann hingen plötzlich Fahnen dort. Der ganze Platz war vollgehängt mit und die Leute waren gar nicht mehr freundlich und die Polizei auch nicht. Ich gebe so lange nicht auf, bis ich den Potsdamer Platz gefunden habe!

- **Was sucht der alte Mann?**
- **Was hat er in Erinnerung? Was hat er vor den Augen? Was ist inzwischen passiert?**

In *Paris, Texas* (1984) irrt Travis (Harry Dean Stanton) ziellos durch eine wilde Landschaft.

Infosuche

2 Suchen Sie nach der Definition eines *road movie*. Entspricht diese Definition den beiden Filmen von Wim Wenders?

- Wie erscheinen die Menschen in *Der Himmel über Berlin* und in *Paris, Texas*?
- Was haben die Bilder aus den beiden Filmen gemeinsam? Welche Unterschiede gibt es Ihrer Meinung nach?

3 **Lesen sie nun den zweiten Teil des Interviews.**

SÜDDEUTSCHE ZEITUNG: Dann haben Sie Amerika kennen gelernt und 1984 einen Text verfasst: „Der amerikanische Traum", der vom Ende dieses Traums handelt.

WIM WENDERS: 1984, nach *Paris, Texas*, habe ich meinen Wohnsitz in New York aufgegeben und bin zurück nach Berlin gegangen. Der Grund dafür war letztlich die Politik Ronald Reagans. Plötzlich lagen da vor dem Haus, in dem ich in New York wohnte, Hunderte von Obdachlosen, Menschen, die keine Chance mehr hatten, die zu Aussätzigen[1] geworden waren – direkte Folge einer Politik, die ich als absolut verantwortungslos und unmenschlich empfand. Ich wollte da nicht leben. In meinem Abschiedsschmerz habe ich diesen Text damals geschrieben, weil ich vom Vakuum[2] in Amerika sprechen wollte, diesem Mangel an Offenheit für die Welt, von dieser Politik, in der Amerika seine eigene Religion geworden ist. Was heute ganz offensichtlich[3] wird.

SÜDDEUTSCHE ZEITUNG: Die Bilder aus dem Obdachlosen-Asyl in *Land of Plenty* wirken wie ein Schock...

WIM WENDERS: Ich hatte die Hoffnung, dass das wie ein Schock wirkt. Dieses Land des Überflusses[4] ist innen ein Vakuum, ein Land der Dürre, der Armut: geistiger, seelischer, sozialer, politischer Armut.

Süddeutsche Zeitung, 06.10.2004

1 **aussätzig:** *exclu* – 2 **das Vakuum:** *le vide* – 3 **offensichtlich:** *qui est manifeste, évident* – 4 **der Überfluss:** *l'abondance*

➤ **Warum hat Wenders die USA wieder verlassen?**

➤ **Welchen Widerspruch sieht Wenders in der amerikanischen Lebensweise?**

Infosuche

4 **Suchen Sie nach Informationen über den amerikanischen Regisseur Michael Moore. Inwiefern sieht er die USA wie Wim Wenders?**

Infosuche

5 **Welche Geschichte erzählt der Film *Alice in den Städten*? Was verbindet diesen Film mit Wenders' Biografie?**

3. Mit Blick auf... Wenders' Weg

Verfassen Sie einen Artikel, um auf folgende Aussage zu reagieren: „Wim Wenders, ein Künstler mit zwei Heimaten". Erklären Sie, ob Sie mit dieser Aussage einverstanden sind.

Bearbeiten Sie dafür folgende Punkte:
- Wenders und seine Generation;
- Was fand Wenders zugleich in Berlin und in den USA?
- der Platz der *road movies* in Wenders' Werk;
- Wenders' Amerika-Bild.

Dada

1. Mit Blick auf... das *Cabaret Voltaire*

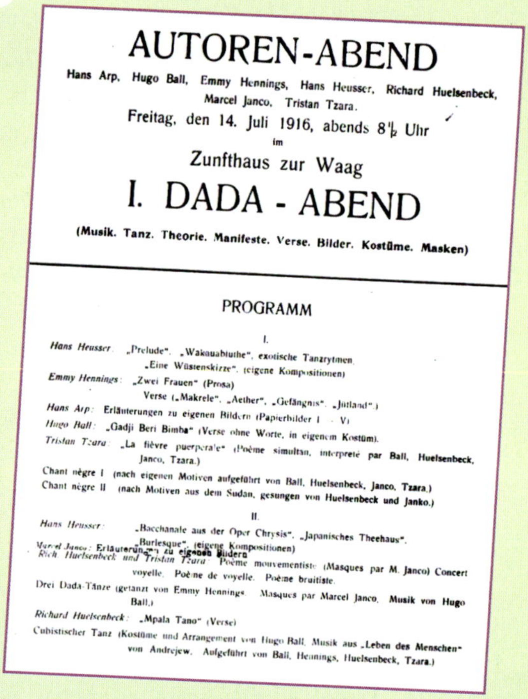

AUTOREN-ABEND

Hans Arp, Hugo Ball, Emmy Hennings, Hans Heusser, Richard Huelsenbeck, Marcel Janco, Tristan Tzara.

Freitag, den 14. Juli 1916, abends 8½ Uhr

im

Zunfthaus zur Waag

I. DADA - ABEND

(Musik. Tanz. Theorie. Manifeste. Verse. Bilder. Kostüme. Masken)

PROGRAMM

I.

Hans Heusser: „Prelude". „Wakauabiuthe", exotische Tanzrytmen. „Eine Wüstenskizze". (eigene Kompositionen)

Emmy Hennings: „Zwei Frauen" (Prosa)
Verse („Makrele". „Aether". „Gefängnis". „Jütland".)

Hans Arp: Erläuterungen zu eigenen Bildern (Papierbilder I – V)

Hugo Ball: „Gadji Beri Bimba" (Verse ohne Worte, in eigenem Kostüm).

Tristan Tzara: „La fièvre puerperale" (Poème simultan, interpreté par Ball, Huelsenbeck, Janco, Tzara.)

Chant nègre I (nach eigenen Motiven aufgeführt von Ball, Huelsenbeck, Janco, Tzara.)

Chant nègre II (nach Motiven aus dem Sudan, gesungen von Huelsenbeck und Janko.)

II.

Hans Heusser: „Bacchanale aus der Oper Chrysis". „Japanisches Theehaus". „Burlesque". (eigene Kompositionen)

Marcel Janco: Erläuterungen zu eigenen Bildern

Rich. Huelsenbeck und Tristan Tzara: Poème mouvementiste (Masques par M. Janco) Concert voyelle. Poème de voyelle. Poème bruitiste.

Drei Dada-Tänze (getanzt von Emmy Hennings. Masques par Marcel Janco. Musik von Hugo Ball.)

Richard Huelsenbeck: „Mpala Tano" (Verse)

Cubistischer Tanz (Kostüme und Arrangement von Hugo Ball. Musik aus „Leben des Menschen" von Andrejew. Aufgeführt von Ball, Hennings, Huelsenbeck, Tzara.)

Zürich 1916: Mitten im Ersten Weltkrieg eröffnen Künstler das *Cabaret Voltaire* und gründen die Dada-Bewegung.

1 **Lesen Sie folgenden Auszug aus dem Dada-Manifest von Hugo Ball.**

Eröffnungs-Manifest

1. Dada-Abend

Zürich, 14. Juli 1916

Dada ist eine neue Kunstrichtung. Das kann man daran erkennen, dass bisher niemand etwas davon wusste und morgen ganz Zürich davon reden wird. Dada stammt aus dem Lexikon. Es ist furchtbar einfach. Im Französischen bedeutet's „Steckenpferd". Im Deutschen heißt's „Addio, steigts mir den Rücken runter. Auf Wiedersehen ein andermal!" Im Rumänischen: „Ja wahrhaftig, Sie haben recht, so ist's. Jawohl, wirklich, machen wir." Und so weiter.

Ein internationales Wort. Nur ein Wort und das Wort als Bewegung[1]. Sehr leicht zu verstehen. Es ist ganz furchtbar einfach. Wenn man eine Kunstrichtung daraus macht, muss das bedeuten, man will Komplikationen wegnehmen.

Hugo Ball

1 **die Bewegung:** *(ici) le mouvement artistique*

Infosuche

2 **Hugo Ball meinte in dem Dada-Manifest:** „Jede Sache hat ihr Wort, aber das Wort ist eine Sache für sich geworden. [...] Warum kann der Baum nicht ‚Pluplusch' heißen? und ‚Pluplubasch' wenn es geregnet hat?"
Suchen Sie nach dem bekannten Gemälde von René Magritte „*Ceci n'est pas une pipe*". Entspricht dieses Werk dem Dada-Manifest?

- **Was wissen Sie über den damaligen politischen Kontext in Europa?**
- **Wie kann man erklären, dass die Dadaisten das *Cabaret Voltaire* in der Schweiz und nicht in München oder Berlin gegründet haben?**
- **Warum hat die Gruppe das Wort Dada gewählt?**

3 Lesen sie nun folgende Dada-Gedichte.

Die Primitiven

indigo indigo
Trambahn Schlafsack
Wanz[1] und Floh
indigo indigai
umbaliska
bumm DADAI

Richard Huelsenbeck

1 **die Wanze:** *la punaise (insecte)*

Zwölf

Eins Zwei Drei Vier Fünf
Fünf Vier Drei Zwei Eins
Zwei Drei Vier Fünf Sechs
Sechs Fünf Vier Drei Zwei
Sieben Sieben Sieben Sieben Sieben
Acht Eins
Neun Eins
Zehn Eins
Elf Eins
Zehn Neun Acht Sieben Sechs
Fünf Vier Drei Zwei Eins

Kurt Schwitters

➤ **In dem Dada-Manifest heißt es, dass man der Kunst „alle Komplikationen wegnehmen" will. Inwiefern sind diese Gedichte ein Beispiel dafür?**

2. Mit Blick auf... Dada-Collagen

1 **Sehen Sie sich diese zwei Collagen an.**

Raoul Hausmann (1886-1971), *ABCD*, 1923-1924.

Kurt Schwitters (1887-1948), *Blauer Vogel*, 1922.

Infosuche

2 **Kurt Schwitters gründete in Hannover seine eigene Gruppe. Wie nannte er sie? Was benutzte er für seine Collagen? Gehörten Kurt Schwitters und Raoul Hausmann derselben Gruppe an? Benutzten sie dieselben Technik?**

George Grosz (1893-1959), *Dada-Bild*, 1920.

Infosuche

3 **Vergleichen Sie Grosz' Collage mit dem Bild *Der vitruvianische Mensch* (1492) von Leonardo da Vinci. Was ist gleich, was ist anders? Wie erscheint der Mensch in den beiden Werken?**

Hanna Höch (1889-1978), *Da Dandy*, 1919, (30 × 23 cm). Fotomontage.

Infosuche

4 **Suchen Sie nach Unterschieden zwischen Collage und Fotomontage. Welche Technik benutzte Hanna Höch am meisten? Und die anderen Dadaisten? Suchen Sie auch nach Werken von Helmut Herzfeld.**

Max Ernst (1891-1976), *die chinesische Nachtigall*, 1920, (12,2 × 8,8 cm). Fotomontage.

Indiziensuche

5 In dieser poetischen Fotomontage von Max Ernst steckt eine Kritik des Militarismus. Wie wird diese Kritik in dem Werk dargestellt?

- **Welches Material benutzen die Dadaisten für ihre Collagen oder Fotomontagen?**
- **Welche Elemente kommen immer wieder vor?**
- **Was wollten die Dadaisten Ihrer Meinung nach ausdrücken?**
- **Mit welchen Wörtern identifizieren sich Ihrer Meinung nach die Dada-Künstler?**

Um Ihnen zu helfen

die Tradition (en) • der Zufall (¨-e) • der Nonsens • rationell • international • spielerisch • die Provokation (en) • die Primitivität (en) • nationalistisch • universell • das Experiment (e) • konventionell • der Widerstand (¨-e) • der Zweifel (-) • die Logik (en) • die Anpassung (en)

6 Was akzeptieren und was kritisieren die Dadaisten?

den Ersten Weltkrieg – die politischen und künstlerischen Traditionen – neue Wege – die bürgerlichen Konventionen – die Fantasie – die Spießbürger – die internationalen Spannungen – die wahre Natur des Menschen – den Rhythmus der Sprache – die eigene Sprache

Um Ihnen zu helfen

Benutzen Sie folgende Verben, um Sätze zu bilden, z. B.: *Die Dadaisten protestieren gegen den Ersten Weltkrieg.*

akzeptieren	kritisieren
befreien • freien Lauf lassen (ie, a; ä) • folgen wollen • schaffen (u, a) • sich für etw. engagieren • akzeptieren • verteidigen	gegen etw. protestieren • an/greifen (i, i) • sich von etw. befreien • stören wollen • bekämpfen

3. Mit Blick auf... unsere Epoche

Sie organisieren eine Ausstellung mit dem Titel „Dada lebt!"

Entwerfen Sie Werke für diese Ausstellung, die einen dadaistischen Blick auf unsere heutige Gesellschaft werfen will.
Einigen Sie sich zuerst auf eine Definition der Dada-Geste. Beachten Sie dabei die Form und den Inhalt. Welches Motiv muss unbedingt vorkommen? Welche Technik sollte man benutzen? Sie können auch das Plakat dieser Ausstellung oder Einladungen entwerfen.

Verbindungen zu Amerika

Der Marshall-Plan

Am Ende des Zweiten Weltkrieges waren in Deutschland und in anderen europäischen Ländern die Infrastrukturen stark beschädigt[1]; die Wirtschaft war sehr geschwächt und es herrschte Mangel[2] an Nahrungsmitteln. Der damalige US-Außenminister Georges C. Marshall präsentierte im Juni 1947 ein Programm, das das Wachstum[3] im zerstörten Europa fördern sollte. Schon im Herbst 1948 konnten die europäischen Staaten von diesem „European Recovery Program" profitieren.

Insgesamt erhielten die europäischen Länder zwischen 1948 und 1952 Leistungen[4] im Wert von etwa 13 Milliarden Dollar (Kredite, Waren, Rohstoffe, Nahrungsmittel). In Deutschland ermöglichte diese Hilfe den wirtschaftlichen Aufschwung[5] und das so genannte Wirtschaftswunder.

Der Marshall-Plan war aber auch wichtig für die amerikanische Außenpolitik. Im Kontext des Kalten Krieges war es für die USA in der Tat von großer Bedeutung, die Ausbreitung[6] des Kommunismus zu verhindern.

1 **beschädigen:** *endommager*
2 **der Mangel:** *le manque*
3 **das Wachstum:** *la croissance*
4 **die Leistung (en):** *la prestation*
5 **der Aufschwung:** *l'essor (économique)*
6 **die Ausbreitung:** *la diffusion*

Arnold Schwarzenegger

Arnold Schwarzenegger wurde am 30.07.1947 in der Nähe von Graz (Österreich) geboren. Er wurde weltweit bekannt durch den Bodybuildingsport, den er sehr früh betrieb. Mit 18 Jahren gewann er in Stuttgart die Bodybuilding-Meisterschaft und damit seinen ersten Titel in einer Sportart, die damals vor allem in den USA verbreitet war. Deshalb verließ er auch 1968 seine Heimat, um seine Karriere in den USA fortzusetzen. Arnold Schwarzenegger, der fünfmal mit dem Titel Mister Universum ausgezeichnet wurde, wurde dann auch als Schauspieler weltbekannt, und zwar mit Hollywood-Filmen wie *Conan der Barbar* oder *Terminator*. In den 1990er Jahren startete der Schauspieler als Mitglied der Republikanischen Partei auch eine politische Karriere. Arnold Schwarzenegger, der 1983 die US-Staatsbürgerschaft bekommen hatte, war von 2003 bis 2011 Gouverneur des Staates Kalifornien.

@ Mehr darüber im Internet

www.bundesfinanzministerium.de (Suche: Marshall-Plan)
www.hdg.de (Suche: Nachkriegsjahre)
www.deutschegeschichten.de (▸ 1945-1949 ▸ Vom Schwarzmarkt zur Währungsreform)
www.arnieslife.com
www.spiegel.de (Suche: Arnold Schwarzenegger)

Die HAPAG

Das Kürzel HAPAG steht für „Hamburg-Amerikanische Packetfahrt-Actien-Gesellschaft". Es handelt sich um eine traditionsreiche Reederei[1], die ihren Sitz in der Hansestadt Hamburg hat. Sie wurde 1847 von Hamburger Kaufleuten gegründet[2].

Die ersten Schiffslinien der HAPAG führten von Hamburg nach Nordamerika. Ab 1848 unterhielt[3] die Gesellschaft einen Liniendienst zwischen der Hansestadt und New York. Die Passagiere, die so nach Amerika kamen, waren vor allem Auswanderer, die sich in Amerika ein besseres Leben erhofften. Zu Beginn des 20. Jahrhunderts fuhren die Schiffe der HAPAG in die ganze Welt.

Am 1. September 1970 fusionierte die HAPAG mit der NordDeutschen Lloyd (NDL) aus Bremen. Diese neue Gesellschaft, die Hapag-Lloyd AG, wurde mit dem Containertransport zwischen Europa und Asien zu einer der wichtigsten Reedereien der Welt.

1 **die Reederei (en):** *la société de transport maritime*
2 **gründen:** *fonder*
3 **unterhalten (ie, a; ä):** *(ici) gérer*

The New Bauhaus

Nach Hitlers Machtergreifung 1933 wurde das Bauhaus in Berlin aufgelöst. Mitglieder der Kunstschule (z. B. Lyonel Feininger) mussten wie viele andere Künstler das Land verlassen und emigrierten in die Vereinigten Staaten. 1937 wurde in Chicago das *New Bauhaus* gegründet. László Moholy-Nagy, der schon in Weimar, Dessau und Berlin tätig war, übernahm die Leitung der neuen Schule. Walter Gropius, der Gründer und Leiter des Bauhauses von 1919 bis zu seiner Auflösung, war damals im Exil in den USA und unterrichtete zur selben Zeit in Harvard.

Im Mittelpunkt der Ausbildung stand, wie im ursprünglichen Bauhaus, das Experimentieren mit Formen und Materien. Die Philosophie des Bauhaus sollte auch in Amerika präsent sein. Nur die Fotografie nahm in Chicago unter dem Impuls von László Moholy-Nagy einen größeren Platz ein als in Europa. *The New Bauhaus* wurde zwei Mal umbenannt: 1938 in *School of Design* und 1944 in *Institute of Design.*

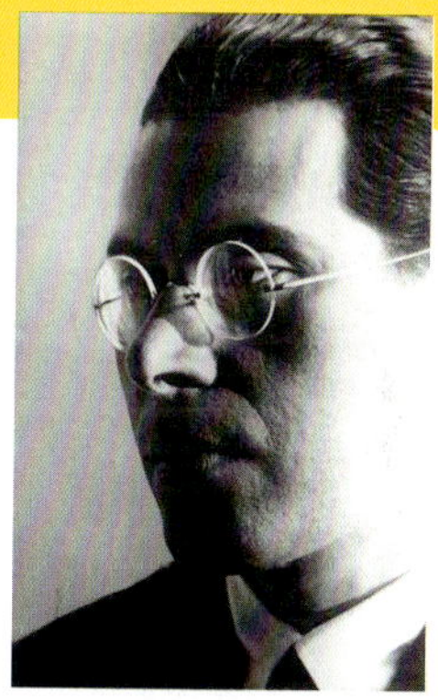

László Moholy-Nagy.

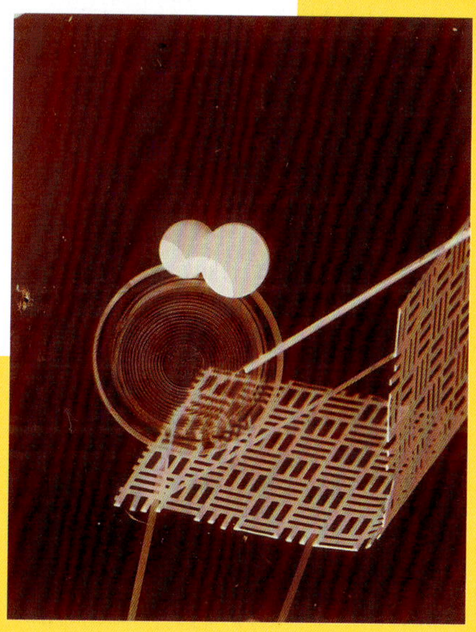

László Moholy-Nagy (1895-1946), *Fotogramm ohne Titel*, um 1937-1946.

@ Mehr darüber im Internet

www.hapag-lloyd.com
www.bauhaus.de (▸ Bauhaus 1919-33) ▸ Nachfolge)

Leipziger Figuren

Johann Sebastian Bach

Johann Sebastian Bach wurde 1685 in Eisenach geboren und starb 1750 in Leipzig. Er gilt als einer der Meister der Barock-Musik. Er schrieb über zweihundert Kantaten und zahlreiche Instrumentalwerke: Orgelstücke, aber auch Kompositionen für Streichinstrumente[1] wie die berühmten *Cello-Suiten* oder die *Partita* für Violine. Bachs Musik basiert auf einer mathematischen Harmonie und leistete[2] sehr viel für die Musiktheorie, insbesondere für die Komposition.

Zu seiner Lebenszeit[3] betrachtete man Bach als einen Virtuosen, aber sein Genie wurde erst nach seinem Tode anerkannt, vor allem im 19. Jahrhundert dank Felix Mendelssohn. Johann Sebastian Bach verbrachte die letzten Jahre seines Lebens als Kantor der Leipziger Thomaskirche, wo er auch begraben ist.

1 **das Streichinstrument (e):** *l'instrument à cordes*
2 **leisten:** *(ici) contribuer*
3 **zu seiner Lebenszeit:** *de son vivant*

Felix Mendelssohn

Felix Mendelssohn Bartholdy, genannt Felix Mendelssohn, wurde am 3. Februar 1809 in Hamburg geboren und starb am 4. November 1847 in Leipzig. Er war der Enkel des berühmten Philosophen Moses Mendelssohn, der zusammen mit Gotthold Ephraim Lessing ein bedeutender Denker der Aufklärung[1] war. Mit 20 Jahren unternahm Felix Mendelssohn eine Konzertreise durch Europa, die ihn nach England und Schottland führte, wo das Publikum ihm bis zum Ende seines Lebens treu blieb. Die letzten Jahre seines Lebens verbrachte er zwischen Berlin – wo er Kapellmeister[2] war – und vor allem Leipzig. Dort gründete er im berühmten Gewandhaus die erste Musikhochschule Deutschlands.
Felix Mendelssohn ist eine bedeutende Figur der Romantik; man hat ihm die Neuentdeckung der Werke Johann Sebastian Bachs zu verdanken, besonders die *Matthäus-Passion*, sowie der Werke von Joseph Haydn (1732-1809).

1 **die Aufklärung:** *le siècle des Lumières*
2 **der Kapellmeister** = der Orchesterdirigent

@ Mehr darüber im Internet

www.bach.de
www.bachhaus.de
www.mendelssohn-stiftung.de

Kurt Masur

Kurt Masur ist am 18. Juli 1927 in Brieg (heute Polen) geboren und ist als Dirigent weltweit bekannt. Er dirigierte zuerst in Halle/Saale und in Erfurt, später in Dresden und Berlin. Schließlich war er von 1970 bis 1997 Kapellmeister am Leipziger Gewandhaus. Ihm ist die Eröffnung des neuen Gewandhauses im Jahre 1981 zu verdanken. Während der so genannten „Montagsdemonstrationen" im Herbst 1989 ergriff[1] Kurt Masur – zusammen mit anderen Persönlichkeiten der Stadt – das Wort und sprach sich für eine friedliche Revolution aus. Er öffnete den Demonstranten das Gewandhaus für Gespräche über die Zukunft der DDR.

Kurt Masur war auch Chefdirigent des New York Philharmonic Orchestra und des London Philharmonic Orchestra. Von 2002 bis 2008 war er in Paris Musikdirektor des Orchestre National de France.

1 **das Wort ergreifen (i, i):** *prendre la parole*

Christian Führer

Schon ab 1982 organisierte Christian Führer als Pfarrer[1] der Leipziger Nikolaikirche jeden Montag Friedensgebete[2]. Im Herbst 1989 konnte die Kirche die immer zahlreicher werdenden Teilnehmer nicht mehr alle aufnehmen, denn diese Gebete waren weit mehr als ein Glaubensbekenntnis[3]. Sie gaben den Menschen die Kraft, an eine Änderung der politischen Lage in der DDR zu glauben. Das Ausmaß[4] der Demonstrationen, die jeden Montag auf das Gebet folgten, zeigte, wie sehr die Leipziger sich eine Reform des SED-Staates herbeiwünschten. Der Pfarrer Christian Führer hat es geschafft, mit friedlichen Gebeten und Protestmärschen die Diktatur ins Schwanken zu bringen und den DDR-Bürgern den Weg zur Demokratie zu öffnen. Christian Führer erhielt 2005 zusammen mit Michail Gorbatschow den Augsburger Friedenspreis.

1 **der Pfarrer (-):** *le pasteur*
2 **das Gebet (e):** *la prière*
3 **das Glaubensbekenntnis (e):** *la profession de foi*
4 **das Ausmaß (e):** *l'ampleur*

@ Mehr darüber im Internet

www.mein-herbst-89.de (Suche: Erlebnisberichte ▸ Sachsen ▸ Leipzig)

Mit Sprache beeinflussen

Die *Bild-Zeitung*

Seit 1952 gibt der Springer Verlag (Hamburg und Berlin) täglich die *Bild-Zeitung* heraus. Sie ist mit rund 3.000.000 Exemplaren die meist verkaufte Zeitung in Deutschland. Man schätzt, dass etwa 12 Millionen Deutsche sie täglich lesen, sei es die Bundesausgabe[1] oder eine der siebenundzwanzig Regional- oder Stadtausgaben.

Die *Bild-Zeitung* benutzt vor allem Schlagwörter[2] und liefert den Lesern, die von dieser Zeitung mehr Sensation als Information erwarten, eine extrem vereinfachte Nachricht. Sie spielt gerne mit den Emotionen und scheut[3] weder Polemik noch Provokation. In seinem 1974 veröffentlichten Buch *Die verlorene Ehre der Katharina Blum* kritisierte Heinrich Böll den Journalismus der *Bild-Zeitung* und die Boulevard-Presse überhaupt, die das Leben eines Bürgers durch eine diffamierende Schlagzeile zerstören kann.

1 **die Bundesausgabe:** *l'édition nationale*
2 **das Schlagwort (¨-er):** *le slogan*
3 **weder Polemik noch Provokation scheuen:** *(ici) ne pas hésiter à être polémique ou provocant*

Der Schwarze Kanal

Ein wichtiges Propagandainstrument des DDR-Fernsehens war „Der Schwarze Kanal", der zwischen März 1960 und Oktober 1989 jeden Montagabend nach dem beliebten Abendfilm und dem Nachrichten-Magazin „Die Aktuelle Kamera" ausgestrahlt[1] wurde. Diese Sendung hatte die Form eines Informationsmagazins, war aber als polemische Konterpropaganda gegen die Medien des Westens konzipiert. Durch die Sendung, deren Ablauf immer derselbe war, führte Karl-Eduard von Schnitzler. Es gab jedesmal ein bestimmtes Thema, das mit Beiträgen[2] aus dem Westfernsehen illustriert wurde. Allerdings waren diese Beiträge oft so gekürzt und neu geschnitten[3], dass ihre Aussagen ganz andere waren. Damit sollte die Verlogenheit[4] des westdeutschen Fernsehens gezeigt werden.

1 **aus/strahlen:** *diffuser*
2 **der Beitrag (¨-e):** *(ici) le sujet*
3 **eine Sendung schneiden (i, i):** *faire le montage d'une émission*
4 **die Verlogenheit:** *l'hypocrisie*

@ Mehr darüber im Internet

www.bild.de
www.chronik-der-mauer.de (▸ Material ▸ O-Töne ▸ 13. August 1961)

Heinrich Böll

Der Schriftsteller Heinrich Böll wurde 1917 in Köln geboren und starb 1985. Seine Karriere als Schriftsteller begann gleich nach dem Zweiten Weltkrieg mit seinem Buch *Der Zug war pünktlich*. Er gehörte der einflussreichen „Gruppe 47" an, die eine wesentliche Rolle in der Wiederbelebung[1] der deutschen Literatur nach dem Trauma des Dritten Reiches spielte.

Die Literatur verstand Heinrich Böll als ein Engagement; sie sollte jedem zugänglich[2] sein. Seine Werke entstanden in der kritischen Auseinandersetzung[3] mit der Gesellschaft, in der er lebte. Er engagierte sich selbst auch politisch und äußerte sich zu den Themen, die Deutschland in den 70er Jahren beschäftigen (u. a. der Terrorismus und der Kalte Krieg).
Heinrich Böll war einer der berühmtesten und beliebtesten Schriftsteller seiner Zeit. 1972 wurde ihm der Literaturnobelpreis verliehen.

1 **die Wiederbelebung:** *le renouveau*
2 **zugänglich:** *accessible*
3 **die Auseinandersetzung (en):** *la discussion*

Günter Grass

Günter Grass wurde 1927 in Danzig (heute Gdansk – Polen) geboren. Nach dem Krieg machte er eine Ausbildung als Bildhauer[1] in Düsseldorf und Berlin und fing gleichzeitig an zu schreiben. Ab 1957 gehörte er der „Gruppe 47" an, der einflussreichsten literarischen Gruppe der Nachkriegszeit. Zwei Jahre später veröffentlichte Günter Grass seinen Roman *Die Blechtrommel*[2], der zu einem riesigen Erfolg wurde. Der Roman, der der erste Teil der so genannten *Danziger Trilogie* sein sollte, wurde 1979 von Volker Schlöndorff verfilmt.
Günter Grass gilt als einer der einfallsreichsten[3] Schriftsteller der zweiten Hälfte des 20. Jahrhunderts. Er liebt das stilistische Experimentieren und macht aus der Idee eine sehr bildhafte Schreibweise. Dem „schreibenden Zeichner", wie er sich selbst bezeichnet, wurde 1999 der Literaturnobelpreis verliehen.

1 **der Bildhauer (-):** *le sculpteur*
2 **die Blechtrommel (n):** *le tambour*
3 **einfallsreich:** *inventif, imaginatif*

@ Mehr darüber im Internet
www.heinrich-boell.de
www.grass-haus.de

Überwachung früher und heute

Die Stasi

Das Ministerium für **Sta**ats**si**cherheit war das Kontroll- und Repressionsinstrument der Sozialistischen Einheitspartei Deutschlands (SED). Die 1950 gegründete Stasi überwachte sowohl die DDR-Bürger in ihrem Alltag als auch den Reiseverkehr und generell alle Kontakte zwischen Ost und West. Diese Überwachungs- und Repressionstätigkeit wird 2006 mit dem Film von Florian Henckel von Donnersmarck *Das Leben der Anderen* dokumentiert.

In den letzten Jahren der Existenz der DDR zählte die geheime Staatssicherheit über 90.000 offizielle Mitarbeiter (OM) und rund 180.000 Spitzel[1], die als inoffizielle Mitarbeiter (IM) der Stasi Informationen über jeden „verdächtigen" Bürger liefern konnten.

Der Geheimdienst[2] der DDR war auch im Ausland und insbesondere in der BRD tätig, wo er – im Kontext des Kalten Krieges – aktiv Spionagearbeit leistete. 1974 stellte sich heraus[3], dass Günter Guillaume, ein Mitarbeiter des damaligen Bundeskanzlers Willy Brandt, ein DDR-Agent war.

Nach der Wende wurden die Stasi-Akten der Öffentlichkeit zugänglich gemacht[4]. Jeder Bürger hatte nun die Möglichkeit die Akten zu lesen, die die Stasi über ihn zusammengestellt hatte und konnte erfahren, von welchem OM oder IM er bespitzelt worden war. Diesen Zugang der ehemaligen DDR-Bürger zu den Stasi-Akten organisierte nach der Wiedervereinigung Joachim Gauck, der zehn Jahre lang „Bundesbeauftragter für die Unterlagen[5] des Staatssicherheitsdienstes der ehemaligen DDR" war. Er wurde am 18. März 2012 zum elften deutschen Bundespräsidenten gewählt.

1 **der Spitzel (-):** *l'espion*
2 **der Geheimdienst:** *les services secrets*
3 **sich heraus/stellen:** *s'avérer*
4 **der Öffentlichkeit zugänglich machen:** *ouvrir au public*
5 **die Unterlagen (Pl.):** *les dossiers*

Szene aus dem Film *Das Leben der Anderen*, 2006.

@ Mehr darüber im Internet

www.stasimuseum.de
www.stiftung-hsh.de
www.bpb.de (▸ Publikationen ▸ Filmhefte ▸ Das Leben der Anderen)

Die Freiheitsredner

Brauchen wir Geheimnisse und Privatsphäre oder haben wir „nichts zu verbergen[1]"? Kann uns der Staat vor Kriminalität schützen und können wir ihm vertrauen? Müssen wir uns überwachen lassen, um in Sicherheit leben zu können, oder können wir Freiheit und Sicherheit gleichzeitig haben? Die Freiheitsrednerinnen und -redner geben Antworten. Wir sind ein Netzwerk[2] von Bürgern, die z. B. an Schulen, Universitäten und Vereinen ehrenamtlich[3] Vorträge über den Wert der Privatsphäre und den realen Nutzen von Überwachung halten und diese Themen mit den Teilnehmern diskutieren. Die Freiheitsredner sind Bürgerinnen und Bürger, die sich für eine bessere Balance zwischen Privatsphäre und Selbstbestimmung[4] einerseits und den Kontrollrechten der staatlichen Sicherheitsbehörden[5] andererseits einsetzen. [...] Wir gehören weder einer bestimmten politischen Richtung[6] an, noch sind wir an eine Interessengruppe gebunden.

www.freiheitsredner.de

1 **verbergen (a, o; i)** = verstecken: *cacher*
2 **das Netzwerk (e):** *le réseau (social)*
3 **ehrenamtlich:** *bénévolement*
4 **die Selbstbestimmung:** *l'autodétermination*
5 **die Behörde (n):** *les autorités*
6 **die Richtung (en):** *le courant politique*

AK-Vorrat

Der AK-Vorrat ist ein Zusammenschluss, der sich gegen die Vorratsdatenspeicherung[1] einsetzt. Er existiert sowohl in Deutschland als auch in Österreich. Über Handys, E-Mails, Internetverbindungen oder auch Kreditkartennutzung ist es heute technisch möglich geworden, jedem Einzelnen auf Schritt und Tritt[2] zu folgen. Die Frage ist: soll es einer Instanz – auf Staatsebene[3] wie auf europäischer Ebene – möglich sein, Informationen über die Bewegungen, Kontakte, Freundschaftsbeziehungen oder Mediennutzung der Bürger zu speichern? AK-Vorrat ist der Meinung, dass dies das Recht auf ein privates Leben gefährdet. Dieser Kampf für das Erhalten[4] einer Privatsphäre im Zeitalter[5] der digitalen Revolution wird politisch in Deutschland wie in anderen Ländern von der Piraten-Partei unterstützt.

1 **die Vorratsdatenspeicherung:** *la conservation des données informatiques*
2 **jm auf Schritt und Tritt folgen:** *suivre les moindres faits et gestes de qn*
3 **die Ebene (n):** *le niveau, le plan*
4 **das Erhalten:** *le maintien, (ici) la protection*
5 **im Zeitalter von:** *à l'ère de*
6 **„E-Mail und die Detektive":** *jeu de mots qui renvoie à un roman de Erich Kästner,* Emil und die Detektive

@ Mehr darüber im Internet

www.freiheitsredner.de
www.vorratsdatenspeicherung.de
www.akvorrat.at
www.piratenpartei.de

Nationalsozialismus und Antisemitismus

Die nationalsozialistische Judenpolitik

Am 30. Januar 1933 kommt Adolf Hitler an die Macht. Schon drei Monate später wird der Boykott der jüdischen Geschäfte organisiert. Ab Oktober 1938 werden die Reisepässe der Juden durch einen „J" gekennzeichnet. In der Nacht vom 9. auf den 10. November 1938, in der so genannten Reichskristallnacht, werden über 30.000 Juden verhaftet, jüdische Geschäfte geplündert[1], Synagogen zerstört. Im Herbst 1941 müssen alle Juden einen gelben Stern auf der Brust tragen. Die Juden dürfen nun weder Theater noch Kinos besuchen. Ab diesem Zeitpunkt wird die systematische Deportation der Juden durchgeführt. Die Endlösung[2] hat bereits begonnen. Am 20. Januar 1942 organisiert der SS-Obergruppenführer Reinhard Heydrich in einer Villa am Wannsee bei Berlin eine Konferenz, um die totale Vernichtung der europäischen Juden im Detail zu koordinieren.

Antisemitisches Plakat mit gelbem Stern, 1939-45.

1 **plündern:** *piller*
2 **die Endlösung:** *la solution finale*

Die Neue Synagoge

Die jüdische Gemeinde hatte seit dem 17. Jahrhundert ihren Platz in Berlin. Die Neue Synagoge wurde ab 1857 in der Oranienburger Straße in Berlin erbaut. Bemerkenswert ist der maurisch-byzantinische Stil ihrer Architektur. Sie war damals die größte Synagoge Deutschlands; im Gebetsraum konnten über 3.000 Personen Platz finden.
In der „Reichskristallnacht" vom 9. auf den 10. November 1938 wurde die Synagoge, wie zahlreiche andere Synagogen in ganz Deutschland, von den Nationalsozialisten in Brand gesetzt[1]. Dies markierte den Anfang der systematischen Verfolgung[2] der Juden, die im Holocaust endete. 1940 wurde das Gebäude von der NSDAP konfisziert und schließlich 1943 durch Bomben zerstört. Der Wiederaufbau erfolgte ab 1988. Heute ist die Neue Synagoge ein jüdisches Kulturzentrum.

1 **in Brand setzen:** *incendier*
2 **die Verfolgung (en):** *la persécution*

@ Mehr darüber im Internet

www.or-synagoge.de
www.ghwk.de
www.dhm.de/lemo/html/wk2/holocaust

Die Nürnberger Prozesse

In Nürnberg fanden ab 1923 die Parteitage der NSDAP statt. Hier sollte auch der internationale Militärgerichtshof[1] tagen, der die Hauptkriegsverbrecher[2] des Dritten Reiches richten sollte. Der erste Prozess dauerte ein Jahr lang, vom 20. November 1945 bis zum 1. Oktober 1946. Die Verantwortlichen des Deutschen Reiches wurden wegen Kriegsverbrechen, Verbrechen gegen die Menschlichkeit und gegen den Frieden angeklagt[3]. Zwölf Hauptkriegsverbrecher wurden am Ende des Prozesses zum Tode verurteilt[4], darunter Hermann Göring und Joachim von Ribbentrop.
Nach diesem ersten Prozess fanden in der amerikanischen Besatzungszone vierzehn weitere Prozesse statt, die auch Ärzte, Juristen und Industrielle vor das Gericht brachten. Die Nürnberger Prozesse nahmen 1949 mit der Gründung der BRD ein Ende.

1 **der Gerichtshof (¨-e):** *le tribunal*
2 **der Verbrecher (-):** *le criminel*
3 **an/klagen:** *accuser*
4 **verurteilen:** *condamner*

Die Stolpersteine

1 **über etw. stolpern:** *trébucher sur qc.*
2 **der Pflasterstein (e):** *le pavé*
3 **die Messingplatte (n):** *la plaque de laiton*

Der deutsche Künstler Gunter Demnig ist 1947 in Berlin geboren. Ab den 90er Jahren beschäftigt er sich mit dem Thema Deportation und Erinnerung. 1996 verlegt er den ersten „Stolperstein"[1] in Berlin-Kreuzberg, um an die Menschen zu erinnern, die während des Nationalsozialismus deportiert und ermordet wurden. Es handelt sich um Pflastersteine[2] mit einer Messingplatte[3], auf welcher der Name, das Geburtsjahr und der Zeitpunkt der Deportation zu lesen sind. Der Spaziergänger soll vor dem letzten Wohnort des Deportierten über dessen tragischen Lebenslauf „stolpern" und somit an eine Vergangenheit erinnert werden, die man ohne diese künstlerische Initiative allmählich vergessen würde. Bis heute wurden von Gunter Demnig rund 32.000 Stolpersteine verlegt, in Deutschland, aber auch in anderen Ländern Europas.

@ Mehr darüber im Internet

www.hdg.de/lemo (▸ Nachkriegsjahre ▸ Last der Vergangenheit ▸ Nürnberger Prozesse)
www.kriegsverbrecherprozesse.nuernberg.de
www.memorium-nuernberg.de
www.stolpersteine.eu
www.exilplan.com

Zur deutschen Kunst im 19. Jahrhundert

» Johann Wolfgang von Goethe

Der Dichter Johann Wolfgang von Goethe wurde am 28. August 1749 in Frankfurt am Main geboren und starb am 22. März 1832 in Weimar. Er studierte zunächst Jura[1] in Leipzig und in Straßburg und war ab 1771 Rechtsanwalt in seiner Heimatsstadt. Aber Goethe interessierte sich auch für Medizin, Botanik, Chemie, Philosophie und Philologie[2]. 1774 veröffentlichte er seinen ersten Roman, *Die Leiden des jungen Werther*, ein Werk, das die Periode des „Sturm und Drangs" markieren sollte. Ab 1775 ist Goethes Lebenslauf mit der Stadt Weimar verbunden, wo er mit dem Dramaturg Friedrich Schiller (1759-1805) das Zeitalter der Weimarer Klassik prägte. Johann Wolfgang von Goethe beschäftigte sich viele Jahre lang mit dem Faust-Mythos. Er gilt nach wie vor als der bedeutendste Schriftsteller deutscher Sprache.

1 **das Jura:** *le droit*
2 **die Philologie** = die Sprach- und Literaturwissenschaft

Die Leiden
des
jungen Werthers.

Erster Theil.

Leipzig,
in der Weygandschen Buchhandlung.
1774.

*

am 4. May. 1771.

Wie froh bin ich, daß ich weg bin! Bester Freund, was ist das Herz des Menschen! Dich zu verlassen, den ich so liebe, von dem ich unzertrennlich war, und froh zu seyn! Ich weis, Du verzeihst mir's. Waren nicht meine übrigen Verbindungen recht ausgesucht vom Schicksaal, um ein Herz wie das meine zu ängstigen? Die arme Leonore! Und doch war ich unschuldig! Konnt ich dafür, daß, während die eigensinnigen Reize ihrer Schwester mir einen angenehmen Unterhalt verschafften, daß eine Leidenschaft in dem armen Herzen sich bildete! Und doch — bin ich ganz unschuldig? Hab ich nicht

A 3 ihre

@ Mehr darüber im Internet

www.literaturwelt.com
www.gutenberg.spiegel.de
www.goethe-gesellschaft.de
www.goethehaus-frankfurt.de
www.heinrich-heine-gesellschaft.de

» Heinrich Heine

Heinrich Heine wurde 1797 in Düsseldorf geboren und starb 1856 in Paris. Er studierte zunächst Rechtswissenschaft in Bonn, Göttingen und Berlin, widmete sich jedoch sehr früh der Lyrik. 1824 erschien die Sammlung *Einunddreißig Gedichte* mit dem berühmten Gedicht *Die Loreley*. Ruhm[1] und Anerkennung fand er jedoch erst zwei Jahre später mit der *Harzreise*, einem Reisebericht. Heinrich Heine, der Dichter der deutschen Romantik, war aber auch ein engagierter Journalist, der die politischen Umwälzungen[2] seiner Zeit unermüdlich verfolgte und kommentierte. Heinrich Heine hatte gleich nach der Julirevolution von 1830 das konservative Deutschland für Frankreich verlassen. Sein Werk kann als Bindestrich[3] zwischen der französischen und der deutschen Kultur betrachtet werden.

1 **der Ruhm:** *la gloire*
2 **die Umwälzung (en):** *le bouleversement*
3 **der Bindestrich (e):** *le trait d'union*

Richard Wagner

Richard Wagner wurde 1813 in Leipzig geboren und starb 1883 in Venedig. Im Jahre 1831 begann er ein Musikstudium an der Universität Leipzig. Der künstlerische Durchbruch gelang Wagner 1842 mit der Aufführung seiner Oper *Rienzi* in Dresden. Nach dem Erfolg dieses Werks wurde er zum Kapellmeister an der Dresdner Hofoper ernannt, wo er dann auch die Oper *Der Fliegende Holländer*[1] (1843) aufführte. Der Name Richard Wagner wird auch mit dem Namen seines berühmten Mäzens Ludwig II. verbunden. Der König von Bayern bewunderte Wagners Werke und ermöglichte ihm, *Tristan und Isolde* aufzuführen. Richard Wagner ist einer der bedeutendsten Komponisten des 19. Jahrhunderts. Jedes Jahr finden in Bayreuth die ihm gewidmeten Festspiele statt, und zwar in dem Opernhaus, das Richard Wagner erbauen ließ. 1876 wurde dort vor Kaiser Wilhelm I. *Der Ring des Nibelungen* aufgeführt.

1 ***Der Fliegende Holländer:*** Le Vaisseau fantôme

Kurt von Rozynski (1864-unbekannt), *„Sie beide wohnen auf der Menschen Höhen!“*, 1890.

Carl Otto Czeschka

Der Künstler Carl Otto Czeschka ist 1878 in Wien geboren und 1960 in Hamburg gestorben. Nach seinem Kunststudium arbeitete er an der bekannten Wiener Werkstätte (WW), wo Oscar Kokoschka sein Schüler war. Die Wiener Werkstätte arbeitete Hand in Hand mit Gustav Klimt und anderen Künstlern der Wiener Secession. Sie schufen die weltweit berühmte Ästhetik der Jahrhundertwende, den so genannten Wiener Jugendstil. Carl Otto Czeschka ist in seiner Jugendstil-Ästhetik mit Gustav Klimt verwandt, vor allem, was die Komposition betrifft. Dies wird besonders deutlich in seinen Illustrationen der *Nibelungen* aus dem Jahre 1908. Diesen schlichten[1] Secession-Stil übernahm sechzehn Jahre später auch Fritz Lang in seinem Film *Die Nibelungen*. Ab 1907 arbeitete Carl Otto Czeschka auch an der Kunstgewerbeschule[2] in Hamburg.

1 **schlicht:** *épuré*
2 **die Kunstgewerbeschule:** *l'école des Arts décoratifs*

Carl Otto Czeschka (1878-1960), *Der Zank der Königinnen Brünhild und Kriemhild in Worms*, 1908, Farblithografie.

Carl Otto Czeschka (1878-1960), *„Auf in den Kampf gegen die Sachsen!“*, 1908, Farblithografie.

Mehr darüber im Internet

www.bayreuther-festspiele.de
www.wagnermuseum.de
www.bda.at (▸ Themen ▸ Denkmal des Monats ▸ 2002 ▸ September)
www.austria-lexikon.at (Suche: Klimt Gedenkstätte)
http://gesellschaft.fritzschumacher.de (▸ carlottoczeschka)

PRÉCIS GRAMMATICAL

1. Les formes verbales et leur emploi

■ Les auxiliaires

Indicatif		*sein* (être)	*haben* (avoir)	*werden* (devenir)
Présent	*ich* *du* *er/sie/es* *wir* *ihr* *sie/Sie*	*bin* *bist* *ist* *sind* *seid* *sind*	*habe* *hast* *hat* *haben* *habt* *haben*	*werde* *wirst* *wird* *werden* *werdet* *werden*
Prétérit	*ich* *du* *er/sie/es* *wir* *ihr* *sie/Sie*	*war* *warst* *war* *waren* *wart* *waren*	*hatte* *hattest* *hatte* *hatten* *hattet* *hatten*	*wurde* *wurdest* *wurde* *wurden* *wurdet* *wurden*
Parfait	*ich...*	*bin... gewesen*	*habe... gehabt*	*bin... geworden*
Plus-que-parfait	*ich...*	*war... gewesen*	*hatte... gehabt*	*war... geworden*
Futur I	*ich...*	*werde... sein*	*werde... haben*	*werde... werden*

Subjonctif I		*sein*	*haben*	*werden*
Présent	*ich* *du* *er/sie/es* *wir* *ihr* *sie/Sie*	*sei* *sei[e]st* *sei* *seien* *seiet* *seien*	*habe* *habest* *habe* *haben* *habet* *haben*	*werde* *werdest* *werde* *werden* *werdet* *werden*
Passé	*ich...*	*sei... gewesen*	*habe... gehabt*	*sei... geworden*
Futur I	*ich...*	*werde... sein*	*werde... haben*	*werde... werden*

Subjonctif II		*sein*	*haben*	*werden*
Présent	*ich* *du* *er/sie/es* *wir* *ihr* *sie/Sie*	*wäre* *wär[e]st* *wäre* *wären* *wäret* *wären*	*hätte* *hättest* *hätte* *hätten* *hättet* *hätten*	*würde* *würdest* *würde* *würden* *würdet* *würden*
Passé	*ich...*	*wäre... gewesen*	*hätte... gehabt*	*wäre... geworden*
Futur I	*ich...*	*würde... sein*	*würde... haben*	*würde... werden*

Choix entre *haben* et *sein*

sein	**1.** avec *sein, werden, bleiben* : *Der Lärm ist unerträglich geworden.* **2.** avec les verbes intransitifs exprimant un déplacement ou un changement d'état : *Sie ist zu ihrem Vater gefahren / nach Amerika geflogen...* *Sie ist früh aufgewacht / spät eingeschlafen...* Exceptions : *an/fangen – beginnen – auf/hören – enden* se construisent avec *haben* : *Er hat klein angefangen und ist heute Millionär.*
haben	**1.** avec les verbes intransitifs n'exprimant pas un déplacement ou un changement d'état : *Er hat bis neun Uhr geschlafen.* **2.** avec les verbes transitifs : *Sie hat einen Preis gewonnen.* **3.** avec les pronominaux : *Ich habe mich geirrt.*
haben* ou *sein	Avec une différence de construction et de sens : *fahren, folgen...* – intransitif avec *sein : Sie ist zum Bahnhof gefahren.* Elle est allée à la gare. – transitif avec *haben* : *Sie hat ihn zum Bahnhof gefahren.* Elle l'a emmené à la gare. – intransitif : *Ich bin ihm gefolgt.* Je l'ai suivi. – transitif : *Das Kind wurde bestraft, weil es nicht gefolgt hatte.* ... parce qu'il na pas obéi.

■ Les verbes faibles et forts

		Verbes faibles *leben*	Verbes faibles irréguliers *bringen*	Verbes forts en *a* *tragen*	Verbes forts en *e* *lesen*	Cas particulier de *wissen*
Indicatif						
Présent	ich du er/sie/es wir ihr sie/Sie	lebe lebst lebt leben lebt leben	bringe bringst bringt bringen bringt bringen	trage trägst trägt tragen tragt tragen	lese liest liest lesen lest lesen	weiß weißt weiß wissen wisst wissen
Prétérit	ich du er/sie/es wir ihr sie/Sie	lebte lebtest lebte lebten lebtet lebten	brachte brachtest brachte brachten brachtet brachten	trug trugst trug trugen trugt trugen	las lasest las lasen last lasen	wusste wusstest wusste wussten wusstet wussten
Parfait	er/sie/es	hat… gelebt / gebracht		hat... getragen	hat... gelesen	hat gewusst
Plus-que-parf.	er/sie/es	hatte... gelebt / gebracht		hatte... getragen	hatte... gelesen	hatte… gewusst
Futur I	er/sie/es	wird leben / bringen		wird tragen / lesen		wird wissen
Futur II	er/sie/es	wird gelebt / gebracht … haben		wird getragen haben	wird gelesen haben	wird gewusst haben
Subj. I	ich du er/sie/es wir ihr sie/Sie	lebe lebest lebe leben lebet leben	bringe bringest bringe bringen bringet bringen	trage tragest trage tragen traget tragen	lese lesest lese lesen leset lesen	wisse wissest wisse wissen wisset wissen
Subj. II	er/sie/es	lebte	brächte	trüge	läse	wüsste
Impératif		leb(e)! lebt! leben Sie!	bring(e)! bringt! bringen Sie!	trag(e)! tragt! tragen Sie!	lies! lest! lesen Sie!	(non usité)

Explications

Toute forme verbale conjuguée se compose de trois éléments : le radical, une marque de temps et/ ou mode et la marque de personne.

a. le **radical** est ce qui reste de l'infinitif lorsqu'on supprime la finale *[e]n* : ***denk-, fahr-, glaub-, trink-.***

b. la **marque de temps** et/ ou **mode** est variable :
– zéro (**Ø**) pour le présent de l'indicatif de tous les verbes : ***bring-, fall-, hoff-, lach-, leb-, trink-;***
– en **-*e*-** pour le subjonctif I de tous les verbes : ***bringe-, falle-, hoffe-, lache-, lebe-, trinke-;***
– en **-*te*-** pour le prétérit et le subjonctif II des verbes faibles : ***hoffte-, lachte-, lebte-;***
– avec **changement de voyelle radicale** pour le prétérit des verbes forts : ***fiel-, trank-;***
– avec **changement de voyelle radicale** ET **la marque -*e*-** pour le subjonctif II des verbes forts : ***fiele-, tränke-, trüge;***
– avec **changement de voyelle radicale** ET **la marque -*te*-** pour les verbes faibles irréguliers : ***brachte-*** (***bringen***), ***dachte-*** (***denken***), ***rannte-*** (***rennen***).

c. les marques de personne se réduisent à deux séries :
– une pour le **présent de l'indicatif** de tous les verbes : ***-e, -st, -t, -en, -t, -en***
– une pour **tous les autres temps et modes** : ***Ø, -st, -Ø, -en, -t, -en***

Remarques

a. Quand le radical se termine par ***-d*** ou ***-t***, on ajoute un ***-e-*** intercalaire avant les marques ***-st*** et ***-t*** : ***arbeit-*** ➜ ***du arbeitest; find-*** ➜ ***er findet.***

Quand le radical se termine par *-s*, celui-ci fusionne avec le **s** de la marque ***-st*** de la 2e personne sans -e- intercalaire : ***les-*** → ***du liest*** (et non ***du liesest***)

b. ***Wissen*** et les verbes de modalité ont au **présent** les marques de personne du prétérit : ***ich muss.***

Le participe II

Il se forme de façon différente selon les verbes :
- pour les verbes faibles : ***ge-*** + radical sans changement vocalique + **-t** : ***lachen*** → ***gelacht;***
- pour les verbes forts : ***ge-*** + radical avec ou sans changement vocalique + ***-en*** : ***finden*** → ***gefunden***; ***tragen*** → ***getragen.***

Remarques

a. Les verbes faibles irréguliers changent de voyelle au radical : ***bringen*** → ***gebracht; denken*** → ***gedacht.***

b. ***ge-*** se place entre le radical et le préverbe séparable : ***ausbilden*** → ***ausgebildet.***

c. Il n'y a pas de ***ge-*** quand le verbe a un préverbe inséparable ou qu'il se termine en ***-ieren*** : ***besuchen*** → ***besucht***; ***verlieren*** → ***verloren***; ***existieren*** → ***existiert.***

d. Les verbes dérivés d'un verbe fort sont eux aussi forts : ***steigen*** → ***umsteigen*** (changer de train, de bus).

L'emploi du présent et du futur

a. Le présent est volontiers employé dans un sens futur : ***Wir kommen nächstes Jahr wieder.***

b. Le futur s'accompagne toujours d'une nuance modale. Il peut exprimer le certain, l'inéluctable (***Es wird bald regnen.***) ou la probabilité (***Er wird den Brief inzwischen bekommen haben.***).

■ Les verbes modaux

			können pouvoir (capacité)	**dürfen** pouvoir (droit)	**müssen** devoir (nécessité)	**sollen** devoir (volonté d'un tiers)	**wollen** vouloir (volonté du sujet)	**mögen** aimer, désirer (souhait au subj. II)
Indicatif	**Présent**	ich du er/sie/es wir ihr sie/Sie	*kann* *kann**st*** *kann* *könn**en*** *könn**t*** *könn**en***	*darf* *darf**st*** *darf* *dürf**en*** *dürf**t*** *dürf**en***	*muss* *muss**t*** *muss* *müss**en*** *müss**t*** *müss**en***	*soll* *soll**st*** *soll* *soll**en*** *soll**t*** *soll**en***	*will* *will**st*** *will* *woll**en*** *woll**t*** *woll**en***	*mag* *mag**st*** *mag* *mög**en*** *mög**t*** *mög**en***
	Prétérit	er/sie/es	*konnte*	*durfte*	*musste*	*sollte*	*wollte*	*mochte*
	Parfait	er/sie/es	*hat… gekonnt / gedurft / gemusst / gesollt / gewollt / gemocht**					
	Plus-que-parf.	er/sie/es	*hatte… gekonnt / gedurft / gemusst / gesollt / gewollt / gemocht**					
	Futur	er/sie/es	*wird… können / dürfen / müssen / sollen / wollen / mögen*					
Subj. I	**Présent**	er/sie/es	*könne*	*dürfe*	*müsse*	*solle*	*wolle*	*möge*
	Passé	er/sie/es	*habe… gekonnt / gedurft / gemusst / gesollt / gewollt / gemocht**					
	Futur	er/sie/es	*werde… können / dürfen / müssen / sollen / wollen / mögen*					
Subj. II	**Présent**	ich du er/sie/es wir ihr sie/Sie	*könnte* *könn**test*** *könnte* *könn**ten*** *könn**tet*** *könn**ten***	*dürfte* *dürf**test*** *dürfte* *dürf**ten*** *dürf**tet*** *dürf**ten***	*müsste* *müss**test*** *müsste* *müss**ten*** *müss**tet*** *müss**ten***	*sollte* *soll**test*** *sollte* *soll**ten*** *soll**tet*** *soll**ten***	*wollte* *woll**test*** *wollte* *woll**ten*** *woll**tet*** *woll**ten***	*möchte* *möch**test*** *möchte* *möch**ten*** *möch**tet*** *möch**ten***
	Passé	er/sie/es	*hätte… gekonnt / gedurft / gemusst / gesollt / gewollt / gemocht**					
	Futur	er/sie/es	*würde… können / dürfen / müssen / sollen / wollen / mögen*					

* Quand le verbe de modalité a un infinitif complément, son participe II a la forme de l'infinitif :
- sans infinitif : ***Das habe ich nicht gewollt.*** (Ce n'est pas ce que je voulais, ce n'était pas mon intention)
- avec infinitif : ***Er hat zurück nach Hause gehen wollen.*** (Il a voulu rentrer chez lui)

Emplois dans l'expression de la modalité : le nécessaire, le possible, la volonté

a. Le nécessaire
- par la force des choses — ***müssen*** — ***Ich muss gehen, sonst verpasse ich den Zug.***
- par la volonté d'un tiers — ***sollen*** — ***Du sollst dein Zimmer aufräumen.*** (Volonté de celui qui parle ou d'une tierce personne dont on rapporte l'ordre.)

b. Le possible
- par la capacité — ***können*** — ***Sie kann gut schwimmen.***
- par la volonté d'un tiers — ***dürfen*** — ***Sie darf abends nicht allein ausgehen.*** *(Ihr Vater will es nicht.)*

c. La volonté
- intention ferme: — ***wollen*** — ***Er will auswandern.***
- simple souhait (au subj. II): — ***möchte*** — ***Sie möchte mit uns kommen.***

Précision : ***sollen*** fait souvent référence à la volonté d'une personne autre que celle qui parle : ***Soll ich dir helfen ?*** Veux-tu que je t'aide ?

Emplois dans l'expression de la modalisation : les degrés de probabilité ou de certitude

- c'est quasi certain : ***Er muss zu Hause sein, sein Auto steht vor der Tür.***
- c'est probable : ***Die Krise dürfte noch lange andauern.***
- c'est bien possible : ***Es kann / könnte sein, dass es noch schlimmer wird.***
- ce n'est pas impossible : ***Mag sein, dass er es nicht gewusst hat.***
- c'est ce qu'on dit : ***Er soll es gewusst haben.***

Dans ce type d'emploi, les verbes modaux ne se conjuguent pas aux temps composés. Le prétérit n'est possible que dans le récit (***Er musste zu Hause sein, denn sein Auto stand vor der Tür***). En fait, on ne les rencontre guère qu'au présent de l'indicatif, sauf ***dürfte*** et ***könnte***, qui sont au subjonctif II.

Le passif

Construction et conjugaison

- Auxiliaire ***werden*** au temps voulu + participe II du verbe : ***bauen*** ➜ ***gebaut werden***
- Pas de ***ge-*** au participe II de ***werden*** (parfait et plus-que-parfait) : ***bauen*** ➜ ***ist gebaut worden***

bauen (construire) ➜ ***gebaut werden*** (être en cours de construction)				
	Présent	**Prétérit**	**Parfait / Plus-que-parfait**	**Futur**
er/sie/es	*wird… gebaut*	*wurde… gebaut*	*ist / war… gebaut worden*	*wird gebaut werden*

Temps	Construction avec un verbe de modalité
Présent	*Das Haus muss abgerissen werden.*
Prétérit	*Das Haus musste abgerissen werden.*
Parfait	*Das Haus hat abgerissen werden müssen.*
Plus-que-parfait	*Das Haus hatte abgerissen werden müssen.*
Futur	*Das Haus wird abgerissen werden müssen.*

*Notez que le participe II du verbe de modalité a la forme de l'infinitif : *hat (…) müssen.*

Correspondance entre actif et passif en *werden*

Le sujet de la phrase au passif correspond au complément d'objet de la phrase à l'actif ; le sujet de la phrase à l'actif devient complément d'agent (exprimé ou non) dans la phrase au passif.
- passif : ***Das Kind ist*** *[von einem Auto]* ***angefahren worden.*** L'enfant a été heurté par une voiture.
- actif : *Das Auto* ***hat das Kind angefahren.*** La voiture a heurté l'enfant.

Choix entre actif et passif

- **À l'actif**, c'est généralement le complément d'objet du verbe qui est mis en valeur, présenté comme l'information nouvelle ou importante de la phrase :
Carl Benz hat 1885 das erste moderne Auto gebaut : la phrase informe sur Carl Benz en disant de lui qu'il a construit la première automobile au sens moderne du mot.
- **Au passif**, c'est le complément d'agent (quand il est exprimé) ou un autre complément qui est mis en avant :
– ***Das erste moderne Auto ist 1885 von Carl Benz gebaut worden*** : la phrase informe sur la première automobile moderne et dit qu'elle a été construite par Carl Benz.
– ***Das erste moderne Auto ist 1885 gebaut worden*** : la phrase informe sur la première automobile moderne et dit qu'elle a été construite en 1885.

La forme *werden* + part. II peut exprimer un passif impersonnel

Sans sujet ni complément d'agent, ce passif n'existe qu'à la 3ᵉ personne du singulier et correspond à la tournure avec sujet ***man*** à l'actif. Il sert à concentrer l'attention sur l'action en elle-même :
- actif : ***Man feierte / tanzte die ganze Nacht.***
- passif : ***Es wurde die ganze Nacht gefeiert / getanzt.***

Sans ***es*** explétif : ***Die ganze Nacht wurde gefeiert / getanzt.***

La tournure *bekommen* + part. II

Cette construction formellement active est très utilisée dans la langue parlée de tous les jours pour exprimer un sens passif en attirant l'attention sur le complément d'objet :
Sie bekam eine Halskette geschenkt (= ***Ihr wurde eine Halskette geschenkt***, qui ne s'utilise pas à l'oral.)

2. Les phrases indépendantes

Les types de phrase et la place du verbe

Type et fonction principale	Partie conjuguée du verbe	Partie non conjuguée du verbe ou 1ᵉʳ complément	Exemples
Déclarative (ou énonciative) : informer	**2ᵉ position**	dernière position	*Der Zug **fährt** in 5 Minuten ab.* *Die Kleine **geht** noch nicht in die Schule.* *Er **will** Biologie und Geologie studieren.* *Er **hat** sich noch nicht angemeldet.*
Interrogative globale : demander une réponse en oui ou non	**1ʳᵉ position**	dernière position (mais la subordonnée est encore après)	***Hast** du das gewusst?* ***Kommst** du auch mit in die Disco?* ***Bleibt** ihr zu Hause, wenn es regnet?*
Interrogative partielle : demander une information	**2ᵉ position**	dernière position	*Wann **fährt** der Zug ab?* *Was **hältst** du als Jugendlicher von Politik?* *Wer **bringt** mich zum Bahnhof?* *Wo **möchtest** du am liebsten leben?*
Impérative : demander à qn de faire qc.	**1ʳᵉ position**	dernière position	***Räum** bitte dein Zimmer auf!* ***Stell** das Radio etwas leiser!* ***Lass** die Vase ja nicht fallen!*
Exclamatives :	**1ʳᵉ position**	dernière position	***Hat** der mich angeguckt!*
– constat étonné	**2ᵉ position**	dernière position	*Das **hat** aber lange gedauert!*
– souhait / regret	**1ᵉ position**	dernière position	***Könntest** du nur etwas freundlicher sein!* ***Hätte** ich nur nichts gesagt!*
– avec *wenn*	**dernière position**	avant-dernière position	*Wenn er nur nicht so viel rauchen **würde**!* *Wenn ich nur nichts gesagt **hätte**!*

■ Les éléments en 1re position dans la phrase déclarative (ou énonciative)

En 1re position, on trouve le plus souvent :
- le sujet : ***Der Meeresspiegel* könnte *im nächsten Jahrhundert um einen Meter ansteigen.***
- un complément de temps : ***Im nächsten Jahrhundert* könnte *der Meeresspiegel um einen Meter ansteigen.***
- une subordonnée : ***Wenn das Klima sich weiter erwärmt,* könnte *der Meeresspiegel um einen Meter ansteigen.***

En 1re position, on trouve aussi un complément d'objet, notamment pour :
- faire le lien avec le contexte : ***Manche glauben, die Sonnenaktivität sei für die Erwärmung verantwortlich. Das bestreiten aber fast alle Experten.***
- insister sur le complément, le mettre en valeur : ***Um einen Meter* könnte *der Meeresspiegel im nächsten Jahrhundert ansteigen.***

L'ordre des éléments dans la phrase

Comme en français, il varie selon le contexte ou les effets que l'on veut produire. Il existe néanmoins un « ordre de base » défini à partir du verbe placé en fin de phrase (comme dans la subordonnée).

Les compléments se placent à gauche, le plus près du verbe étant celui qui forme avec lui l'« idée que l'on veut exprimer ». Les autres viennent ensuite selon leur lien logique avec cette idée, le sujet venant en dernier.

EXEMPLE :

regulieren	réguler
den Markt regulieren	réguler le marché
den Markt besser regulieren	mieux réguler le marché
den Markt künftig besser regulieren	mieux réguler le marché à l'avenir

Au centre de la phrase, il y a l'idée de « réguler ». Cette idée appelle la question « [réguler] quoi ? ». Mais l'idée de régulation peut elle-même être précisée dans ses modalités : ***besser*** est donc plus intimement lié au verbe que l'objet affecté par celui-ci. Il en va de même pour ***künftig***, qui concerne directement l'amélioration de la régulation.

■ La négation : *nicht* et *kein*

La négation est **globale** lorsque c'est l'idée exprimée par la phrase qui est niée ; elle est **partielle** lorsque seul un membre de la phrase est nié.

nicht

- **négation globale :** ***nicht*** est accentué et se place devant le groupe qui véhicule l'idée exprimée par la phrase.

nicht an einer Aktion teilnehmen wollen → Er wollte nicht an der Aktion teilnehmen.

- **négation partielle :** ***nicht*** n'est pas accentué et se place devant le membre nié, qui est fortement accentué.

Sie fährt nicht mit dem °Zug, sondern mit dem °Bus nach Prag.
Nicht °Peter hat es mir gesagt, sondern °Hans.

kein

devant un groupe nominal indéfini (= sans article ou avec un article indéfini) :
- **négation globale :** ***kein*** accentué ; le membre nié est fortement accentué.

Wir haben einen Garten / Geld / Ferien. → Wir haben keinen Garten / kein Geld / keine Ferien.

- **négation partielle :** ***kein*** non accentué, le membre nié est fortement accentué.

Wir haben keinen °Hund, sondern eine °Katze.

■ La phrase et l'énoncé

La phrase est une unité grammaticale abstraite constituée du verbe, de ses compléments et du sujet. L'énoncé est une unité de communication réelle qui peut coïncider avec la phrase ou être plus petite ou plus vaste qu'elle :
– ***Still! / Tür zu!*** sont des énoncés qui ne forment pas des phrases complètes.
– ***Ja nun, das habe ich doch nicht wissen können!*** est un énoncé plus vaste qu'une phrase, car celle-ci (soulignée) est précédée d'une interjection.

Dans la langue parlée, l'énoncé réel « déborde » assez souvent le cadre de la phrase proprement dite, c'est-à-dire qu'il comporte des éléments placés ***avant*** ou ***après*** la phrase. Le tableau ci-après donne une vue d'ensemble sur la structure de l'énoncé.

Hors-phrase	Phrase indépendante						Hors-phrase (ajout)
	position zéro	1re position	2e position	suite de la phrase	dernière position	après-dernière position	
Nun gut,	*aber*	*nächstes Mal*	*musst*	*du mir*	*Bescheid sagen,*		*ja?*
Du,		*hast*	*du*	*den Krimi*	*im Fernsehen gesehen*	*gestern Abend?*	
Nun hör mal,	*das*		*darf*	*nicht wieder*	*passieren,*		*verstanden?*

3. Les subordonnées

■ Définition

La subordonnée est une proposition **introduite par un subordonnant**. Le **verbe conjugué se place à la fin**. Le subordonnant peut être :
- une conjonction de subordination : ***als, da, dass, ob, obwohl, nachdem, weil, wenn…***
- un pronom relatif en ***d-*** : ***der, die, das, dem, dessen…***
- un pronom en ***w-*** : ***wann, wer, was, warum, woran, worauf, womit…***
- une préposition + ***zu*** : ***[an]statt… zu…; ohne… zu…; um… zu…***

Exemple : ***Ich begreife nicht, warum er das getan hat.***

Cas particulier : les conditionnelles sans ***wenn*** commencent par la forme verbale conjuguée : ***Hättest du es mir früher gesagt, hätte ich mich arrangieren können.***

■ Les subordonnées en *dass* et *ob*

Elles exercent la fonction sujet ou objet du verbe de la principale. On leur rattache aussi les groupes infinitifs non introduit par une préposition :

	En fonction sujet	En fonction objet
en *dass*	*Es freut mich, dass du gekommen bist.* *Dass du gekommen bist, freut mich.*	*Ich finde es nett, dass er kommt.* *Dass er kommt, finde ich nett.*
en *ob*	*Es ist nicht sicher, ob er kommt.* *Ob er kommt, ist nicht sicher.*	*Ich weiß nicht, ob er kommt.* *Ob er kommt, weiß ich nicht.*
infinitive	*Zu viel [zu] rauchen ist gefährlich.*	*Er hat versprochen, ihr zu helfen*

■ Les subordonnées relatives en *d-*

Elles dépendent d'un nom et sont introduites par un pronom en ***d-*** qui reprend ce nom (appelé antécédent) : ***Das Haus, in dem sie wohnen, wurde im 18. Jahrhundert gebaut.***

■ Les deux types de subordonnées introduites par un pronom en *w-*

- **Premier type :** celles qui exercent la fonction sujet ou objet du verbe de la principale :
- *Wer in Deutschland studieren will, muss gut Deutsch können.* [sujet de *müssen*]
- *Weißt du, wer Willy Brandt war?* [objet de *wissen*]

Elles sont parfois placées hors-phrase et reprises par un pronom en ***d-*** :
- *Wer nicht will, der soll es sagen.* Celui qui ne veut pas n'a qu'à le dire.

[Hors-phrase facultatif, on pourrait avoir : *Wer nicht will, soll es sagen*]
- *Wem das nicht gefällt, der soll es ruhig sagen.* Celui à qui ça ne plaît pas, qu'il le dise !

[Hors-phrase obligatoire parce que le cas du pronom (datif) ne correspond pas à la fonction (sujet) de la subordonnée en ***w-*** par rapport au verbe principal.]

- **Deuxième type :** celles qui prolongent la principale d'une nouvelle information ou d'un commentaire. Elles se placent donc toujours après celle-ci :
- *Die heutige Welt verändert sich sehr schnell, was viele Leute verunsichert.*

Le monde d'aujourd'hui change très vite, ce qui insécurise beaucoup de gens.
- *Die Kommission hat unser Projekt angenommen, wofür ich ihr herzlich danke.*

La commission a retenu notre projet, ce pour quoi je la remercie vivement

■ Les subordonnées introduites par une conjonction de subordination

Relations et conjonctions de subordination	Commentaires et exemples
TEMPS	
wenn quand, à chaque fois que (voir aussi CONDITION)	• Fait habituel : verbe au présent ou prétérit. *Wenn ich arbeite, will ich nicht gestört werden.*
als quand, au moment où, à l'époque où	• Fait unique dans le passé : verbe à un temps passé. *Als wir ankamen, hatte es aufgehört zu regnen.* *Als er das hörte, geriet er außer sich vor Wut.* (avec nuance causale)
bis (+ ind.) jusqu'à ce que	*Ich warte hier, bis du zurückkommst.*
bevor (+ ind.) avant de/que	*Er hat aufgehängt (raccrocher), bevor ich ein Wort sagen konnte.*
nachdem après que	*Nachdem sie ein paar Worte gewechselt hatten, nahmen sie Abschied voneinander.*
seit[dem] depuis que	*Seit er umgezogen ist, sehen wir ihn kaum noch.*
sobald dès que	*Ich rufe dich an, sobald ich zu Hause bin.*
solange aussi longtemps que	*Du kannst bei uns bleiben, solange du willst.*
sooft aussi souvent que	*Du kannst kommen, sooft du willst.*
während pendant que	*Während sie den Haushalt macht, sitzt er im Sessel und raucht.*
CAUSE	
weil parce que	*Er blieb zu Hause, weil es ihm draußen zu kalt war.*
da comme	*Da die Busfahrer streikten, mussten wir zu Fuß gehen..*
CONSÉQUENCE	
sodass (ou ***so dass***) de sorte que	*Er fühlte sich unpässlich, sodass er absagen musste.*
so + *adj.* + ***dass*** si + adj. + que	*Es regnete so stark, dass wir am Straßenrand halten mussten.*
zu + *adj.* + ***um…zu*** trop + adj. pour + inf.	*Es ist zu spät, um ihn jetzt noch anzurufen.*
BUT, FINALITÉ	
damit + ind. pour que, afin que	*Sprich lauter, damit man dich hört.*
CONDITION	
wenn si	*Wenn du Lust hast, kannst du mit uns wandern gehen.* *Wenn ich das gewusst hätte, wäre ich nicht mitgekommen.*
falls au cas où	*Ich nehme einen Schirm mit, falls es regnen sollte.*

Relations et conjonctions de subordination	Commentaires et exemples
COMMENTAIRE sur la pertinence de l'énoncé qui suit ***wenn*** si	*Wenn jemand anruft, ich bin nicht da.* (subordonnée hors-phrase) Si quelqu'un téléphone, [dis lui que] je ne suis pas là. (L'appel téléphonique ne conditionne pas la présence du locuteur; celui-ci veut dire que l'énoncé « je ne suis pas là » vaut pour le cas où quelqu'un téléphonerait.)
soviel pour autant que ***soweit*** autant que	*Soviel ich weiß, war er damals in Berlin.* *Soweit ich mich erinnere, geschah es im Sommer.*
CONCESSION ***obwohl*** bien que	*Er ist zur Arbeit gegangen, obwohl er krank war.*
CONTRASTE ***während*** tandis que	*Er hat sich offenbar gefreut, während sie eher enttäuscht war.*
MANIÈRE / MOYEN ***indem*** ***dadurch, dass***	*Indem er das Gerät selber repariert hat, hat er viel Geld gespart.* *Kann man Probleme dadurch lösen, dass man sie ausklammert?*
COMPARAISON ***als ob***	– comparaison irréelle = avec une situation imaginaire : *Er hat getan, als ob er nichts gewusst hätte*
als + sub. avec verbe en 1re position	– comparaison avec une situation connue, habituelle : *Das ist, als säße man beim Zahnarzt.*
COMPARAISON + DEGRÉ ***als*** (supériorité) ***wie*** (égalité ou infériorité)	*Die Wanderung war mühsamer, als ich dachte.* *Er ist nicht mehr so jung, wie er aussieht.*

Les subordonnées infinitives (préposition + groupe infinitif)

Dans ces constructions, le sujet implicite du verbe de l'infinitive doit être le même que le sujet explicite de la phrase-cadre :
– ***Er ist zu klein, um eine so lange Wanderung zu machen.***

um… zu…	pour… + infinitif	*Das tut er nur, um Aufmerksamkeit auf sich zu lenken.*
ohne… zu…	sans… + infinitif	*Er sprang ins kalte Wasser, ohne zu zögern.*
[an]statt… zu…	au lieu de… + infinitif	*Er geht lieber wandern, anstatt am Strand zu liegen.*

4. Le nom et le groupe nominal

Le genre du nom

Les noms désignant des personnes ont le genre correspondant au sexe de la personne :
der Mann, die Frau. Mais : ***das Kind*** ; ***das Mädchen*** (suffixe ***-chen***)

Les noms dérivés **sans suffixe** de radicaux verbaux sont du masculin :
schreien → ***der Schrei*** ; ***schlafen*** → ***der Schlaf***

Certains suffixes entraînent (presque) toujours un même genre :

Masculin	*-er* *-ist* (accentué) *-ling* *-or*	*fahren* → *der Fahrer* *der Jurist; der Chauvinist* *der Frühling; der Lehrling* *der Diktator; der Professor* (accent sur la syllabe précédant *–or*)
Féminin	*-ei* (accentué) *-heit* *-keit* *-ion* (accentué) *-ung*	*die Bäckerei; die Barbarei* *die Trockenheit; die Dummheit* *die Freundlichkeit; die Sauberkeit* *die Produktion; die Evolution* (mais : *das °Stadion*) *die Ernährung; die Forschung*
Neutre	*-chen, -lein* *-tum*	*das Mäuschen; das Mäuslein* (la petite souris) *das Altertum; das Wachstum*; sauf : *der Irrtum; der Reichtum*

Les marques du pluriel

Elles sont nombreuses, mais il y a des « tendances » :

-Ø **-Ø + inflexion**	des masculins (*der Wagen*) ; des neutres (*das Messer*) ; pas de féminins des masculins (*der Nagel*) ; deux féminins : *die Mutter, die Tochter*
-e **-e + inflexion**	surtout des masculins (*der Stein*) et des neutres (*das Fest*) surtout des masculins (*der Sohn*) ; quelques féminins (*die Hand*)
-er **-er + inflexion**	très peu de masculins (*der Schi*) ; pas de féminins ; typique des neutres (*das Bild*) très peu de masculins (*der Mann*) ; typique des neutres (*das Glas*)
-(e)n	typique des féminins (*die Tür*) ; les masculins faibles (*der Bär*) ; quelques neutres (*das Hemd*)
-s	des mots d'origine étrangère de tous les genres : *der Chef; die Bar; das Auto*

Déclinaison du groupe nominal (article + adjectif + nom)

Type I : marques fortes sur le déterminant, faibles sur l'adjectif

		Déterminant	Adjectif	Nom
masculin	N A D G	***der**, dieser* ***den**, diesen, einen* ***dem**, diesem, einem* ***des**, dieses, eines*	*hohe* *hohen* *hohen* *hohen*	*Berg* (montagne) *Berg* *Berg* *Bergs*
féminin	N A D G	***die**, diese, eine* ***die**, diese, eine* ***der**, dieser, einer* ***der**, dieser, einer*	*alte* *alte* *alten* *alten*	*Burg* (château fort) *Burg* *Burg* *Burg*
neutre	N A D G	***das**, dieses* ***das**, dieses* ***dem**, diesem, einem* ***des**, dieses, eines*	*neue* *neue* *neuen* *neuen*	*Modell* (modèle) *Modell* *Modell* *Modells*
pluriel	N A D G	***die**, diese, keine* ***die**, diese, keine* ***den**, diesen, keinen* ***der**, dieser, keiner*	*wilden* *wilden* *wilden* *wilden*	*Tiere* (animaux) *Tiere* *Tieren* *Tiere*

Type II : pas de marque sur le déterminant ou pas de déterminant du tout, marques fortes sur l'adjectif

– *der hohe Berg* → *ein hoher Berg;*
– *das neue Modell* → *ein neues Modell;*
– *die wilden Tiere* → *In diesem Park kann man wilde Tiere sehen.*

REMARQUE : Les adjectifs et participes substantivés qui complètent *etwas* ou *nichts* suivent également la déclinaison forte : *Ich habe etwas Seltsames geträumt. Es gibt nichts Schöneres auf der Welt.*

L'emploi des cas

- **le nominatif** : cas du sujet et de l'attribut. ***Das ist ein Esel. Der Esel hat lange Ohren.***
- **l'accusatif** : cas du complément d'un verbe transitif. ***Sie hat ihm einen Brief geschrieben.***
– après les prépositions ***durch, für, gegen, ohne, um, wider***
– exprime une relation directive ou de passage : ***in den Wald / über den Platz gehen***
– exprime une date : ***Ich komme nächsten Dienstag; Donnerstag, den 8. März 2012***
– exprime une durée : ***Er hat den ganzen Tag gearbeitet.***
– exprime une mesure : ***Sie ist [um] einen Kopf größer als ihr Mann.***
- **le datif** : cas du complément d'attribution. ***Sie hat ihm einen Brief geschrieben.***
– après les prépositions ***aus, bei, mit, nach, seit, von, zu*** (+ quelques autres…)
– exprime l'appartenance : ***Wasche dir die Hände.*** (= ***deine Hände***)
– après les prépositions ***an, in, vor*** et ***zwischen*** quand elles ont un sens temporel :
Das Fest findet am Montag / im Mai / vor dem Sommer / zwischen dem 1. und dem 8. Juli statt.
- **le génitif** : cas du complément du nom. ***die Opfer des Krieges***
– cas du nom propre désignant le « possesseur » : ***Angelas Mann / Fahrrad***
– après les prépositions ***außerhalb / innerhalb, trotz, während, wegen…***

Les degrés de l'adjectif : comparatif et superlatif

- **Le comparatif :** on compare deux êtres ou objets sous un même rapport.
– égalité : *Emma ist **so** alt **wie** Lucas.*
– infériorité : *Frankreich ist wirtschaftlich **nicht so** stark **wie** Deutschland.*
– supériorité : *Frankreich ist flächenmäßig größ**er als** Deutschland.*
- **Le superlatif :** on indique l'être ou l'objet qui possède le plus une qualité donnée.
– L'ensemble a deux éléments : on utilise le comparatif. *Er ist **der stärkere** [von beiden].*
– L'ensemble a plus de deux éléments : on utilise le superlatif. *Er ist der **größte** [von allen].*
– emploi adverbial : *Er war der beste Spieler* → *Er spielte **am besten**.*
- **Une vingtaine d'adjectifs monosyllabiques courants ont l'inflexion au comparatif comme au superlatif** : *alt* → *älter, der älteste*
Même chose pour : *arm, dumm, groß, hoch (= höher), jung, kalt, klug, schwach, stark, warm…* , ainsi que pour le disyllabique *gesund.*
- **Comparatifs et superlatifs irréguliers** :
– *gern* → *lieber* → *am liebsten* — *gut* → *besser* → *der/die best-* ;
– *hoch* → *höher* → *der/die höchst-* — *nah* → *näher* → *der/die nächst-* ;
– ainsi que le quantificateur / pronom *viel* → *mehr* → *der/die meist-*.

5. Les pronoms

Les pronoms personnels

	Singulier			Pluriel			Forme de politesse
	1re pers.	2e pers.	3e pers.	1re pers.	2e pers.	3e pers.	
NOM.	*ich*	*du*	*er/es/sie*	*wir*	*ihr*	*sie*	*Sie*
ACC.	*mich*	*dich*	*ihn/es/sie*	*uns*	*euch*	*sie*	*Sie*
DAT.	*mir*	*dir*	*ihm/ihr*	*uns*	*euch*	*ihnen*	*Ihnen*
GÉN.	*meiner*	*deiner*	*seiner/ihrer*	*unser*	*euer*	*ihrer*	*Ihrer*

Le cas particulier du pronom *es*

Il peut être :

- sujet de verbes ou de constructions impersonnelles :

es schneit (il neige) ; *es ist / wird Nacht* (il fait / va faire nuit) ; *es gibt Leute, die…* (il y a des gens qui…)

- pronom remplaçant un nom ou une séquence quelconque :

– *Weißt du, wie alt er ist? – Nein, ich weiß es nicht.*
– *Ich bin ganz kaputt. – Ich bin es auch.* (– Je suis complètement crevé. – Moi aussi [= je le suis aussi].)

- élément occupant la 1re position d'une phrase déclarative :

– *Es ist die Rede von…* ➜ *In diesem Text ist die Rede von…* (*es* disparaît quand un autre élément vient en 1re position)

■ Les pronoms réfléchis / réciproques

Le **pronom réfléchi** a les mêmes formes que le pronom personnel, sauf au nominatif (où le réfléchi n'existe pas), à l'accusatif et au datif de la 3e personne du singulier et du pluriel où le réfléchi a la forme *sich* :

– *Er wunderte sich sehr über ihr Verhalten* ➜ *Ihr Verhalten wunderte ihn sehr.*
– *Sie kauft sich jedes Jahr ein neues Handy.* ➜ *Hast du dir dieses Jahr wieder ein Handy gekauft?*

Quand il y a risque de confusion, on utilise *einander* : *einander widersprechen* (se contredire l'un l'autre), car *sich widersprechen* risque fort d'être compris au sens de *se contredire soi-même*).

■ Les pronoms indéfinis

- ***man*** (on) / ***einer*** (un) : nominatif : *man* ; autres cas : *einer / eine / eines* (déclinaison forte)
- ***jemand*** (quelqu'un) / ***niemand*** (personne) : peuvent rester invariables sauf au génitif (*jemandes*)
- ***etwas*** (quelque chose) / ***nichts*** (rien) sont invariables et peuvent être suivis d'un adjectif ou participe substantivé, qui suit la déclinaison forte : *mit etwas anderem* (avec quelque chose d'autre) / *ich weiß nichts Genaues*

Pour insister sur le caractère indéfini, on peut ajouter *irgend* à certains pronoms :

- ***irgendjemand*** (quelqu'un, peu importe qui), ***irgendetwas*** (un objet quelconque).

■ Les pronoms possessifs

Les déterminatifs possessifs *mein, dein, sein,* etc. peuvent être utilisés comme pronom avec les marques de l'article défini :
Das ist meiner (nominatif). C'est le mien.
Nominatif : *Es ist meiner / meine / meines* (*deiner, deine, deines,* etc. pour *sein-, ihr-, unser-, eur-, ihr-*).
Accusatif : *Ich gebe dir meinen / meine / meines*, etc.
Datif : *mit meinem / meiner / meinem*, etc.
Génitif : non utilisé

■ Les pronoms relatifs en *d-*

(voir aussi *5. Les pronoms interrogatifs* ci-après)

Le pronom relatif se décline comme l'article sauf au génitif.				
	Masculin	**Féminin**	**Neutre**	**Pluriel**
NOM.	*der*	*die*	*das*	*die*
ACC.	*den*	*die*	*das*	*die*
DAT.	*dem*	*der*	*dem*	*denen*
GÉN.	*dessen*	*deren*	*dessen*	*deren*

Les pronoms interrogatifs

- pour les personnes : ***wer*** (nom.) ***wen*** (acc.) ***wem*** (dat.) ***wessen*** (gén.)
- pour les choses : ***was*** ***was*** (n'existe pas)
- pour évoquer un être ou un objet bien défini : ***welcher*** (se décline comme *der*).

Welche Bluse soll ich anziehen? (Quel chemisier [parmi ceux-là] dois-je mettre ?)

- pour évoquer une catégorie d'êtres ou d'objets : ***was für ein*** (se décline comme *ein*).

Was für eine Bluse soll ich anziehen, eine weiße, eine gestreifte...?

REMARQUE : **Les pronoms interrogatifs peuvent aussi fonctionner comme relatifs :**

– ***was*** (ce que) : *Was ist der Zeitung steht, ist nicht immer richtig.*

– ***wo*** (où) : remplace souvent le relatif en ***d-*** dans l'expression du lieu ou du temps (langue parlée).

Kennst du das Land, ***wo*** (au lieu de *in dem*) *die Zitronen blühen?*

Es war in dem Jahr, ***wo*** (au lieu de *in dem*) *er das Abitur gemacht hat.*

Les éléments comme *daran, daraus, damit...* ou *woran, woraus, womit...*

Définition

Appelés « pronoms adverbiaux », ils sont constitués d'un élément pronominal, ***da*** ou ***wo***, et d'une préposition. Lorsque celle-ci commence par une voyelle, les deux éléments sont reliés par un ***r*** : ***da*** / ***wo*** + [r] + ***an*** ➜ **daran / woran**

Da ou *wo* renvoient à une donnée du contexte qui ne peut être ni un humain ni un animal :

Er war sehr stolz auf seinen Erfolg. ➜ *Er war sehr stolz darauf.*

Mais : *Er ist sehr stolz auf seine Tochter.* ➜ *Er ist sehr stolz auf sie.*

Emploi

Les adverbiaux en ***da-*** sont souvent utilisés pour annoncer une subordonnée reliée à un verbe régissant une préposition :

Wer hat nicht davon geträumt, einmal berühmt zu werden?

Wir rechnen damit, dass er das Abitur besteht.

Les adverbiaux en ***wo-*** sont surtout utilisés comme interrogatifs mais aussi pour introduire une subordonnée qui prolonge la principale :

Woran liegt das?; Worauf wartest du?; Worin besteht diese Arbeit?; etc.

Er hat das Abitur mit Eins bestanden, womit wir eigentlich nicht gerechnet hatten.

6. Les prépositions

Elles se placent devant le GN, mais certaines peuvent aussi se placer après dans certains cas. Certaines gouvernent un cas précis (accusatif, datif, génitif), pour d'autres cela dépend des emplois. La plupart ont des emplois spatiaux, temporels et abstraits.

+ accusatif	Principaux emplois spatiaux, temporels ou abstraits
durch à travers	*durch die Stadt; die ganze Nacht durch; eine Zahl durch drei dividieren*
für pour	*für eine Woche verreisen; ein Buch für Jugendliche*
gegen vers, contre	*gegen Osten; gegen Abend; gegen den Wind*
ohne sans	*ohne Mittel; ohne Mühe*
um autour de, à, de	*um die Stadt [herum]fahren; um Mittag; um 10 cm größer*
+ datif	
aus dans, de, en	*Trauben aus Italien; aus der Nähe ansehen; aus Überzeugung handeln*
außer sauf, excepté, hors de	*alle außer ihm; außer sonntags; außer Betrieb sein; außer sich sein*
bei chez, près de, par	*bei uns zu Hause; bei Köln; beim Frühstücken; bei diesem Wetter*
gegenüber en face de	*gegenüber der Post / der Post gegenüber wohnen*

mit avec	*mit meiner Schwester; mit dem Bus [fahren]; mit Freude*
nach à (direction), après, d'après	*nach Berlin / Deutschland fahren; nach der Arbeit; der Legende nach*
seit depuis	*seit dem Anfang; seit dem letzten Jahr*
von de	*das Rad von Anna* (fam. pour *Annas Rad*)*; von Montag bis Freitag; einer von uns; zwölf von hundert (12%); er ist Informatiker von Beruf*
von... ab/an à partir de	von heute / morgen / Samstag ab/an
von... aus depuis (lieu)	von hier aus / vom Fenster aus
zu à (destination), en	*zu einem Fest gehen; zur jeder Zeit; zu dritt; zu Fuß; Was trinkst du zum Essen?*
+ génitif	**Dans la langue parlée**, on emploie souvent le datif après ***trotz, während, wegen.***
außerhalb à l'extérieur de	*außerhalb der Stadt wohnen*
trotz malgré	*trotz des starken Regens* (fam. : *trotz dem starken Regen*)
während pendant	*während des Essens fernsehen* (fam. : *während dem Essen*)
wegen à cause de	*wegen des vielen Schnees* (fam. : *wegen dem vielen Schnee*)
+ accusatif ou datif	Le choix n'existe que pour les emplois spatiaux : sens directionnel (***wohin?***) ➜ accusatif; sens locatif (***wo?***) ➜ datif
an à (contact)	etw. an die Wand lehnen; an der Wand hängen; am Samstag
auf sur (avec contact)	*auf den Boden stellen* (poser par terre)*; auf dem Sofa liegen; auf längere Zeit*
+ accusatif ou datif	Le choix n'existe que pour les emplois spatiaux : sens directionnel (***wohin?***) ➜ accusatif; sens locatif (***wo?***) ➜ datif
entlang le long de	*entlang dem Weg / den Weg entlang*
hinter derrière	*hinter das Regal fallen* (tomber derrière l'étagère)*; der Garten hinter dem Haus* (le jardin derrière la maison)*; drei Kilometer hinter der Grenze*
in dans, à l'intérieur de	*in den Zug steigen; im Zug sitzen; in der Nacht; im Juni; in aller Eile*
neben à côté de	*sich neben seinen Freund setzen; neben seinem Freund sitzen*
über par, au-dessus de	*über die Brücke gehen; die Wolke über dem Berg ; eine über 1000 Jahre alte Kirche*
unter sous, parmi	*unter den Tisch rollen; unter dem Bett liegen; Kinder unter 12 Jahren*
vor devant	*sich vor den Spiegel stellen; vor dem Spiegel stehen; vor Kälte zittern*
zwischen entre, parmi	*einen Stock zwischen die Beine klemmen ; zwischen dem 1. und dem 10. Juli*

7. De la phrase au texte

Les connecteurs (entre phrases)

On ne parle pas par phrases isolées mais en les articulant logiquement les unes aux autres. Pour ce faire, on dispose en allemand :

- **des conjonctions de coordination**, qui se trouvent généralement en début de phrase devant le premier membre sans en être séparé par une virgule :

aber (mais), ***denn*** (car), ***doch*** (mais), ***oder*** (ou), ***entweder... oder*** (ou... ou...), ***weder... noch...*** (ni... ni...) et ***und*** (et)

– *Ich hätte das Bild gern gekauft, aber der Preis war wirklich zu hoch.*
– *Sie lernt eifrig Deutsch, denn sie möchte später in Deutschland studieren.*

- **des connecteurs** qui peuvent figurer seuls en 1re position devant le verbe de la déclarative, mais la plupart peuvent aussi se trouver après le verbe conjugué. Ils servent à articuler logiquement une information ou un argument au précédent :

- ajouter : ***außerdem*** (en outre) ; ***übrigens*** (d'ailleurs, au fait)
  - *Ich trinke lieber Apfelsaft. Er schmeckt gut und außerdem ist er gesünder.*
  - *Luisa ist sehr nett, ihre Eltern übrigens auch.*
- concéder avant de répliquer : ***zwar / natürlich / freilich… aber*** (bien sûr / naturellement / certes… mais)
  - *Wir freuen uns natürlich, wenn du kommst, aber kündige dich bitte an.*
- contraster : ***dagegen, hingegen*** (par contre, en revanche)
  - *Lucas geht gern ins Kino, Emma dagegen geht lieber in die Disco.*
- déduire : ***also*** (donc, alors) ; ***folglich*** (par conséquent)
  - *Wir hatten den ganzen Tag nichts gegessen und waren also hungrig.*
  - *Auf der Autobahn gab es einen Unfall, folglich gab es auch einen langen Stau.*
- expliciter : ***also*** (soit) ; ***das heißt*** (c'est-à-dire) ; ***nämlich*** (à savoir)
  - *Vier Flaschen Wein, also drei Liter.*
  - *Er kam pünktlich, nämlich genau um neun.*
- expliquer : ***daher; darum; deshalb; deswegen*** (c'est la raison pour laquelle)
  - *Ich hatte damals finanzielle Schwierigkeiten und konnte ihm daher nicht helfen.*
  - *Er ist erkältet und kann deshalb nicht arbeiten gehen.*
- justifier : ***nämlich*** (en effet) (jamais en 1re position) ; ***schließlich*** (après tout)
  - *Kannst du mich in die Stadt fahren? Ich hab' nämlich den Bus verpasst.*
  - *Sei nicht so böse mit ihm, schließlich ist er dein Bruder.*
- opposer : ***trotzdem*** (malgré cela, quand même); ***dennoch*** (pourtant)
  - *Die Arbeit ist ziemlich schwer, sie macht mir aber dennoch Spaß.*
  - *Meine Stadt ist nicht gerade die schönste. Trotzdem möchte ich nicht woanders leben.*
- rectifier : ***sondern*** (mais, après négation) ; ***im Gegenteil*** (bien au contraire)
  - *Du, das ist kein gewöhnliches Handy, sondern ein Smartphone.*
  - *Ist der Bericht nicht etwas langweilig? – Im Gegenteil, er liest sich wie ein Krimi.*
- peser le pour et le contre einerseits… andererseits (d'un côté… de l'autre…)
  - *Smartphones sind einerseits sehr praktisch, andererseits aber auch ziemlich teuer.*
- se retrancher sur une position de repli : ***jedenfalls*** (en tout cas) ; ***wenigstens*** (au moins)
  - *Ich weiß noch nicht, ob ich kommen kann, jedenfalls würde es mich freuen.*
  - *Dass du nicht kommen konntest, verstehe ich schon, du hättest aber wenigstens anrufen können.*

La translation du discours direct au discours indirect

Dans nos discours, il nous arrive souvent d'évoquer ce qu'en dit une autre personne, dont nous *rapportons le discours* avant de prendre éventuellement position par rapport à lui.

La translation d'une affirmation

- se fait avec ***dass*** + **verbe à la fin** ou (langue familière) **sans *dass*** + **verbe en 2e position** ;
- entraîne le passage de la **1re à la 3e personne** des pronoms et possessifs ;
- entraîne, **en langue écrite**, le passage **de l'indicatif au subjonctif I** (ou au subjonctif II), mais **dans la langue parlée courante**, on conserve l'indicatif ;
- n'entraîne pas de changement de temps du verbe de l'énoncé rapporté.

Er sagt:	*„Ich mag keine Krimis."*	➜ *…, dass er keine Krimis möge* (soutenu) / *mag* (fam.)
Er sagte:	*„Ich habe mich geirrt."*	➜ *…, er habe sich geirrt.* (translation sans *dass*)
Er hat gesagt:	*„Sie hat mir eine Uhr geschenkt."*	➜ *…, sie habe ihm eine Uhr geschenkt.*
Er hatte gesagt:	*„Ich werde sie anrufen."*	➜ *…, er werde sie anrufen.*

Notez bien que, contrairement au français, il n'y a pas de « concordance des temps » en allemand :
- Il m'a dit : « Il est trop tard. » ➜ Il m'a dit qu'il était trop tard.
- *Er hat mir gesagt: „Es ist zu spät."* ➜ *Er hat mir gesagt, dass es zu spät ist / sei.* (soutenu)

La translation d'une question

- question partielle : *Er fragt: Wann kommt sie?* ➜ *…, wann sie kommt / komme* (soutenu).
- question globale : *Er fragt: Ist etwas passiert?* ➜ *…, ob etwas passiert ist / sei* (soutenu).

Crédits textes :

18 *http://ufadfh.blogspot.com* **34** © *Manager Magazin Online* 2010 **37** Catalin Dorian Florescu, *Zaira*. Roman, Verlag C.H. Beck oHG, München, 4e édition 2008, p. 335-336 **38** Doris Dörrie, *Und was wird aus mir?*, 2009 © Diogenes Verlag AG Zurich, Switzerland. All rights reserved **48** *www.leipziginfo.de*, D.R. **49** *www.schoenes-leipzig.de*, D.R. **51** *www.uni-leipzig.de*, D.R. **54** *Leipziger Volkszeitung*, *www.lvz-online.de*, 10.12.2011 **64** Erich Loest, *Nikolaikirche*, 1995, Lindenverlag, Leipzig, D.R. **102** *Fragen an die Geschichte der DDR*, éditions Junge Welt, Berlin, 1989 **104** Victor Klemperer, *Das Tagebuch 1933-1945. Eine Auswahl für junge Leser*, Aufbau Taschenbuch Verlag, Berlin, 1997, p. 18, 38, 115, 121, 204. **105** Günter Eich, *Gesammelte Werke in vier Bänden*, Suhrkamp, Frankfurt/Main, 1991, *Band 1 : Die Gedichte*. D.R. **106** Siegfried Lenz, *Sonnenuntergang*, aus : ders., *Deutschstunde*, Copyright © 1968 by Hoffmann und Campe Verlag, Hamburg **127** Falk Richter, *Unter Eis* ©, 2005 Fischer Taschenbuch Verlag in der S. Fischer Verlag GmbH **129/130** Juli Zeh, *Corpus Delicti* © Schölling & Co. Verlagsbuchhandlung GmbH, Frankfurt am Main 2009 **132** © Tobias Kaiser D.R. **142-158** from : Jakob Arjouni, *Idioten. Fünf Märchen*. Copyright © Diogenes Verlag AG Zurich, Switzerland. All rights reserved **168** Ilka Piepgras, « In der Höhle der Tigerin », 10.3.2011, *ZEITmagazin*, *www.zeit.de* **171** Bernhard Schlink, *Der Vorleser*, Copyright © Diogenes Verlag AG Zurich, Switzerland. All rights reserved **180** Günter Grass, *Mein Jahrhundert*, 2001 © Gerhard Steidl Verlag, D.R. **181** « Interview Jörg Wähner », *www.tagesschau.de* **198** © SWR **207** © SWR **224** Elias Canetti, *Die Blendung* © Carl Hanser Verlag GmbH & CO. KG, 2011, D.R. **225** *Anrufung des großen Bären*, Ingeborg Bachmann. *Werke. Erster Band*. 2. Aufl. München (Piper) 1982. S. 114. © Erben Dr Christian Moser Wien **226** DTV (1490) : Christa Wolf, *Der geteilte Himmel. Erzählung*, Deutscher Taschenbuch Verlag GmbH & Co. KG (1999), D.R. **227** Heinrich Böll, *Ansichten eines Clowns*, Deutscher Taschenbuch Verlag GmbH & Co. KG, München (1971), D.R. **228** Daniel Glattauer : *Gut gegen Nordwind* © Deuticke im Paul Zsolnay Verlag Wien 2006 **229** Herta Müller, *Atemschaukel, Roman* © Carl Hanser Verlag München (2009), D.R. **230** Rafik Shami, *Eine deutsche Leidenschaft namens Nudelsalat*, Deutscher Taschenbuch Verlag GmbH & Co. KG, München, D.R. **231** Eugen Ruge, *In Zeiten des abnehmenden Lichts. Roman einer Familie*, Copyright © 2011 Rowohlt Verlag GmbH, Reinbek bei Hamburg **235** Wim Wenders, *Der Himmel über Berlin*, 1987, D.R.

Table des illustrations :

6h Prod DB © Reverse Angle-Emotion/D.R. **6m** Roetting/Pollex/LOOK-foto/Photononstop **8h** Robert B. Fishman/ecomedia/dpa **8m** Patrick Seeger/dpa **10h** Clemens Bilan/AP/dapd/Sipa Press **10b** Raupach/VISUM-REA **12** akg-images **13h** © 2006 Deutsche Post AG **13m** © *Der Spiegel*, n° 32 **13b** Britta Pedersen/dpa **16** © www.initiative-auslandszeit.de **17** © www.freiwilligenarbeit.de **18** D.R. **19** D.R. **20-21** Prod DB © Reverse Angle-Emotion/D.R. **22** Ullstein Bild/Roger-Viollet **23g** Bundesarchiv, Bild 137-041316/o. Ang. **24h** D.R. **24b** © Jorg Dömmel **26** © Jose Giribas **27** © Til Mette/toonpool. com **28** Markus Schweiss/de.wikipedia.org **29** © Wolfgang Bald, Portugal **30A** Roger-Viollet **30B** « Ainsi va la vie », 1998 – Prod DB © 20th Century Fox/D.R. **30C** Prod DB D.R. **30D** GAB Archive/Redferns/Getty Images **30E** The Granger Collection NYC/Rue des Archives **30F** Rue des Archives **31** © 2006 Deutsche Post AG **33** Chattanooga Times Free Press/AP Photo/Sipa Press **34** imagebroker/vario images **37** Uwe Walter/Courtesy Galerie EIGEN + ART Leipzig/Berlin und The Pace Gallery © Adagp, Paris 2012 **38** Stephen VOSS/REDUX-REA **40** Marc Meyerbroeker/Caro Fotoagentur **44** Salome Kegler/dpa **45** Joachim E. Roettgers/GRAFFITI **46-47** Roetting/Pollex/LOOK-foto/Photononstop **48** Euroliftbild/ullstein bild/akg-images **49** Archives Charmet/The Bridgeman Art Library **50** © Mahmoud Dabdoub **51** © Mahmoud Dabdoub **53** Waltraud Grubitzsch/dpa **54** Waltraud Grubitzsch/dpa **56g** © Gert Mothes **56d** akg-images **57hg** Waltraud Grubitzsch/dpa **57mg** Uli Deck/dpa **57bg** Thomas Schulze/dpa **57hd** Peter Endig/dpa **57bd** Wolfgang Kluge/dpa **58h** Ott/Helga Lade/dpa **58b** Mauritius/Photononstop **60** dpa **61** Wolfgang Kluge/dpa **62h** Waltraud Grubitzsch/dpa **62b** C. Voigt/Bridge/Photononstop **66** Martin Moos/Lonely Planet Images/Photononstop **69** Mauritius/Photononstop **70** Schmid Reinhard/Sime/Photononstop **88-89** Robert B. Fishman/ecomedia/dpa **90** Wolfram Steinberg/dpa **91** Collection Christophe L. **92** Timm Rauter/VISUM-REA **93** Keith Brofsky/Getty Images **94** akg-images **95** akg-images **96g** © Polo/Catprint Media GmbH **96d** KidStock/Getty Images **97g** Prod DB © Broth Films/D.R. **97d** Fabian Bimmer/EPA/Max PPP **98** Dobiey/Caro Fotoagentur **99** Photothek/Andia. fr **101** © Antonio Maia – Haus der Geschichte, Bonn **102** © *Der Spiegel*, n° 32 **104** Gerhard Westrich/LAIF-REA **105** akg-images © Paris, Adagp 2012 **106** La Collection/Artothek © Nolde Stiftung Seebüll **108** : augenklick/Sportphoto/dpa **112** © Woessner/toonpool. com **113** © Caritas.www.soziale-manieren.de **114-115** Patrick Seeger/dpa **116hg** Albert Lozano/Fotolia **116hb** Okea/Fotolia **116hd** Michael Nivelet/Fotolia **116hmd** RTimages/Fotolia **116hbd** Andrea Warnecke/dpa **116b** Britta Pedersen/dpa **118h** Christian Jungeblodt/LAIF/REA **118b** Jens Büttner/dpa **120** Hans Weingartner, *Gefährder* © 2006 Herbstfilm **122** © *Der Spiegel*, n° 29 **123g** © Stein/Catprint Media GmbH **123d** © Götz Wiedenroth **124** © von Harm/toonpool.com **125** Nicola Schaller/dpa **127** © Arno Declair, 2004 **129** Ann-Kathrin Busse/dpa **130** © Arno Declair, 2004 **132** Albert Lozano/Fotolia **134** Eibner/Pressefoto/dpa **138** Jochen Zick/Keystone **139** Jens Ressing/dpa **143** RTImages/Fotolia **159** Jens Kalaene/dpa **162-163** Clemens Bilan/AP/dapd/Sipa Press **164** akg-images **165** Ralf Hirschberger/dpa **167** Ursula Harper/dpa **168** © Reiner Schwalme/toonpool. com **169** Vario Creative/Photononstop **170** Prod DB © Mirage Enterprises – Neunte Babelsberg Film – Weinstein Company/D.R. **171** Brigitte Hellgoth/akg-images **172g** © Plassmann/Catprint Media GmbH **172d** AP Photo/Sipa Press **174** © Jan Becker/www.contratom.de **175** Stefan Sauer/dpa **176hg** ullstein bild/akg-images **176hm** ullstein bild/akg-images **176hd** © Klaus Rose **176b** Roger-Viollet/Ullstein Bild **177** Konrad Giehr/dpa **178** Wolfgang Kumm/dpa **179** Alain Le Bacquer/Picture Tank **182** © Burkhard Mohr **186** Andreas Ehrhard/www.andisusi.de **187** Helmut Meyer zur Capellen/imagebroker/Okapia **188-189** Raupach/VISUM-REA **190h** Vario images **190b** Thomas Frey/dpa **191** Bildagentur Huber **192g** Collection Christophe L. **192m** Gilles Mermet/akg-images **192d** Dessin de James E. McConnell © Look and Learn Magazine Ltd/The Bridgeman Art Library **193** © Rudolf Uhrig **194** akg-images **196g** © Kindermann Verlag, illustrateur Blau Ajloscha **196d** Prod DB © UFA/D.R. **197g** © Jürgen Scheibe/toonpool. com **197d** INSADCO/Bernd Kröger/McPHOTOs/blickwinkel **198** Mauritius/Photononstop **199** akg-images **200** akg-images **201hd-mhd-mbd-bd** akg-images **201bg** BPK, Berlin, Dist. RMN-GP/Andres Kilger **203** BPK, Berlin, Dist. RMN-GP/image BPK **204h** © Rowohlt Verlag **204b** akg-images **206** akg-images **208** U. Brunbauer/blickwinkel **212** Projektbüro Luminale/dpa **213** Eventpress Walter/dpa **215g** ullstein bild/akg-images **215mg** Artothek/La Collection **215md** Prod DB © Constantin Film/D.R. **215d** Artothek/La Collection © Adagp, Paris 2012 **216** akg-images **217** Artothek/La Collection **218** Luisa Ricciarini/Leemage **219** Artothek/La Collection **220** BPK, Berlin, Dist. RMN-GP/Elke Walford **221** Imagno/La Collection © Adagp, Paris 2012 **223** Prod DB © Constantin Film/D.R. **224** Artothek/La Collection **225** Artothek/La Collection **226** Artothek/La Collection © D.R. **227** Imagno/La Collection **229** ullstein bild/akg-images **230** Artothek/La Collection © Adagp, Paris 2012 **231** © Cupid Productions/The Kobal Collection/The Picture Desk **234g** KPA/dpa **234mg** Fabian Matzerath/dpa **234md** Erwin Elsner/dpa **234d** dpa **235** Wim Wenders, *Der Himmel über Berlin* © 1987 Road Movies Argos Films **236** Wim Wenders, *Paris, Texas* © 1984 Road Movies Argos Films **237** Collection Christophe L. **238g** D.R. **238d** akg-images **239g** Photo CNAC/MNAM Dist. RMN © Adagp, Paris 2012 **239d** Art Archive © Adagp, Paris 2012 **240h** akg-images © The estate of George Grosz, Princeton, N.J./Adagp, Paris 2012 **240b** Giraudon/The Bridgeman Art Library © Adagp, Paris 2012 **241** Musée de Grenoble © Adagp, Paris 2012 **242g** ullstein bild/akg-images **242d** Oshihara/sipa Press **243h** historic-maps/akg-images **243m** ullstein bild/akg-images **243b** Jacques Faujour/CNAC/MNAM Dist. RMN © Adagp, Paris 2012 **244h** MP/Leemage **244b** De Agostini Picture Library/akg-images **245h** Graziano Arici/Leemage **245b** Waltraud Grubitzsch/dpa **246h** Stephanie Pilick/dpa **246b** Wikipedia/D.R. **247h** Karin Hill/dpa **247bg** Eventpress/dpa **247bd** Maurizio Gambarini/dpa **248h** ullstein bild/akg-images **248b** Prod DB © Creado Film-Wiedemann & Berg Filmproduktion/D.R. **249h** Jens Kalaene/dpa **249b** © 2007 www.vorratsdatenspeicherung.de **250h** Selva/Leemage **250b** Lou Avers/dpa **251h** akg-images **251b** Friso Gentsch/dpa **252h** MP/Leemage **252m** akg-images **252b** akg-images **253h** akg-images **253m** André Tubeuf/akg-images © D.R. **253b** André Tubeuf/akg-images © D.R.